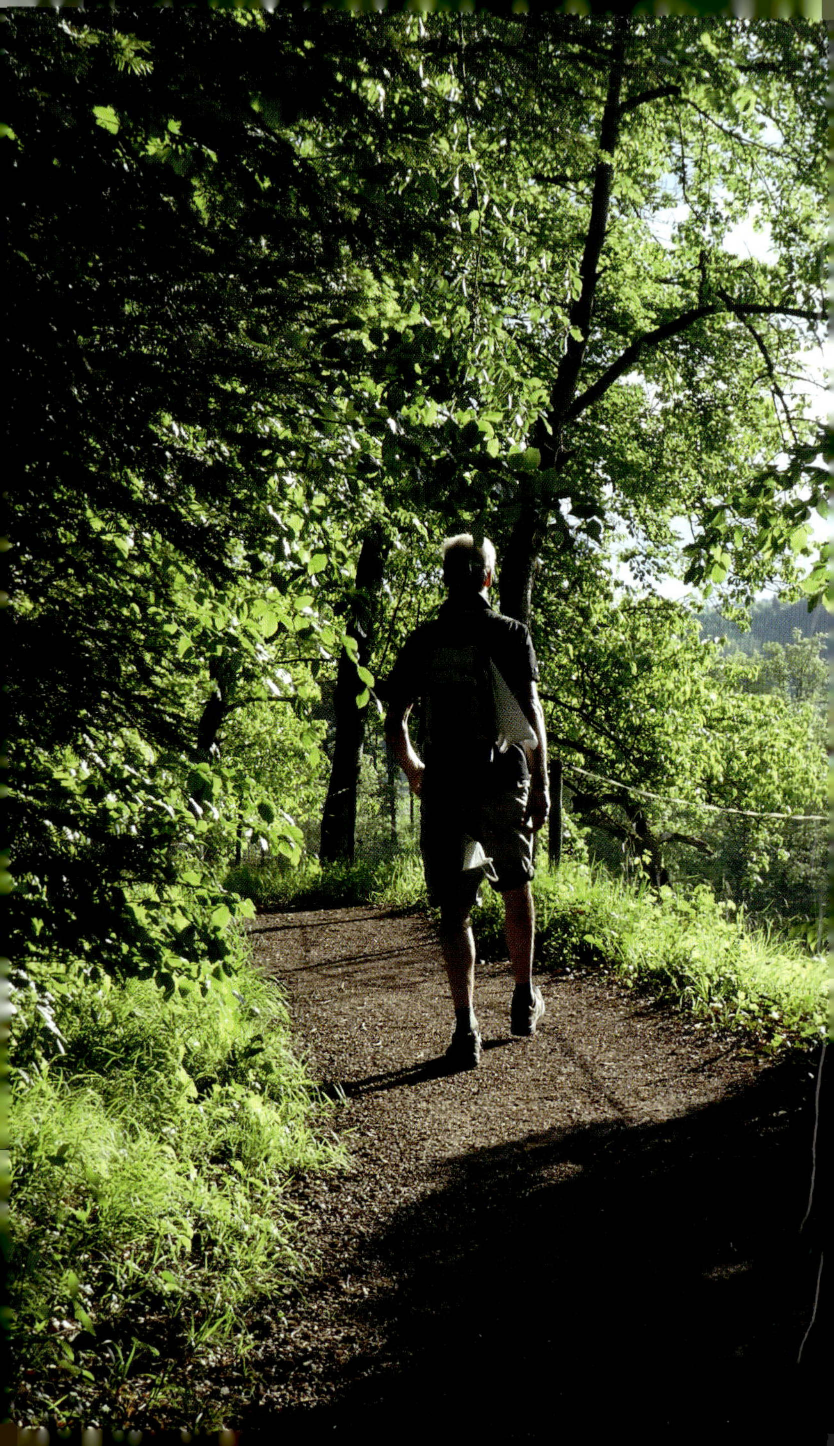

Michael Erle

Wandern im Ortenaukreis

Die 34 schönsten Touren

Mit Rheinebene, Renchtal und Kinzigtal

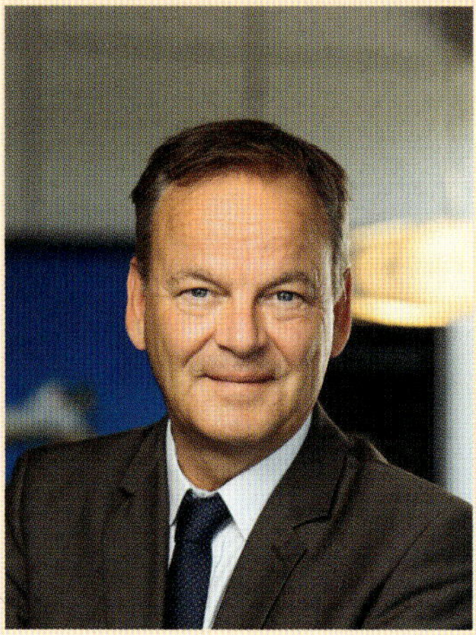

Liebe Leserinnen und Leser,
sehr geehrte Gäste,

von der fruchtbaren Rheinebene über die sonnenverwöhnten Rebhänge bis hin zu den Höhenlagen des Schwarzwalds – die Ortenau besticht durch ihre vielseitige Natur- und Kulturlandschaft, in der es sich herrlich wandern lässt. Ganz gleich, ob Sie auf der Suche nach Erholung, Genuss oder Abenteuer sind, ob Sie die kleine Spazierrunde oder die ambitionierte Wandertour bevorzugen oder ob Sie Zeit mit der Familie, den Freunden oder auch mal für sich alleine verbringen möchten: Hier ist für jede und jeden etwas geboten!

Im größten Landkreis in Baden-Württemberg empfangen wir unsere Gäste mit über 1700 Sonnenstunden im Jahr, mit National- und Naturpark und einer gemeinsamen 60 Kilometer langen Grenze mit Frankreich in unmittelbarer Nachbarschaft zur pulsierenden Europametropole Straßburg. Bei uns im Ortenaukreis werden alte Traditionen, weltbekannte Trachten, sagenhafte Mythen und authentische Dialekte mit unverwechselbarem Kunsthandwerk kombiniert – und oftmals auch neu interpretiert. Das Angebot reicht von der traditionellen Bollenhutmacherin bis hin zum avantgardistischen Künstler. Und auch kulinarisch kommen unsere Gäste voll auf ihre Kosten, denn das „Land, wo Milch und Honig fließen" kann neben exzellenten Weinen oder Edelbränden, feldfrischem Obst und Gemüse und der weltberühmten Schwarzwälder Kirschtorte auch mit seiner vielfach dekorierten Gastronomie punkten.

Entdecken Sie diese große Vielfalt des Ortenaukreises zu Fuß auf einer der unzähligen Thementouren. Dazu lade ich und dazu lädt Sie dieser Wanderführer herzlich ein! In seinem kompakten Format passt er in jede Tasche, weckt Lust auf bedeutende Reiseziele und überrascht Gäste wie Einheimische mit frischen Insidertipps.

Ihr
Frank Scherer
Landrat des Ortenaukreises

Liebe Wanderfreunde, liebe Wanderfreundinnen,

was ist so faszinierend am Ortenaukreis, dem größten Landkreis Baden-Württembergs? Das ist nicht nur an einem Erlebnis oder einem Ort allein festzumachen, denn die Region besticht durch ihre Vielfalt! Der Ortenaukreis ist mit seinen beeindruckenden Schwarzwaldhöhen bis hinauf zur 1163 Meter hohen Hornisgrinde, tief eingeschnittenen Tälern, der Vorbergzone und den steilen Rebhängen, mit rauschenden Bächen und weiten Wäldern wie gemacht für vielfältige Aktivitäten an der frischen Luft. So steht dem Wanderer ein markiertes Wegenetz von ca. 1000 Kilometer zur Verfügung. Hierzu zählen das dichte und meist bestens beschilderte Wegenetz des Schwarzwaldvereins mit einigen berühmten Fernwanderwegen wie dem Westweg, dem Ortenauer Weinpfad oder dem Hansjakobweg sowie unzählige regionale Rundwege, die von den Gemeinden angelegt und unterhalten werden. Dass der Ortenaukreis auch reich an Sagen und Legenden ist, kann man auf einem der Sagenrundwege erfahren, die vom Kreis in Kooperation mit den Städten und Gemeinden in jüngster Zeit realisiert wurden und zum Teil im vorliegenden Wanderführer ihren Platz gefunden haben.

Der Band bietet eine breite Palette von bequemen Halbtageswanderungen mit geringen Höhenunterschieden bis hin zu anspruchsvollen Tages- und Mehrtagestouren, sodass jeder Wanderer etwas Passendes findet. In der Mehrzahl handelt es sich um Streckenwanderungen, sodass man auf öffentliche Verkehrsmittel angewiesen ist. Alle Tourentipps sind so angelegt, dass man auch die An- und Rückfahrt mit Bahn und eventuell Bus bewerkstelligen kann, und ich empfehle Ihnen, dies auch nach Möglichkeit zu tun, denn Sie schonen damit nicht nur die Umwelt, sondern auch Ihren Geldbeutel: „Die Ortenaulinie" bietet neben Einzelfahrkarten auch preisgünstige Tageskarten an. Wenn

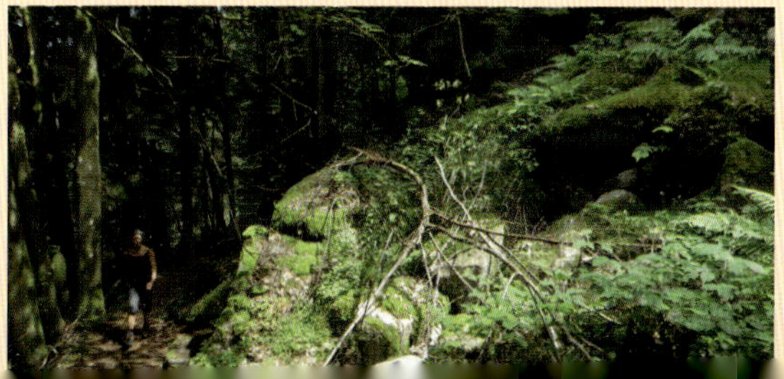

INFOS

Nähere Auskunft zum ÖPNV erhalten Sie unter www.ortenaulinie.de

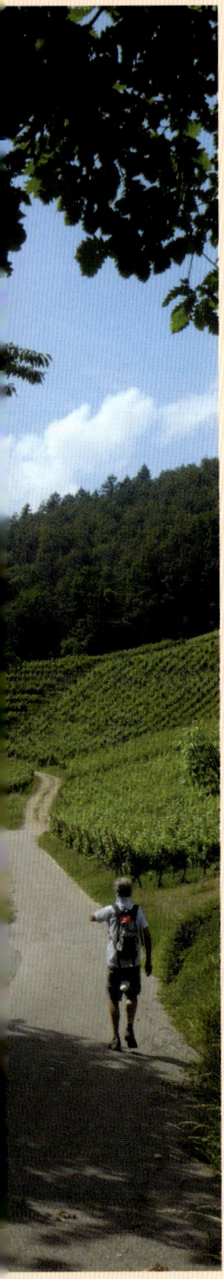

Sie Ihren Urlaub in der Ortenau verbringen, sind Sie noch besser dran, denn dann erhalten Sie vom Vermieter die KONUS-Gästekarte, mit der Sie während der gesamten Urlaubszeit alle öffentlichen Verkehrsmittel (außer Fernzüge) im gesamten Schwarzwald kostenlos nutzen können! Wenn Sie doch lieber mit dem Auto anreisen wollen, bieten sich in erster Linie die Rundwanderungen an, aber auch etliche Streckenwanderungen kommen in Frage; in diesem Falle fährt man mit dem Auto zum Zielort und dann mit Bus oder Bahn zum Startpunkt.

Ich habe meistens bewusst auf genaue Fahrplanangaben verzichtet, da diese erfahrungsgemäß schnell veralten. Deshalb empfehle ich Ihnen, vor jeder Tour die entsprechenden Fahrpläne zu studieren, z. B. im Internet unter www.efa-bw.de, oder sich unter der Servicenummer 0781/966789910 der Ortenaulinie telefonische Auskunft einzuholen. Mit einem Smartphone und der Bus&Bahn-App kann man auch unterwegs eine aktuelle Fahrplanauskunft erhalten. Da die Angaben zu Einkehrmöglichkeiten häufig veralten, empfehle ich auch in diesem Falle, rechtzeitig vor der Tour entsprechende Erkundungen einzuholen, wenn man unterwegs eine Einkehr plant.

Der Schwarzwaldverein hat in den vergangenen Jahren sein Beschilderungs- und Markierungssystem völlig umgestellt. Das neue System bietet eine hervorragende Orientierungshilfe, allerdings können sich bei einer derart aufwendigen Umstellung leicht kleine Fehler und Ungenauigkeiten oder auch Abweichungen zwischen den Markierungen in der Wanderkarte und in der Natur einschleichen. Wenn Ihnen gravierende Fehler auffallen, informieren Sie bitte den Schwarzwaldverein.

An dieser Stelle möchte ich dem Schwarzwaldverein meinen herzlichen Dank aussprechen. Nur durch seine Arbeit und den unermüdlichen Einsatz seiner ehrenamtlichen Helfer konnte solch ein dichtes Netz zuverlässig markierter Wanderwege entstehen. Ich empfehle Ihnen, im Schwarzwaldverein Mitglied zu werden, Sie erhalten dann nicht nur wertvolle Informationen sowie Wanderkarten und viele andere Artikel zu reduzierten Preisen, sondern unterstützen mit Ihrem Mitgliedsbeitrag auch die wichtige und wertvolle Arbeit des Vereins. Wenn Sie weitere Anregungen suchen oder Hilfe benötigen, können Sie sich auch an die stets hilfsbereiten Tourist-Informationen der örtlichen Gemeinden wenden, sie standen auch mir bei der Planung des Führers mit Rat und Tat zur Seite.

Bei jeder Wanderung sollten Sie eine gute Wanderkarte mitnehmen, die Wegskizzen bei den einzelnen Touren können nur zur groben Orientierung dienen. Kartenempfehlungen finden Sie bei allen Wandervorschlägen, achten Sie beim Kauf bitte darauf, die jeweils neueste Auflage zu erhalten! Besonders empfehlenswert sind die detailgenauen Wanderkarten im Maßstab 1 : 25 000, die das Landesamt für Geoinformation und Landentwicklung seit einiger Zeit neu herausgibt. Für die Ortenau sind inzwischen einige Karten erschienen, die restlichen werden voraussichtlich 2022 herauskommen.

Die GPX-Dateien zu den Touren dieses Führers finden Sie sowohl auf meiner Webseite (www.michael-erle.de) als auch auf der Webseite des Verlages (www.verlag-regionalkultur.de). Mit diesen und einem entsprechenden Programm (z. B. AllTrails) kann man sich am Computer den genauen Wegverlauf ansehen und sich mit einem wandertauglichen GPS-Gerät (z. B. von Garmin) oder einem Smartphone und einer passenden App (z. B. MAPS.ME, PhoneMaps oder Komoot) während der Wanderung von Wegpunkt zu Wegpunkt leiten lassen.

Da die Angaben eines Wanderführers fast ständig Veränderungen unterworfen sind, kann für die Richtigkeit keine Gewähr übernommen werden. Auch lehrt die Erfahrung, dass bei aller Sorgfalt Irrtümer nie ganz zu vermeiden sind. Für Berichtigungen und Verbesserungsvorschläge ist die Redaktion stets dankbar, sie werden bei der nächsten Neuauflage berücksichtigt. Korrekturhinweise senden Sie bitte an folgende Anschrift: verlag regionalkultur GmbH & Co. KG, Bahnhofstraße 2, 76698 Ubstadt-Weiher.

Nun wünsche ich Ihnen viel Freude beim Erkunden der schönen Ortenau!

Michael Erle

Informationen

Schwarzwaldverein e. V.

Schlossbergring 15
79098 Freiburg
www.schwarzwaldverein.de

Telefon: 0761-38053-0
Fax: 0761-38053-20
info@schwarzwaldverein.de

Die Touren

Ortenauer Weinpfad & Breisgauer Weinweg

Rheinebene

blau = leicht, **rot** = mittelschwer, **schwarz** = schwer

ANLEITUNG

Die **GPX-Dateien** zu den Touren dieses Führers finden Sie hier und auf https://verlag-regionalkultur.de www.michael-erle.de

GPX-TRACKS

Nördlich vom Renchtal

Zwischen Renchtal und Kinzigtal

Südlich vom Kinzigtal

In 5 Etappen auf dem Ortenauer Weinpfad und Breisgauer Weinweg

Für den vorliegenden Führer habe ich den rund 110 Kilometer langen Teilabschnitt der Weinwanderwege von Ringsheim bis Bühlertal ausgewählt und in 5 Tagesetappen eingeteilt. Da alle Start- und Zielorte über eine gute Verkehrsanbindung verfügen, lassen sich alle Touren auch als Tageswanderungen unternehmen, allerdings erfordern sie bei Streckenlängen von 19 bis 26 Kilometer und An- und Abstiegen von jeweils ca. 500 bis 600 Höhenmeter gute Kondition und Ausdauer. Man hat aber bei allen Touren auch die Möglichkeit abzukürzen oder mit Zwischenübernachtungen die Wanderung auf 2 Tage zu verteilen. Am schönsten ist es allerdings, die Weinwege als Mehrtagestour zu erwandern, dann muss man sich am Abend nicht mehr um die Heimfahrt kümmern und kann die Tour mit einer zünftigen Einkehr bei einem Glas Ortenauer Wein ausklingen lassen. Die Wanderungen kann man zu jeder Jahreszeit durchführen – außer an heißen Sommertagen, da sie über weite Strecken durch offenes Gelände führen.

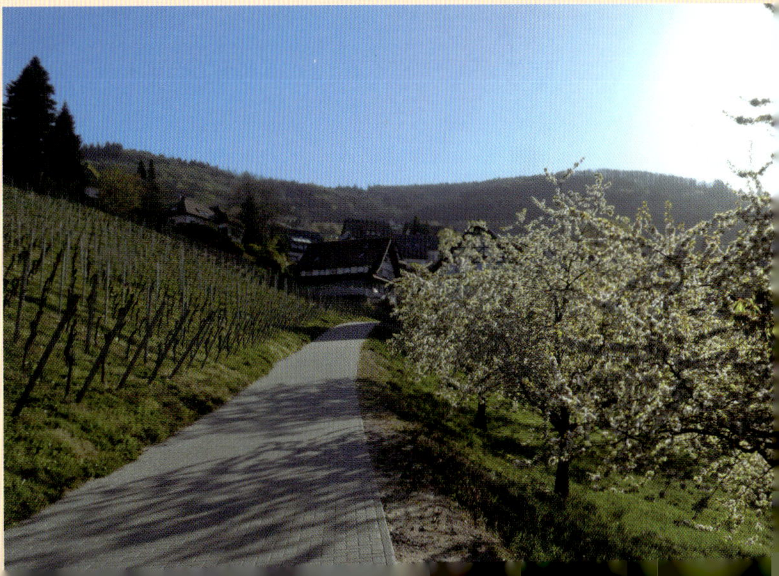

Auf dem Breisgauer Weinweg, 1. Etappe

Von Ringsheim über Ettenheim und Schmieheim nach Lahr

1

5 – 6 Std.

18 – 22 km

380 Hm

Ringsheim – Ettenheim – Wallburg – Schmieheim – Lahr

technisch meist leichte, dafür aber sehr lange Wanderung, die größtenteils auf Wirtschaftswegen verläuft

historische Stadtkerne von Ettenheim und Lahr; Friedenskapelle Wallburg; Schmieheimer Schloss; schöne Wegkreuze

Ettenheim; Gasthaus Linde in Wallburg (Di–So); Schmieheim; Haselstaude (So); Sulz; Lahr

Auf der ersten Weinweg-Etappe lernen wir mit Ettenheim die südlichste Stadt des Ortenaukreises kennen; sie beeindruckt durch ihr schönes historisches Ortsbild – das gilt ebenso für unseren Zielort Lahr. Aber auch unterwegs gibt es einige Sehenswürdigkeiten zu entdecken, wie die Friedenskapelle Wallburg, einige historische Wegkreuze oder das schmucke Schmieheimer Schloss. Ich habe die Tour als technisch leicht eingestuft, da bis auf einen Treppenaufgang kaum steile An- und Abstiege zu bewältigen sind, allerdings ist sie mit einer Länge von rund 22 Kilometern doch recht lang. Die Tour lässt sich jedoch relativ leicht abkürzen, indem man beispielsweise die ersten 4 Kilometer überspringt und erst in Ettenheim mit der Wanderung startet. Eine andere Möglichkeit wäre, die Tour auf zwei Tage zu verteilen, mit einer Zwischenübernachtung z. B. in Schmieheim (nähere Auskunft unter www.kippenheim.de oder telefonisch beim Bürgerbüro Kippenheim: 07825/9030) oder in Lahr-Sulz (nähere Auskunft unter www.sulz.lahr.de oder telefonisch bei der Ortsverwaltung Sulz: 07821/983570).

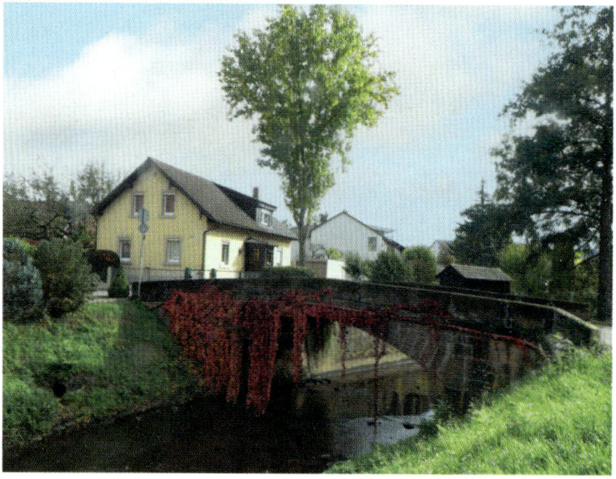

An der Schutter bei Lahr

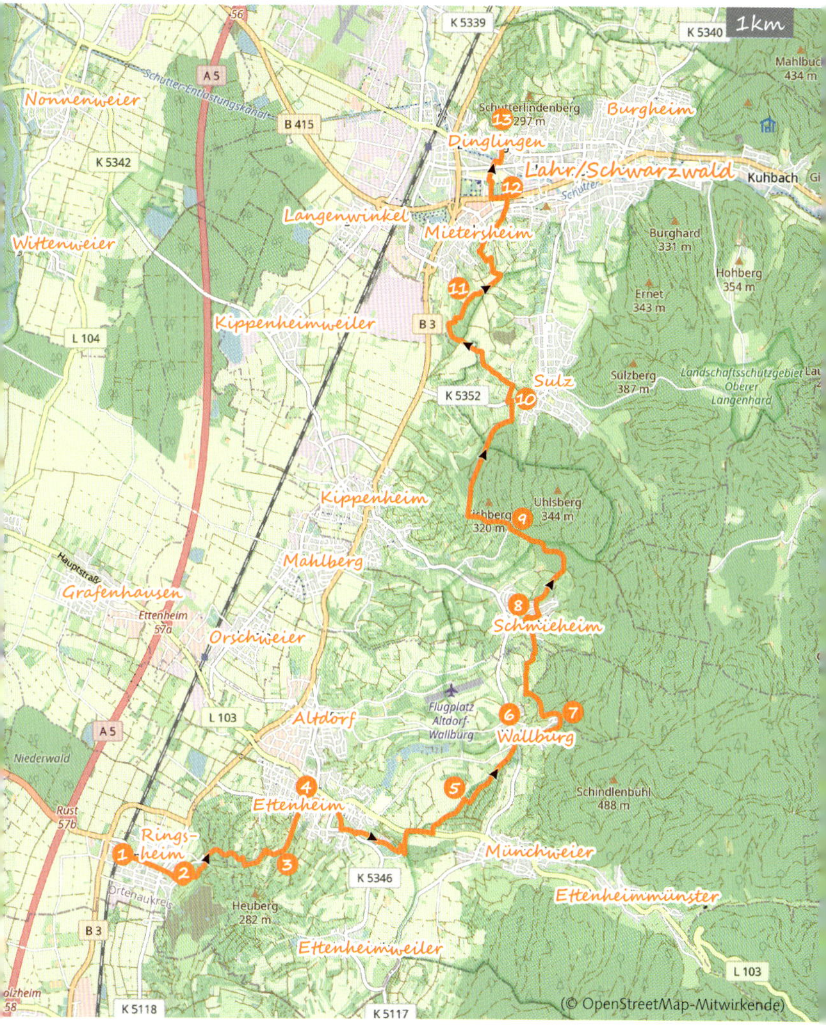

Wenn man in Ettenheim startet, läuft man von der Bushaltestelle aus in Fahrtrichtung geradeaus auf der Johann-Baptist-von-Weiß-Straße und Friedrichstraße, biegt vor dem Stadttor links in die Austraße und liest erst wieder beim folgenden Absatz weiter.

Starten wir in **Ringsheim**, folgen wir vom Bahnhof ❶ aus der gelben Raute Richtung „Spielplatz Kahlenberg" auf der

INFOS

Freizeitkarte 1:50 000 des LGL BW, Blatt F503; Wanderkarte 1:35 000 des LGL BW, Blatt „Schuttertal"; Wanderkarte 1:25 000 des LGL BW, Blätter „Breisach" und „Lahr/ Schwarzwald"

www.ettenheim.de; www.kippenheim.de; www.lahr.de

Anfahrt: ab Offenburg mit der Regionalbahn nach Ringsheim bzw. für die kürzere Version mit der Bahn bis Orschweier und weiter mit Bus 113 oder 114 bis Ettenheim Gymnasium
Rückfahrt: ab Lahr Haltestelle Alte Straße/Terrassenbad zum Bhf. Lahr

48.24863, 7.77297

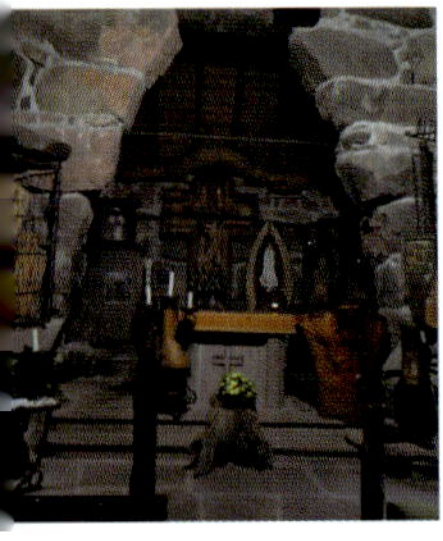

Alten Hauptstraße, gehen auf der Höhe der Kreuzstraße nach links, biegen dann rechts in die Hauptstraße und später in die Hochzielstraße ab und gehen immer geradeaus aus dem Ort zum **Spielplatz Kahlenberg** 2, dann geradeaus weiter („Limbach 0,6 km"). Wenig später geht es links ab, auf einem Weinlehrpfad am Rastplatz **Ringsheimer Kaiserberg** vorbei und wir marschieren beim nächsten Wegweiser Richtung „Rötelberg", bleiben bei der folgenden Verzweigung geradeaus (missverständliche Markierung), halten uns bei einem Wegekreuz schwach rechts Richtung „Heubergturm" und gelangen zum Wegweiser „Rappentanz" 3. Hier treffen wir auf die Markierung rote Raute mit grüner Traube des **Breisgauer Weinweges**, unser Zeichen bis zum Ziel. Wir biegen links ab („Ettenheim 1,5 km"), laufen einen Hohlweg bergab, schwenken nach rechts (leicht zu übersehen!) und gelangen auf Wirtschaftswegen nach **Ettenheim** 4. Beim Wegweiser „Prinzengarten" biegen wir rechts in die Altstadt ab und gleich nach dem Stadttor nochmals rechts in die Austraße.

Nun geht es immer der roten Raute mit grüner Traube nach aus dem Ort, auf schönen Fußwegen am Gewerbekanal und Ettenbach entlang über den Hochwasserdamm und links ab auf einen Feldweg („Wallburg 3,0 km"), dann auf der Straße 150 Meter nach rechts und links auf einen

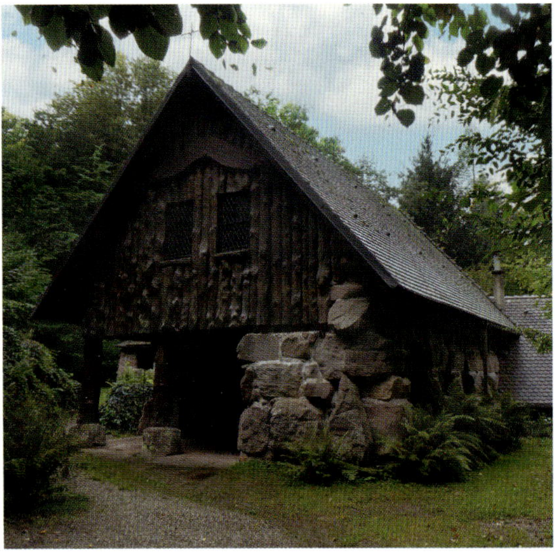

Feldweg. Wir wandern sanft bergan durch Weinberge zu einem Aussichtspunkt mit schönem Rastplatz 5 und weiter nach **Wallburg** 6. Bei einer Haltestelle (Busverbindung zum Bhf. Orschweier) queren wir die Landstraße, laufen durch den Ort am Gasthof Linde vorbei auf einem Hohlweg zur **Friedenskapelle** 7.

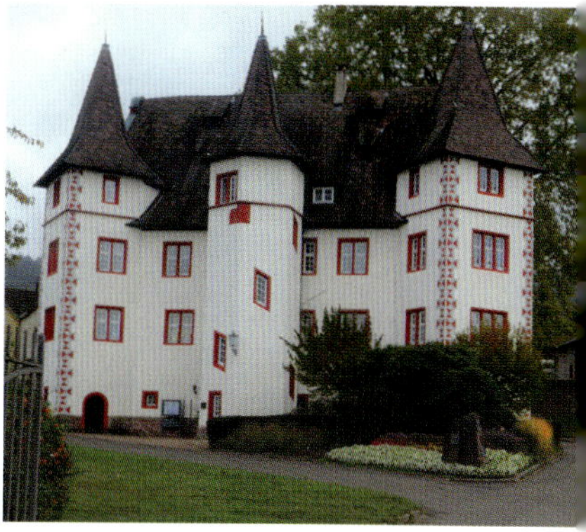

Schmieheimer Schloss

Nun geht es immer Richtung Lahr – ungeachtet der teilweise kuriosen Kilometrierungen – etwas bergan zu einem schönen Aussichtspunkt beim Bergeck und auf Schotter- und Teerwegen hinab nach **Schmieheim** 8 (Einkehrmöglichkeit). Kurz nach dem Schloss biegen wir rechts ab, laufen oberhalb der Kirche zum nächsten Wegweiser bei der Lindenstube, schwenken nach links auf einen langen Treppenaufgang und gehen rechts durch Streuobstwiesen zum Waldrand bei einem Waldspielplatz. Nun wandern wir ein Stück durch den Wald, dann am Waldrand entlang, biegen 300 Meter nach der **Haselstaude** 9 (sonntags bewirtschaftet) rechts ab (leicht zu übersehen!) in den Wald, wählen bei der nächsten Verzweigung den rechten Weg, passieren ein weiteres Wegekreuz, queren bei den ersten Häusern von **Sulz** 10 (Kürzungsmöglichkeit, Busverbindung zum Bhf. Lahr) eine Straße, biegen beim nächsten Wegekreuz links ab und wandern auf einem Feldweg, dann auf einem Pfad steil bergan und, immer auf unser Zeichen achtend, auf grasigen Wegen durch Weinberge, einmal unterbrochen durch einen lauschigen Hohlweg. Wir queren einen Teerweg, biegen beim zweiten Teerweg rechts ab und marschieren über eine Anhöhe 11. Nach einem kurzen Stück Schotterweg geht es links ab auf einen Grasweg, bei einer Bank rechts und sofort wieder links. Wir halten uns geradeaus, biegen, wenn wir auf einen Teerweg treffen, links ab und gelangen nach **Lahr**. Wir überqueren die B36 12, biegen links und bei einem Sportplatz gleich wieder rechts ab, gehen beim Kreisel geradeaus in die Altmühlgasse, überqueren die Schutter und gelangen zur Dinglinger Hauptstraße mit der Haltestelle Alte Straße/Terrassenbad 13. Hier beschließen wir unsere Wanderung und nutzen die gute Busverbindung zum Bahnhof Lahr.

Links: Wallburger Friedenskapelle

Auf dem Breisgauer Weinweg und Ortenauer Weinpfad, 2. Etappe

Von Lahr über Friesenheim, Diersburg und Berghaupten nach Gengenbach

2

7 – 7½ Std.

26 km

600 Hm

Lahr – Friesenheim – Oberschopfheim – Diersburg – Berghaupten – Gengenbach

sehr lange und mit einigen kurzzeitig auch steilen Anstiegen teilweise anstrengende Wanderung

Aussichtspunkt Schutterlindenberg; Wickertsheimer Weg; römischer Brennofen; Altstadt von Gengenbach

Friesenheim; Oberschopfheim; Riedmühle; Gasthof Linde in Diersburg; Gengenbach

Die zweite Etappe ist mit 26 Kilometern die längste und mit einigen steilen Abschnitten auch anstrengendste der Ortenauer Weinwege. Konditionsstarke Schnellläufer können sie sicher an einem Tag bewältigen, allen anderen empfehle ich, eine der Kürzungsmöglichkeiten zu nutzen oder die Tour mit einer Zwischenübernachtung (z. B. im Gasthaus Krone in Friesenheim, Tel. 07821/9899656 oder im Gasthaus Linde in Diersburg, Tel. 07808/94980) auf zwei Tage zu verteilen. In Diersburg befindet sich die „Nahtstelle" zwischen dem Breisgauer Weinweg und dem Ortenauer Weinpfad. Auch wenn das Naturerlebnis im Vordergrund steht, gibt es für Kunstliebhaber Sehenswertes wie die Tafeln mit Bildern des „Lohrer Molersmannes" Wilhelm Wickertsheimer (1886–1968) auf einem Weg rund um den Aussichtspunkt Schutterlindenberg oder die Metallskulpturen von Eberhard Walter, die an geschichtliche Ereignisse in Oberschopfheim erinnern sollen. Und last but not least die herrliche Altstadt unseres Zielortes Gengenbach. Bis Diersburg ist man fast ausschließlich in offenem Gelände unterwegs, deshalb eignet sich die Tour weniger für heiße Sommertage; Frühling und Herbst sind die idealen Jahreszeiten.

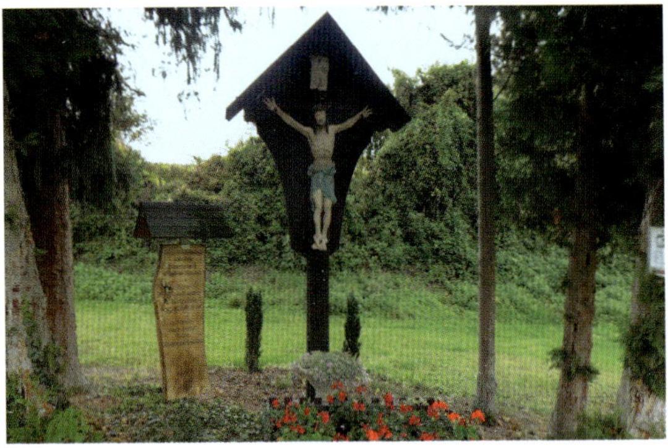

Wegekreuz bei Oberschopfheim

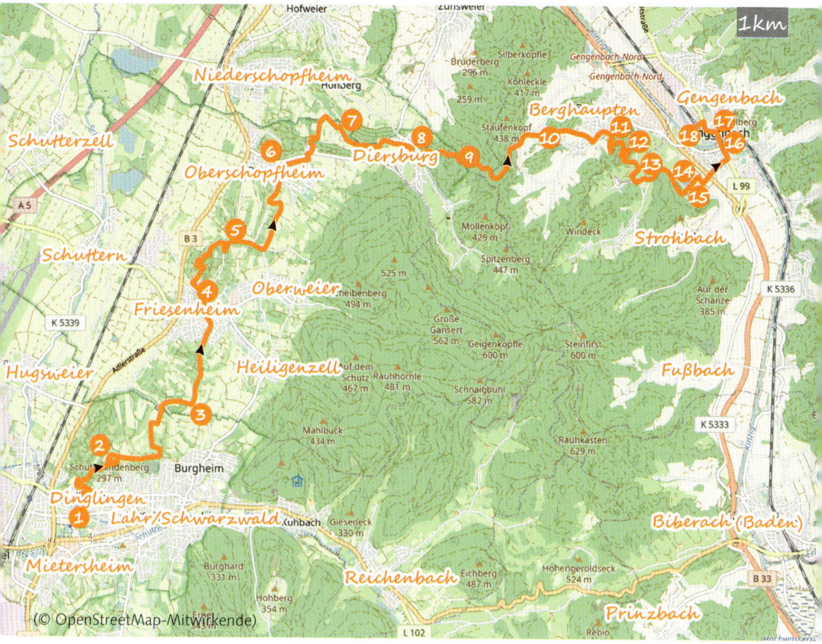

Wir laufen von der Bushaltestelle **1** 50 Meter in Fahrtrichtung, biegen links in die Alte Straße ab und folgen nun bis Diersburg dem Zeichen rote Raute mit grüner Traube des **Breisgauer Weinwanderweges** auf einem Teersträßchen bergan zum Aussichtspunkt **Schutterlindenberg** **2**. Immer unserem Zeichen nach, wandern wir an der Gedenkstätte von Wilhelm Schubert vorbei um die Bergkuppe herum, bestaunen auf den Schautafeln des Wickertsheimer Weges die Bilder des „Lohrer Molersmannes" und marschieren bergab über Wiesen und Felder auf Teer-, Feld- und wieder Teerweg zu einer Verzweigung. Hier halten wir uns links und gleich wieder rechts (fehlende Markierung), laufen durch eine Talsenke auf Wirtschaftswegen hinauf zu einer Anhöhe auf dem Galgenberg beim **Lahrer Kreuz** **3** („Diersburg 11 km") und weiter nach **Friesenheim** (Einkehrmöglichkeit, ab Rathaus **4** Busverbindung zum Bhf. Lahr Mo–Sa mit Linie 104, So mit Anrufsammeltaxi: 07821/3555).

Wir folgen weiter der grünen Traube („Diersburg 9 km") am Friedhof vorbei aus dem Ort hinaus und kommen auf

INFOS

Freizeitkarte 1:50 000 des LGL BW, Blatt F503; Wanderkarte 1:35 000 des LGL BW, Blatt „Schuttertal", Wanderkarte 1:25 000 des LGL BW, Blätter „Lahr" und „Offenburg"

www.lahr.de; www.friesenheim.de; www.restaurant-hotel-krone.de; www.gasthaus-riedmuehle.de; www.linde-diersburg.de; www.stadt-gengenbach.de; www.gengenbach.info

Anfahrt: mit der Bahn nach Lahr und weiter mit dem Stadtbus 106 bis Haltestelle Alte Straße/Terrassenbad
Rückfahrt: ab Diersburg mit Bus S6 nach Offenburg bzw. ab Gengenbach mit dem Regionalzug oder der S-Bahn nach Offenburg

48.34166, 7.85023

einem Wirtschafts- und Feldweg stetig bergan zu einer aussichtsreichen Anhöhe 5. Nach 800 Metern fehlt bei einer Kreuzung das Zeichen, wir halten uns rechts und biegen wenig später scharf links auf ein Sträßchen ab. Weiter geht es unserer Markierung nach über eine weitere Anhöhe mit einem Wegekreuz hinab nach **Oberschopfheim** 6 (Einkehrmöglichkeit, Busverbindung mit Linie 7141 nach Offenburg). Wir kreuzen die Hauptstraße, schwenken in die Meiersmattstraße (Markierung leicht zu übersehen!), kommen an zwei Kunstobjekten von Eberhard Walter vorbei, gehen links in die Weingartenstraße, rechts in die Diersburger Straße und nach links über die Straße In der Wanne aus dem Ort, und immer unserem Zeichen nach durch Weinberge und Wiesen zu einem Wegekreuz mit einer weiteren Skulptur von E. Walter. Bei der Riedbachbrücke (Einkehrmöglichkeit im Gasthaus Riedmühle 7) geht es rechts weiter („Diersburg 2,2 km") und auf schönem Talweg am murmelnden Riedbach entlang nach **Diersburg**, wo wir zunächst auf die Bachstraße stoßen, der wir folgen. Dann

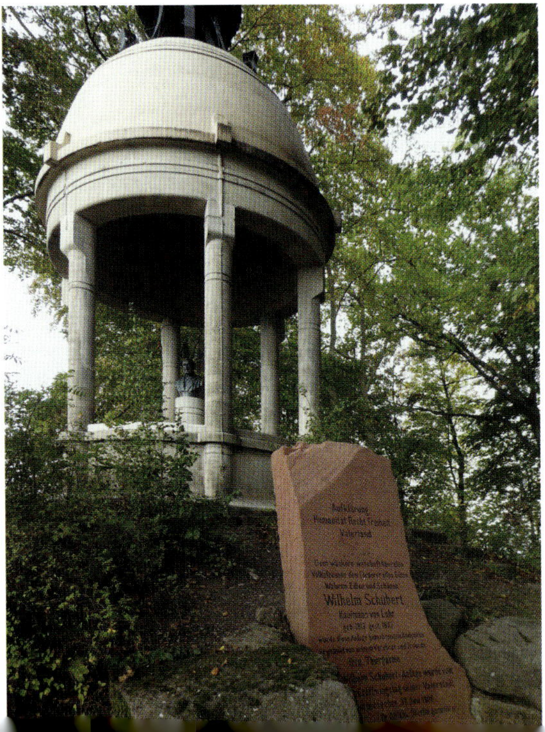

Wilhelm-Schubert-Denkmal auf dem Schutterlindenberg

gehen wir nach rechts in den Mühlweg und gleich wieder links zu der „Nahtstelle" zwischen Breisgauer Weinweg und **Ortenauer Weinpfad** beim **Rathaus** 8 (Einkehr- und Übernachtungsmöglichkeit im Gasthof Linde, Busverbindung nach Offenburg).

Wenn wir noch weiter wollen, biegen wir links ab und folgen nun immer der blauen Traube in roter Raute und den Schildern Richtung Gengenbach: Wir gehen nach der Kirche rechts bergan (hier gelbe Raute), nach dem Fußballplatz scharf links und dann gleich wieder rechts („Gengenbach 10 km"). Nach kräftigem Anstieg auf schönem Waldpfad gelangen wir zu einem Rastplatz und nach etwa 300 Metern auf breitem Forstweg zweigt halbrechts ein Pfad ab. Hier fehlt die Markierung, wir wählen den schönen Waldpfad, der uns zu einem weiteren Rastplatz bei der **Barackhütte** 9 führt. Weiterhin orientieren wir uns an der blauen Traube und kommen auf einem aussichtsreichen Asphaltweg bergab durch die Höhensiedlung **Heiligenreute** 10, vorbei an einigen Tafeln des Literaturweges zu einer Querstraße. Hier halten wir uns links („Gengenbach 6 km"), beim nächsten Wegweiser 11 rechts und wandern nach einem kurzen Anstieg auf herrlichem Panoramaweg (gleichzeitig Naturlehrpfad) an einem Wildgehege entlang, schwenken nach links („Gengenbach 5 km") und erreichen nach kurzem Anstieg den Wegweiser **Burgstall** 12. Nun geht es halbrechts weiter in mehreren Schleifen durch Weinberge hinab mit schönem Blick auf Gengenbach und das Kinzigtal, beim Gehöft **Stenglenz** 13 rechts auf urigem Pfad zu einem Sträßchen, links ab und immer der Markierung nach, bald vereint mit dem Kandelweg, bei einer Kletterpyramide links auf einem Bohlenweg am **Ziegelwaldsee** 14 entlang zum **Römischen Brennofen** 15.

Nun laufen wir, immer auf unsere Markierung achtend, über die Bundesstraßenbrücke und Kinzigbrücke 16 nach **Gengenbach**, über den Bahnübergang durch das Tor des Kinzigturms zum Marktplatz 17 und links auf der Hauptstraße und Leutkirchstraße, dann nochmals links auf der Bahnhofstraße zum **Bahnhof** 18.

Kinzigturm in Gengenbach

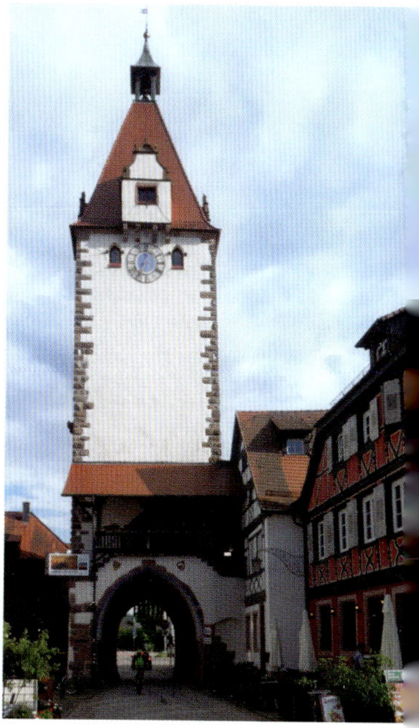

Ortenauer Weinpfad, 3. Etappe

Von Gengenbach über Ortenau und Zell-Weierbach nach Durbach

3

5½ / 6 Std.
20,5 / 14,5 km
580 Hm

Gengenbach – Ohlsbach – Ortenberg, Fessenbach – Zell-Weierbach – Wolfsgrube – Durbach

sehr lange und recht anstrengende Tour, zumeist auf Asphalt- und Schotterwegen, mit mehreren kurzen und teilweise steilen An- und Abstiegen

historische Ortsbilder von Gengenbach und Durbach; Schloss Ortenberg; Weinlehrpfad; viele schöne Wegkreuze und Aussichtspunkte

Weinstube Schuckshof (Mi–So); Schützenhaus Wolfsgrube (Mi–So); Durbach

Die mittlere Etappe des Weinpfades ist vielleicht die typischste: Etwa zwei Drittel des Weges führen in stetigem Auf und Ab durch die Weinberge an den Westhängen des Schwarzwaldes entlang, immer mal wieder unterbrochen durch kurze Abschnitte durch den Wald. Die Wegführung ist sehr abwechslungsreich, sodass so schnell keine Langeweile aufkommt, allerdings sollte man die Tour nicht unterschätzen, denn gut 20 Kilometer und fast 600 Höhenmeter wollen bewältigt sein. Es gibt aber mehrere Möglichkeiten, die Tour abzukürzen; beispielsweise kann man sich die ersten 6 Kilometer sparen, indem man die Bushaltestelle Ohlsbach Schwarzwaldstraße (7) als Startpunkt wählt (ab Offenburg Hbf. mit Buslinie 7160 oder 7134), der Hauptstraße bis zur nächsten Kreuzung folgt, links in die Heimgasse und nochmals links in den Bühlweg abbiegt und den ersten Textabsatz der Wegbeschreibung überspringt. Weiterhin kann man nach etwa 15 Kilometer Wegstrecke mit einem kurzen Abstecher Zell-Weierbach erreichen und entweder hier die Wanderung beenden (Busverbindung ab Ortsmitte mit Linie S2 zum Hbf. Offenburg) oder die Tour mit einer Zwischenübernachtung unterbrechen und am nächsten Tag fortsetzen. Die Wanderung eignet sich für jede Jahreszeit, allerdings weniger für sonnige heiße Tage, da sie über weite Strecken durch offenes Gelände führt.

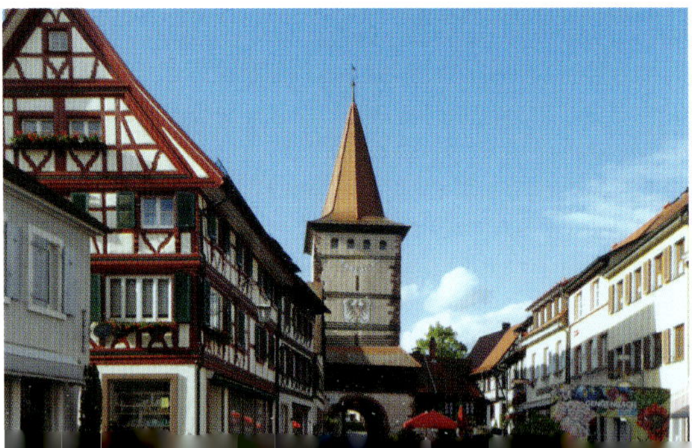

Das Obertor in Gengenbach

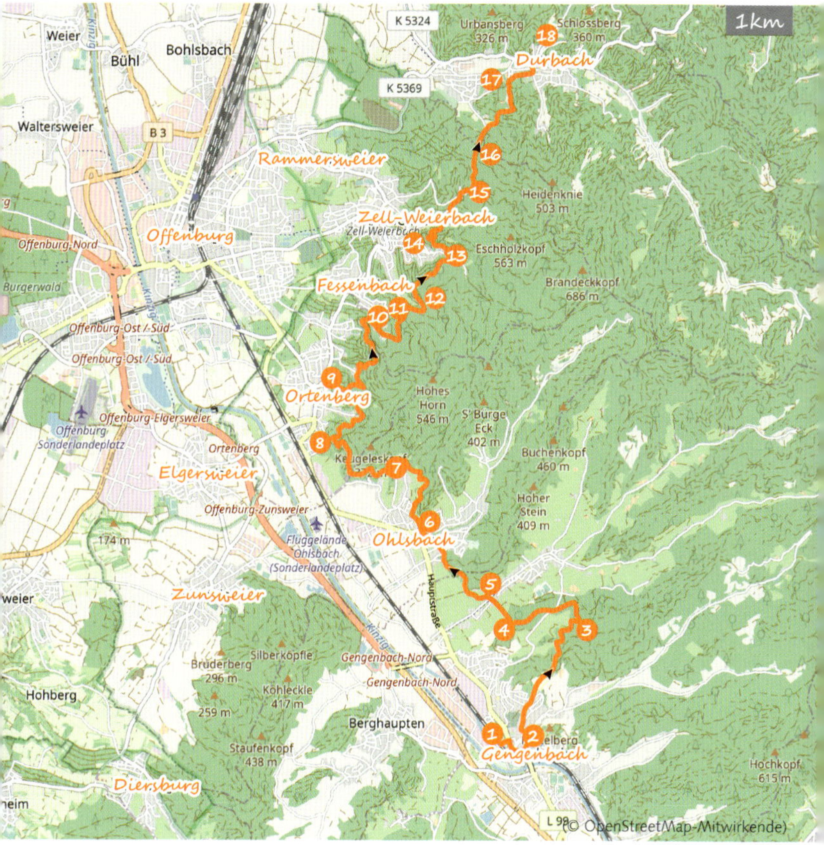

Vor dem Gengenbacher Bahnhof 1 gehen wir auf der Bahnhofstraße geradeaus, dann rechts auf der Leutkirch- und Hauptstraße zum Marktplatz 2 beim Rathaus und links durch die Fußgängerzone und das obere Tor zum nächsten Wanderwegweiser, wo wir auf die blaue Traube in roter Raute des **Ortenauer Weinpfades** treffen – sie wird uns bis zum Ziel den Weg weisen. Wir biegen links ab („Ohlsbach 5,5 km"), marschieren an der Geschwister-Scholl-Schule vorbei und gehen auf der Nollenstraße immer leicht bergan und auf dem Wolfsweg an der Klinik vorbei zum Waldrand. Hier halten wir uns links („Ohlsbach 4,5 km"), wandern auf breitem Weg zum **Schäublebrunnen** 3, auf abwechslungsreichen Pfaden und Wegen zu

INFOS

Freizeitkarte 1:50 000 des LGL BW, Blatt F503; Wanderkarte 1:35 000 des LGL BW, Blatt „Renchtal/Ortenau“; Wanderkarte 1:25 000 des LGL BW, Blatt „Achern“

www.stadt-gengenbach.de; www.zell-weierbach.de; www.durbach.de

Anfahrt: ab Offenburg mit der Schwarzwaldbahn oder S-Bahn nach Gengenbach
Rückfahrt: ab Durbach Rathaus mit Bus 7142 nach Offenburg

48.40477, 8.01039

einem Sträßchen, auf ihm nach links und 100 Meter weiter halbrechts („Ohlsbach 2,5 km“) auf lauschigem Pfad und wieder breiterem Weg zum Wegweiser **Niederholz** 4.

Hier geht es rechts ab hinab nach Reichenbach 5, wo wir die Straße queren und wenig später am Friedhof vorbei nach **Ohlsbach** gelangen. Beim Wegweiser **Boerscherplatz** 6 geht es rechts („Durbach 14 km“) weiter. Nach einem kurzen Stück Fußweg queren wir etwas links versetzt die Heimgasse.

Weiter geht es immer der roten Raute mit blauer Traube nach auf dem Bühlweg, beim nächsten Wegweiser rechts ab („Durbach 13,5 km“) und auf Teerwegen sanft bergan durch Weinberge und Streuobstwiesen in den Wald, dann links ab, auf schönem Waldpfad bergab, durch Wiesen und auf einem Sträßchen durch den Ortsteil **Büchen**. Achtung: 140 Meter nach dem Wegweiser „Büchen“ 7 fehlt die Markierung, wir bleiben auf dem Teerweg und biegen 100 Meter weiter halbrechts ab. Auf schönen Wegen marschieren wir durch Weinberge und ein Wäldchen. Bald öffnet sich ein herrlicher Blick auf Schloss Ortenberg und wir gelangen zum Wegweiser **Pipelisstein** 8. Bevor wir rechts weiter dem Weinpfadzeichen folgen („Durbach 10,5 km“), können wir mit einem kurzen Abstecher nach links dem **Schloss Ortenberg** 9 (heute eine Jugendherberge, siehe auch Tour 26) einen Besuch abstatten.

Nun folgt ein gemütlicher Bummel (nun auch Weinlehrpfad) durch die Weinberge, vorbei am **Pfarrer-Huber-Blick** 10, an einem alten Steinbruch und am Weingut Schloss Or-

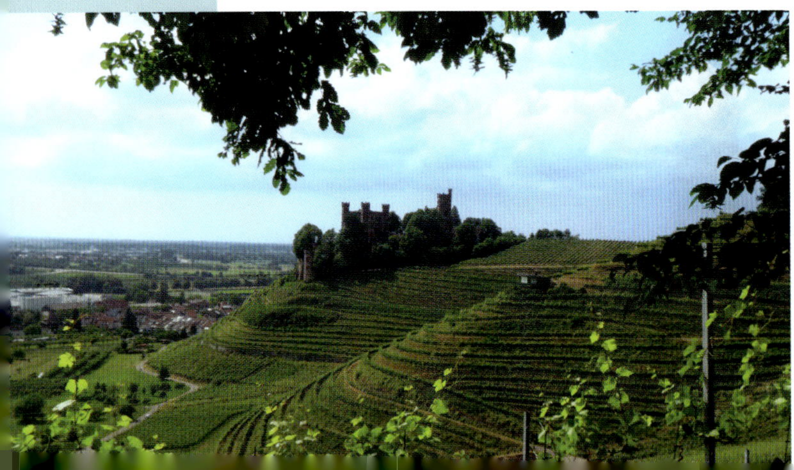

tenberg; wir biegen beim Wegweiser „Burda-Gedächtnis-Garten“ rechts ab und können ein paar Meter weiter einen kurzen Abstecher nach links zur Weinstube **Schuckshof** 11 (Einkehrmöglichkeit) machen. Dann geht es geradeaus weiter zum Waldrand („Durbach 7 km“), halblinks in den Wald, auf Forstwegen an einem Brunnen mit Sitzgruppe vorbei, dann auf schönen Wegen durch Feld und Wald an der **Ursulahütte** 12 mit Grill- und Rastplatz vorbei zum Wegweiser „**Am Tann**“ 13. Wenn wir die Wanderung abkürzen oder in **Zell-Weierbach** 14 übernachten wollen, biegen wir hier scharf links ab und folgen der blauen Raute („Zell-Weierbach 2 km“).

Wenn wir noch weiter wollen, bleiben wir auf dem Ortenauer Weinpfad, laufen an den obersten Häusern von Zell-Weierbach entlang, biegen wenig später rechts ab und wandern nach einem kleinen Anstieg auf aussichtsreichem Wald- und Feldweg zum Wegweiser „Gaigass“, biegen scharf links und beim **Wetterfähnle** 15 scharf rechts ab und erreichen nach einem letzten Anstieg das **Schützenhaus Wolfsgrube** 16 (Einkehrmöglichkeit). Weiter geht es auf breitem Forstweg („Durbach 3 km“) an einer Unterstandshütte vorbei. Bald fällt der Blick auf den Weinort Durbach und das Schloss Staufenberg. Beim Wegweiser „Schleife“ 17 schwenken wir nach rechts („Ortsmitte 0,8 km“), nach dem Friedhof links nach **Durbach** und beim Wegweiser „Grol“ rechts am Gasthof Ritter vorbei zur Bushaltestelle 18 auf der linken Straßenseite.

Links: Blick auf Schloss Ortenberg

Rechs: Durbach

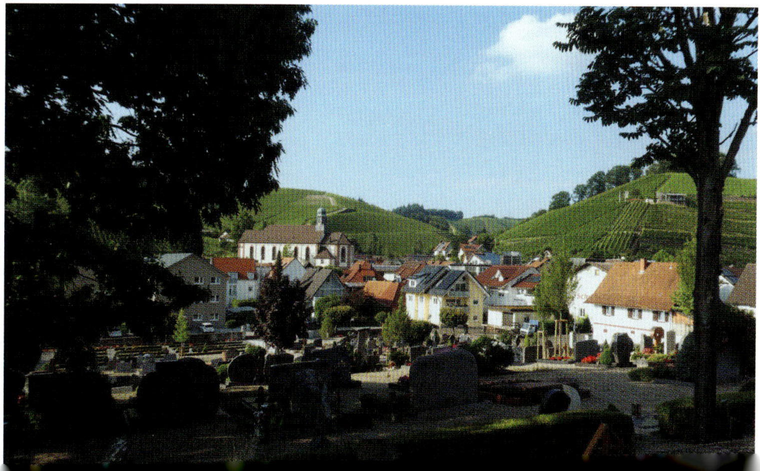

Ortenauer Weinpfad, 4. Etappe

Von Durbach über Oberkirch nach Kappelrodeck

4

5½ – 6 Std.

20 km

480 Hm

Durbach – Schloss Staufenberg – Kapelle St. Wendelin – Oberkirch – Fatima-Kapelle – Ringelbacher Kreuz – Waldulm – Kappelrodeck

sehr lange mittelschwere Wanderung mit mehreren, kurzfristig auch etwas steileren An- und Abstiegen

Ortsbilder von Durbach, Oberkirch und Kappelrodeck; Schlösser Staufenberg und Rodeck; Fatima-Kapelle und Kapelle St. Wendelin

Drei weit über die Grenzen hinaus berühmte Weinorte verbindet die 4. Etappe des Ortenauer Weinpfades: Durbach mit Schloss Staufenberg, Oberkirch im Renchtal sowie Kappelrodeck mit Schloss Rodeck im Achertal. Sie alle laden zu einem Bummel durch die Gässchen mit ihren Fachwerkhäusern und zu zünftiger Einkehr ein. Die mit 20 Kilometern doch recht lange Etappe lässt sich abkürzen bzw. in zwei Teiletappen zerlegen: Die Stadt Oberkirch, die man nach ungefähr halber Wegstrecke erreicht, liegt an der Renchtalbahnstrecke und ist dadurch verkehrsmäßig optimal erschlossen, außerdem bietet sie ebenso wie einige Gasthöfe unterwegs hervorragende Übernachtungsmöglichkeiten. Die schönste Zeit für diese aussichtsreiche Tour ist das Frühjahr während der Baumblüte und der Herbst, wenn die Weinberge und Wälder ihr buntes Kleid anlegen. Weniger geeignet sind heiße Sommertage, da die Wanderung über weite Strecken durch offenes Gelände führt.

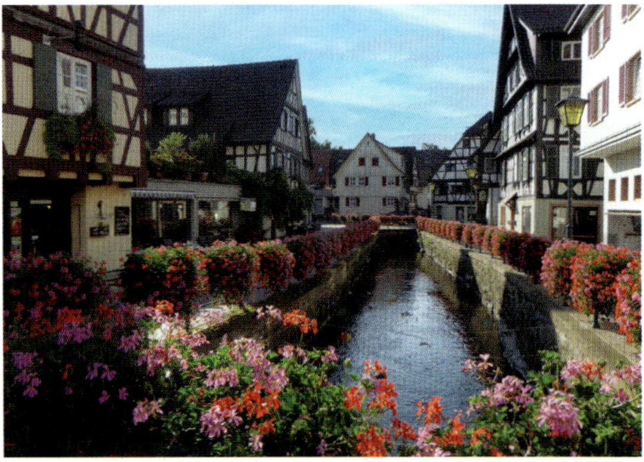

Stadtszene in Oberkirch

Wir gehen von der Bushaltestelle (1) auf der Straße zurück zur nächsten Verzweigung, biegen rechts ab und folgen bis zum Ziel dem **Ortenauer Weinpfad** (blaue

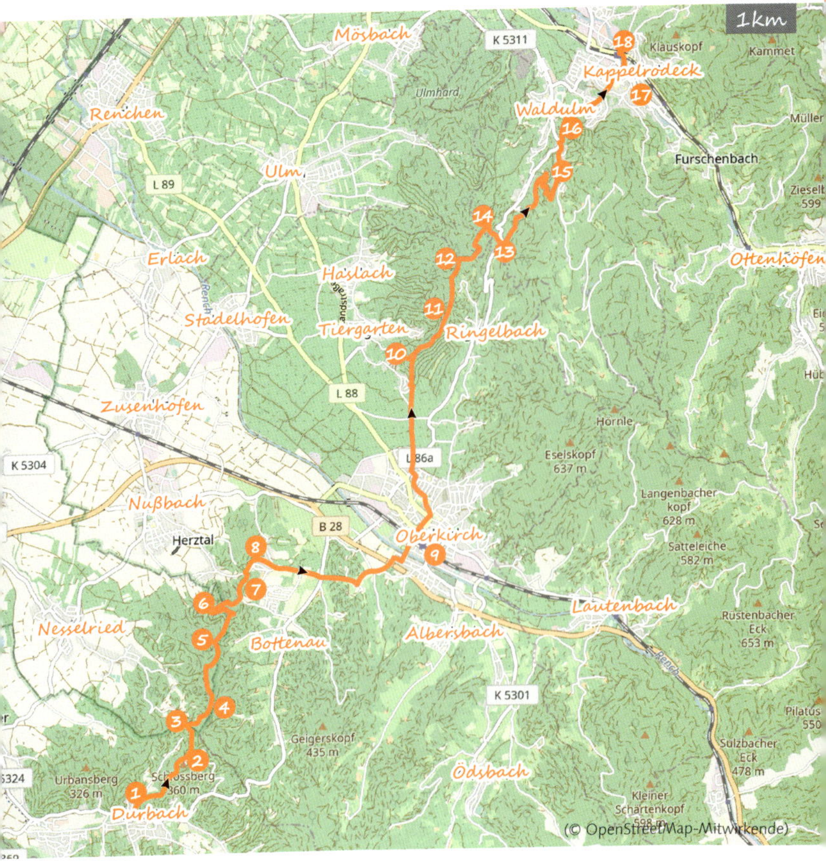

Traube in roter Raute, „Schloss Staufenberg 1,4 km") über den Kirchplatz, dann auf der Steingasse stetig bergan aus dem Ort und am Waldrand entlang zum herrlich inmitten von Weinbergen gelegenen **Schloss Staufenberg** 2 (Einkehrmöglichkeit, siehe auch Touren 18 + 19). Weiter geht es auf breitem Weg am Aussichtspunkt **Illental** 3 vorbei auf schönem Weg zum **Schwarzen Kreuz** 4 mit Schutzhütte und kleinem Rastplatz. Immer unserem Zeichen nach („Oberkirch 6 km") wandern wir im leichten Auf und Ab zum nächsten Aussichtspunkt **Rohrbacher Eck** 5, an einer kleinen herrlich gelegenen Waldkapelle vorbei und durch den Wald bergab zum Aussichtspunkt **Münsterblick** 6. Wir halten uns scharf rechts und marschieren

Schloss Staufenberg (nur Einkehr, Do–So); Rebstock in Meisenbühl; Oberkirch; Berggasthaus Einkehr (Mi–Mo); Gasthof/Restaurant Rebstock Waldulm (Sa/So ab 11.30 Uhr, Mo–Fr ab 15 Uhr); Kappelrodeck

INFOS

Freizeitkarte 1:50 000 des LGL BW, Blatt F503; Wanderkarte 1:35000 des LGL BW, Blatt „Renchtal/Ortenau"; Wanderkarte 1:25 000 des LGL BW, Blatt „Achern"

www.durbach.de; www.schloss-staufenberg.de; www.landhotel-rebstock.de; www.Renchtal-tourismus.de; www.kappelrodeck.de; www.berggasthaus-einkehr.de; www.rebstock-waldulm.de

Anfahrt: ab Offenburg Hbf. mit Bus 7142 bis Durbach Rathaus
Rückfahrt: ab Kappelrodeck Bhf. mit der Achertalbahn über Achern und weiter mit dem Zug nach Offenburg

48.49401, 8.01603

an einer Mariengrotte vorbei zur **Kapelle St. Wendelin** 7 . Das Glockentürmchen der Kapelle ziert die Figur des heiligen Wendelin, des Schutzpatrons der Hirten und Bauern. Ein besonderes Ereignis ist die alljährlich Mitte Oktober stattfindende Reiterprozession zur Wallfahrtskapelle, wo die Pferde gesegnet werden.

Wir biegen links ab („Oberkirch 3,5 km") und marschieren an der **Judas-Thaddäus-Kapelle** 8 vorbei durch **Meisenbühl** (Einkehrmöglichkeit im Gasthaus Rebstock), queren eine Landstraße und folgen der blauen Traube nochmals bergan durch Streuobstwiesen, über eine Anhöhe und auf einer Straße hinab nach **Oberkirch**. Nach der Renchbrücke und dem Bahnübergang können wir abkürzen und rechts in 5 Minuten zum Bahnhof 9 gelangen.

Wenn wir noch weitergehen wollen, bleiben wir geradeaus und folgen weiterhin der blauen Traube des Ortenauer Weinpfades („Kappelrodeck 10,5 km") durch den Ort, halten uns beim Wegweiser Leimenbrunnen schwach links, biegen links in die Hansjakobstraße, an deren Ende nochmals links in den Krautschollenweg ab, dann rechts in die Ringelbacher Straße, nach 100 Metern links und gleich wieder rechts und wandern auf dem Tiergärtner Weg aus dem Ort hinaus zum nächsten Wegweiser. Dann halten wir uns schwach rechts und marschieren durch Weinberge stetig bergan an mehreren Tafeln des Oberkirchner Weinlehrpfades vorbei, halten uns bei der Tafel „Ruländer" links und gelangen zur aussichtsreich gelegenen **Fatimakapelle** 10, die vor ca. 40 Jahren von Bürgern aus Tiergarten zwischen Reben und Kastanien errichtet wurde. Bei der Renovierung im Jahre 1997 erhielt die Kapelle einen Glockenturm sowie vier neue Fenster, die das Wunder von Fatima zeigen.

Weiter geht es immer der blauen Traube nach auf aussichtsreichem Panoramaweg über die **Tiergärtner Höhe** 11 und durch ein Wäldchen zur **Waldköpfelhütte** 12. Wir schwenken nach rechts („Kappelrodeck 5,5 km"), beim Wegweiser **Langenhalde** 13 mit einem Schnapsbrunnen nochmals nach rechts und marschieren zum **Ringelbacher Kreuz** 14. Hier biegen wir links ab und laufen am Gasthof Einkehr (Einkehr- und Übernachtungsmöglichkeit) vorbei zu einem Marterl und aussichtsreich in vielen Kurven durch Weinberge an einem Rastplatz vorbei zum Kappelrodecker Ortsteil **Tal** 15. Nun laufen wir am Mühlenbach entlang durch das Dorf zum Ortsteil **Kutzenbach**. Beim Gasthof Rebstock 16 (Einkehr- und Übernachtungsmöglichkeit) geht es halbrechts ab durch Weinberge und auf dem Eichenwäldeleweg durch den Ortsteil **Scheuerhof**. Beim nächsten Wegweiser haben wir die Möglichkeit, mit einem kurzen Abstecher nach rechts dem **Schloss Rodeck** 17 einen Besuch abzustatten. Auf der Jahnstraße gelangen wir dann hinab ins Zentrum von **Kappelrodeck** (siehe auch Tour 17). Wir gehen nach rechts in die Waldulmer Straße, dann ein kurzes Stück nach links und folgen dann gleich rechts der Trompeterstraße. Nach dem Überqueren der Acherbrücke halten wir uns links („Sasbachwalden 5,5 km"), nach dem Bahngleis nochmals links und laufen dann schließlich zum Bahnhof 18, wo unsere Tour endet.

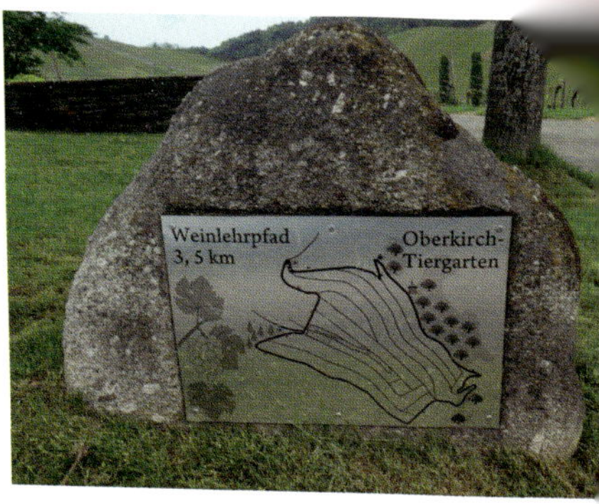

Tafel zum Oberkircher Weinlehrpfad

Schloss Rodeck

Schloss Rodeck ist das Wahrzeichen Kappelrodecks. Im 13. Jahrhundert erbaut, gehörte es zunächst den Herren von Röder. Das Schloss, wie es heute existiert, entstand erst 1879 auf der Grundlage der einstigen Burg: Der damalige Besitzer Heinrich Friedrich Schliephacke und seine Frau ließen die Burg mit Hilfe des Architekten Kessler im Stil der Neorenaissance umbauen. Nach der Inflation verkaufte die Familie das Schloss, in der Folge wechselten die Besitzer häufig. Mit Kriegsende nutzte der Landkreis das Anwesen als Altenheim, bis es erneut in Privatbesitz überging. Eine chinesische Investorin ist seit 2020 die Eigentümerin des Schlosses und möchte es

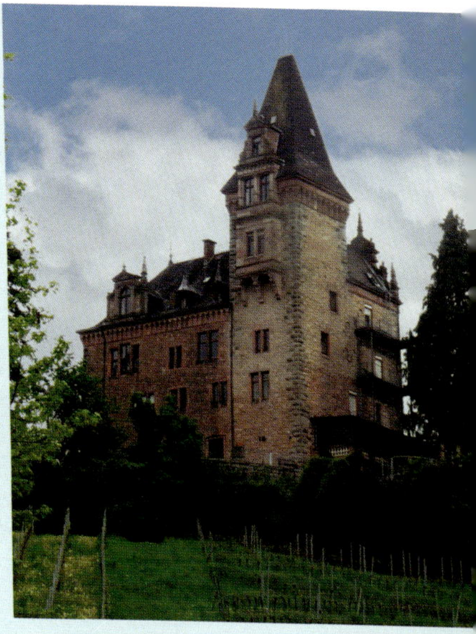

in ein Vitalhotel mit ambulanter medizinischer Betreuung umwandeln.

Ortenauer Weinpfad, 5. Etappe

Von Kappelrodeck über Sasbachwalden nach Bühlertal

5

6 Std.
21 km
650 Hm

Kappelrodeck – Steinebach – Sasbachwalden – Alde Gott – Lochhof – Neusatz – Altwindeck – Bühlertal

sehr lange, technisch mittelschwere Wanderung auf überwiegend asphaltierten Wirtschaftswegen mit kurzzeitig auch steilen An- und Abstiegen

Ortsbilder von Kappelrodeck und Sasbachwalden; Bildstock Alde Gott; Ruinen Neu-Windeck und Alt-Windeck; aussichtsreiche Höhenwege

Gasthaus Linde in Neusatz (Di–So); Burg Windeck; Bühlertal

Zwei weit über die Grenzen hinaus bekannte Weinorte liegen auf der letzten Etappe des Ortenauer Weinpfades: Kappelrodeck im Renchtal und Sasbachwalden am Zusammenfluss von Brandbach und Sasbach – schmucke Orte, die zum Verweilen und Einkehren einladen. Weitere Abwechslung bieten zwei imposante Burgruinen, wobei die zweite ein bekanntes Restaurant und Hotel beherbergt. Mit über 20 Kilometer Länge und über 600 Höhenmeter Anstieg ist diese Etappe eine echte Herausforderung, es gibt aber mehrere Kürzungsmöglichkeiten: So kann man den ersten Abschnitt auslassen und Sasbachwalden als Startpunkt wählen; in diesem Falle überspringe man den nächsten Textabsatz. Eine andere Möglichkeit wäre, mit einer Zwischenübernachtung (z. B. in Neusatz) die Tour auf zwei Tage zu verteilen. Der weitere Verlauf des Ortenauer Weinpfades liegt dann schon im Landkreis Karlsruhe: Bis Baden-Baden sind es 16 Kilometer, bis zum Endpunkt Gernsbach nochmals weitere 14 Kilometer.

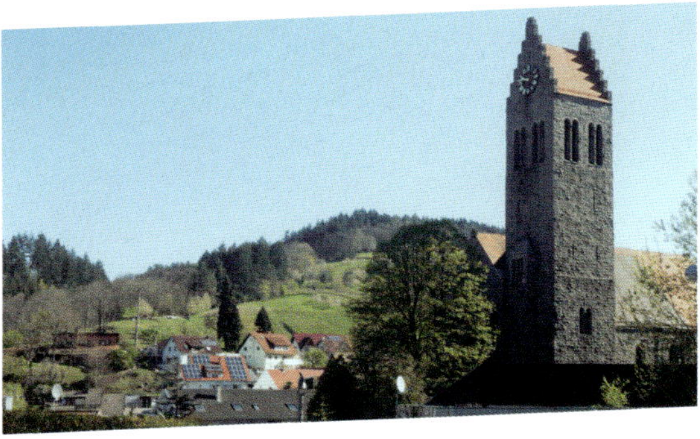

Wir gehen vom Ende des Bahnsteigs (1) über die Gleise, halten uns rechts („Venedig 0,1 km“) und treffen nach der Acherbrücke auf die Markierung blaue Traube in roter Raute des **Ortenauer Weinpfades**, sie

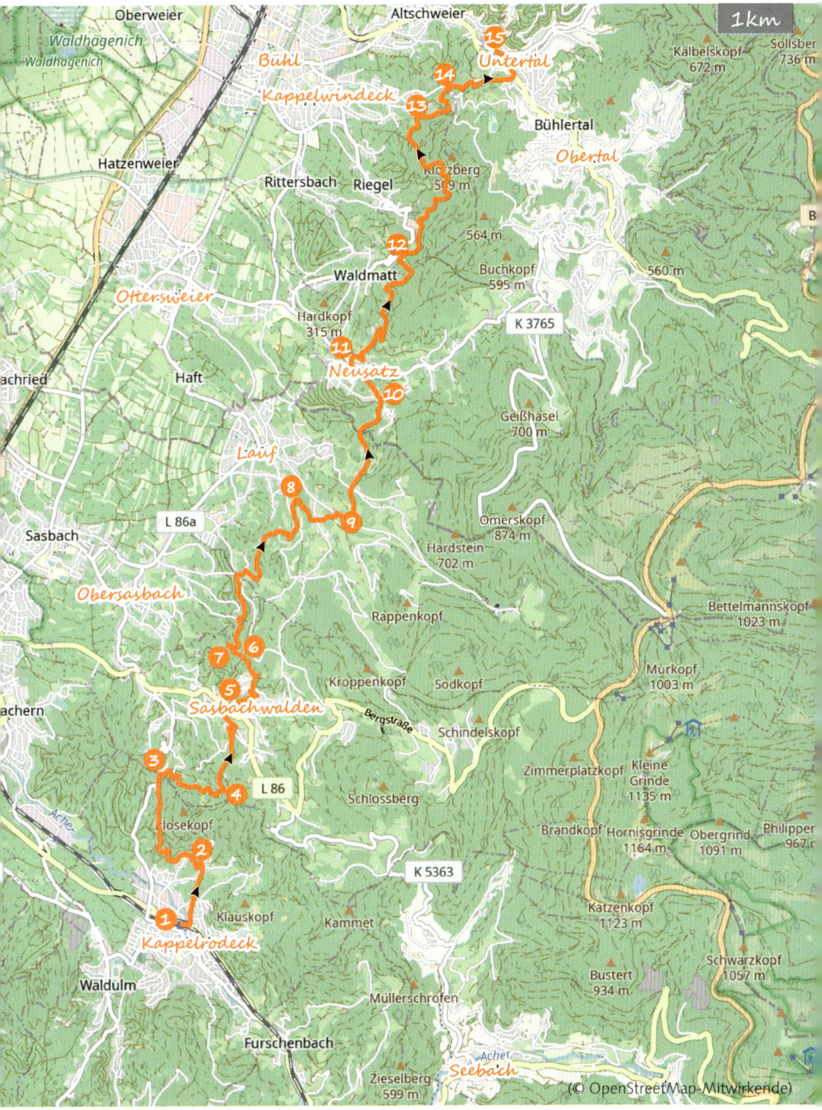

wird uns bis auf eine kurze Unterbrechung bis zum Ziel den Weg weisen. Wir biegen links ab („Sasbachwalden 5,5 km"), wandern auf gemütlichem Wirtschaftsweg zum Ortsteil **Steinebach** 2, schwenken beim nächsten Weg-

INFOS

Freizeitkarte 1:50 000 des LGL BW, Blätter F503 und F501; Wanderkarte 1:35 000 des LGL BW, Blätter „Renchtal/Ortenau" und „Unteres Murgtal"; Wanderkarte 1:25 000 des LGL BW, Blätter „Achern" und „Baden-Baden" (erscheinen voraussichtlich 2022)

www.kappelrodeck.de; www.sasbachwalden.de; www.linde-neusatz.de; www.burg-windeck.de; www.buehlertal.de

Anfahrt: mit der Bahn bis Achern und weiter mit der Achertalbahn bis Kappelrodeck Bhf. bzw. mit dem Bus 7123 bis Sasbachwalden Gaishölle
Rückfahrt: ab Bühlertal Adlergasse mit Bus 263 bis Bühl Bhf.

48.59323, 8.11639

weiser nach links („Sasbachwalden 4,5 km"), 500 Meter weiter nach links und gleich wieder rechts (leicht zu übersehen!) und wandern auf aussichtsreichem Weg durch die Weinberge der „Hex vom Dasenstein" (siehe auch Tour 15) in ein Wäldchen, biegen etwa 100 Meter vor einer Straße 3 halbrechts ab und marschieren auf einem schönen Waldpfad zum nächsten Wegweiser am Waldrand. Weiter geht's („Sasbachwalden 2,5 km") auf abwechslungsreichen Wegen immer in leichtem Auf und Ab durch Wald und Feld durch die Höhensiedlung **„Auf der Eck"** 4 mit einem Schnapsbrunnen. Auf dem Kappelberg kreuzen wir die „Alde-Gott-Panoramarunde" (siehe auch Tour 13), biegen beim nächsten Wegweiser nach 600 Metern links und gleich wieder rechts ab (leicht zu übersehen!) und gelangen auf holprigem Feldweg und steilem Pfad hinab zu einer Straße. Hier fehlt unser Zeichen, wir halten uns halbrechts („Tourist-Info 0,4 km"), laufen durch den Kurpark und treffen in **Sasbachwalden** auf die Talstraße 5. Rechter Hand ein paar Meter entfernt sind die Bushaltestellen Sparkasse bzw. Gaishölle.

Wir laufen auf der Talstraße ein paar Meter nach links, biegen bei der Bäckerei Becke-Klaus rechts ab in die Kirchstraße und folgen der blauen Traube in roter Raute des **Ortenauer Weinpfades** (sie wird uns bis auf eine kurze Unterbrechung bis zum Ziel geleiten) und den Schildern „Bühlertal" an der Kirche vorbei auf Wirtschaftswegen im Zickzack bergan zum **Bildstock „Alde Gott"** 6, ei-

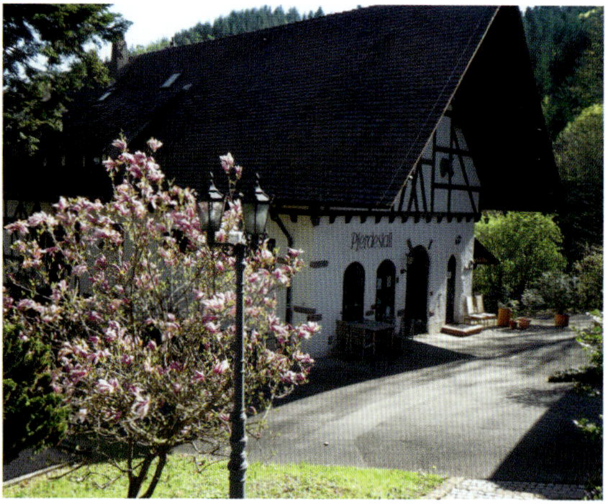

Gasthof Pferdestall bei der Burgruine Alt-Windeck

nem schönen Aussichtspunkt mit kleinem Rastplatz. Hier verlassen wir vorübergehend den Ortenauer Weinpfad und wählen eine interessantere Variante: schwach links der gelben Raute nach auf dem Winterbachweg bergab, beim nächsten Wegweiser rechts („Alt-Windeck 9,5 km") durch ein Wäldchen, bei der nächsten Verzweigung den rechten bergan führenden Grasweg, beim nächsten Wegweiser rechts („Neu-Windeck 2,5 km") und gleich wieder links aussichtsreich durch Weinberge, bei der kleinen Siedlung **Kammerhof** 7 rechts ab („Neu-Windeck 2 km") zum nächsten Querweg, wo wir wieder auf den Ortenauer Weinpfad treffen. Wir biegen links ab und gelangen auf Wirtschaftswegen zur Höhensiedlung **Lochhof** und wenig später zur Burgruine **Neu-Windeck** 8; die im 13. Jahrhundert erbaute und seit dem 16. Jahrhundert verfallene Burg ist mit einem kurzen Abstecher auf schmalem Pfad zu erreichen. Weiter geht's der blauen Traube nach auf einem Teersträßchen, immer diesem Zeichen und den Schildern „Alt-Windeck" nach und immer in leichtem Auf und Ab, durch die Streusiedlungen Matzenhof, Au 9, Lochwald und Gebersberg 10 und schließlich steil bergab nach **Neusatz** zur Bushaltestelle Rathaus 11. Hier können wir die Tour abkürzen und mit dem Bus 273 bzw. am Wochenende mit dem Anruflinientaxi (45 Mi-

Alde Gott

Ein junger Mann zog tagelang durch die Gegend von Sasbachwalden, ohne einem Menschen zu begegnen. Wohin auch immer er kam, überall fand er nur zerstörte Dörfer und Bauernhöfe vor. Er war allein und einsam. Endlich jedoch traf er eine junge Frau und rief voller Erleichterung: „Der Alde Gott lebt noch!" Damit hatte er den Beweis, dass es ihn noch gab, den Alten Gott – den Gott des Lebens und der Liebe. Aufgrund dieser schönen Geschichte haben die Leute aus Sasbachwalden den Satz auf einen Bildstock geschrieben. Er steht noch heute an der Stelle, an der sich die beiden getroffen haben sollen. Und noch vielmehr: Der Ausruf „Der Alde Gott lebt noch!" ist in das kollektive Gedächtnis der Menschen aus Sasbachwalden eingegangen. Das gesamte Weinbergareal der Ortschaft Sasbachwalden sowie die Winzergenossenschaft tragen diesen Namen, wodurch ihm sozusagen „weinseliges Leben" eingehaucht wurde. Und so lebt er auch heute noch, der Alte Gott, im Namen des Weins und im Denken und Tun der Menschen.

nuten vorher unter 07223/3319 anmelden) zum Bahnhof Bühl fahren; das Gasthaus Linde bietet eine zünftige Einkehr- und Übernachtungsmöglichkeit. Wenn wir noch weiter wollen, folgen wir unserem Zeichen rechts am Rathaus vorbei aus dem Ort, bei einer Bank scharf rechts und gleich wieder links ein Stückchen steil bergan an Sportanlagen vorbei, dann bequemer auf Forstwegen weiter zur **Burgruine Alt-Windeck** 12 (Einkehr- und Übernachtungsmöglichkeit). Auch hier hat man Verbindung mit dem Bus 271 bzw. dem Anruflinientaxi nach Bühl, sodass man die Wanderung nochmals abkürzen kann. Wir marschieren weiter der blauen Raute und nun immer den Schildern „Bühlertal Untertal Kirche" nach auf Forstwegen durch den Wald, biegen nach 1,5 Kilometern links ab und gelangen auf steilem Waldpfad hinab zu einem Aussichtspunkt mit schönem Blick auf Bühlertal. Beim nächsten Querweg schwenken wir nach rechts und wandern abwechselnd auf Feldwegen durch Weinberge und Waldwege vorbei am Steinmonument **„Der Jakobspilger"** 13, biegen wenig später links ab, steigen über viele Treppen an einem Rastplatz mit **Mariengrotte** vorbei bergab und marschieren auf Schotter- und Graswegen an der Siedlung **Matt-**

Burg Windeck

Hoch über den Dächern der Stadt Bühl erhebt sich die Burg Windeck (Alt-Windeck). Hier existieren eine über 800-jährige Geschichte und Genuss und Lebensfreude nebeneinander. Erfreuen Sie sich an dem atemberaubenden Panoramablick über das Rheintal und vergessen Sie für einige Zeit Ihren Alltag. Wo um das Jahr 1200 die Herren von Windeck ihr wehrhaftes Domizil errichteten, laden heute ein Restaurant mit Weinkeller und ein 3-Sterne-Hotel zum Verweilen und Entspannen ein.

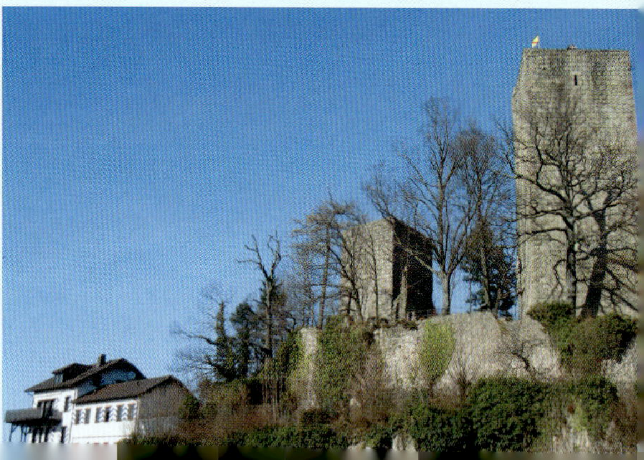

häuser 14 vorbei und zuletzt steil bergab nach **Bühlertal Untertal**. Bei der Fa. Bosch treffen wir auf die Landstraße, laufen neben ihr ein paar Meter nach links, dann rechts durch die Straßenunterführung auf die Kirche zu und links auf der Hauptstraße zur Bushaltestelle Adlergasse 15.

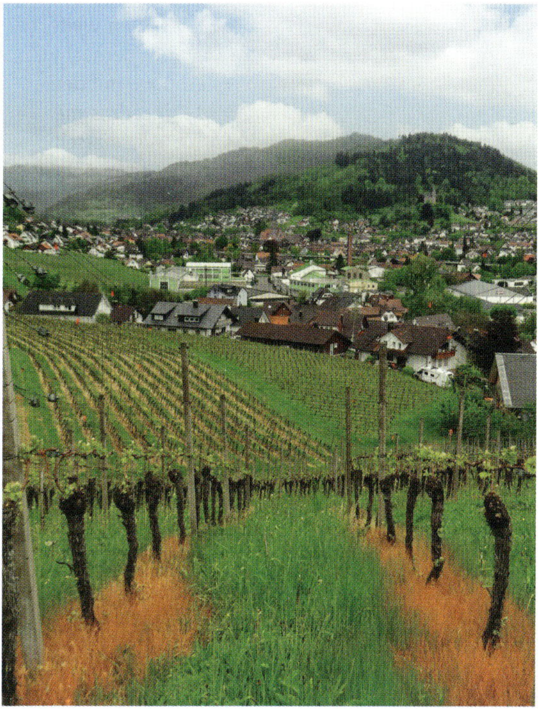

Weinberge „Hex von Dasenstein" bei Kappelrodeck

Bühl, Bühlertal und Ottersweier

Inmitten hügeliger Weinberge und dem Nationalpark Schwarzwald liegen die drei Gemeinden Bühl, Bühlertal und Ottersweier. Egal ob Sie wandern, reiten, biken oder Ski fahren möchten – in dieser Gegend kommt jeder auf seine Kosten. Außerdem belohnen Panorama-Rundwege mit Aussichtstürmen und die malerische Burg Windeck den Wanderer mit herrlichen Ausblicken über die Rheinebene. Und wenn Sie sich von den Wanderstrapazen erholen möchten, laden kulinarische Schätze der Region und die herzliche Gastfreundlichkeit ihrer Menschen ein. Für diejenigen, welche die Köstlichkeiten mitnehmen möchten, stehen zahlreiche Hofläden mit ihren frischen und regionalen Produkten zur Auswahl.

Vorbei am größten Polder des Oberrheins

Von Kehl durch die Rheinauen nach Goldscheuer

6

2¾ / 3¼ Std.
10 / 12 km
0 Hm

Kehl – Rheinauenweg am Kulturwehr – Goldscheuer – Europäisches Forum

leichte Wanderung ohne merkliche Anstiege

Rheinauen mit Altrheinarmen; Kulturwehr Kehl–Straßbourg; Ortskern von Goldscheuer bzw. Europäisches Forum am Rhein

Goldscheuer bzw. Europäisches Forum

Die Raute mit den blauen Wellen leitet uns auf unserer Wanderung durch die rechtsrheinische Auenlandschaft. Sie ist das Zeichen des Rheinauenweges, eines 170 Kilometer langen Fernwanderweges des Schwarzwaldvereins von Kehl bis Weil am Rhein (weitere Infos siehe Tour 7). Zielort der leichten und auch für Familien mit älteren Kindern empfehlenswerten Tour ist der Kehler Stadtteil Goldscheuer. Wenn man freitags oder am Wochenende unterwegs ist, kann man auch die zwei Kilometer längere Variante wählen und dem Rheinauenweg bis zum Europäischen Forum am Rhein folgen; an diesen Tagen besteht eine Busverbindung zum ZOB in Offenburg. Die schönste Zeit für diese abwechslungsreiche Wanderung ist das zeitige Frühjahr, wenn die Natur erwacht, oder der späte Herbst mit seinen bunten Farben.

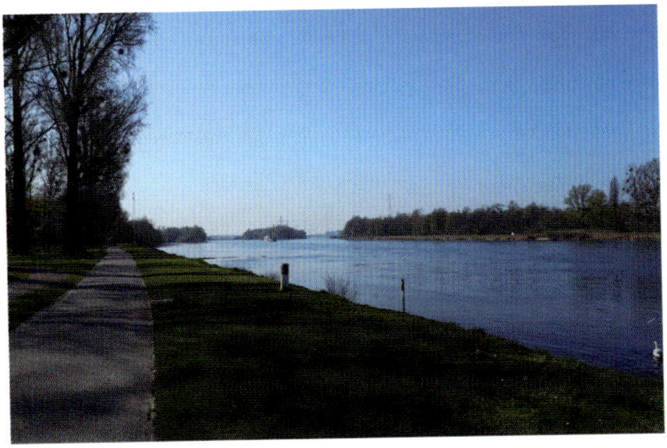

Der Rhein bei Kehl

Vor dem Bahnhof (1) queren wir bei der Fußgängerampel die Straßburger Straße, folgen der blauen Raute nach rechts neben der Straße, gehen beim Ortsausgang links über einen Treppenabgang hinunter zur Rheinpromenade und nehmen nun die Markierung des **Rheinauenweges** auf (Raute mit blauen Wellen), unser Wegweiser bis zum

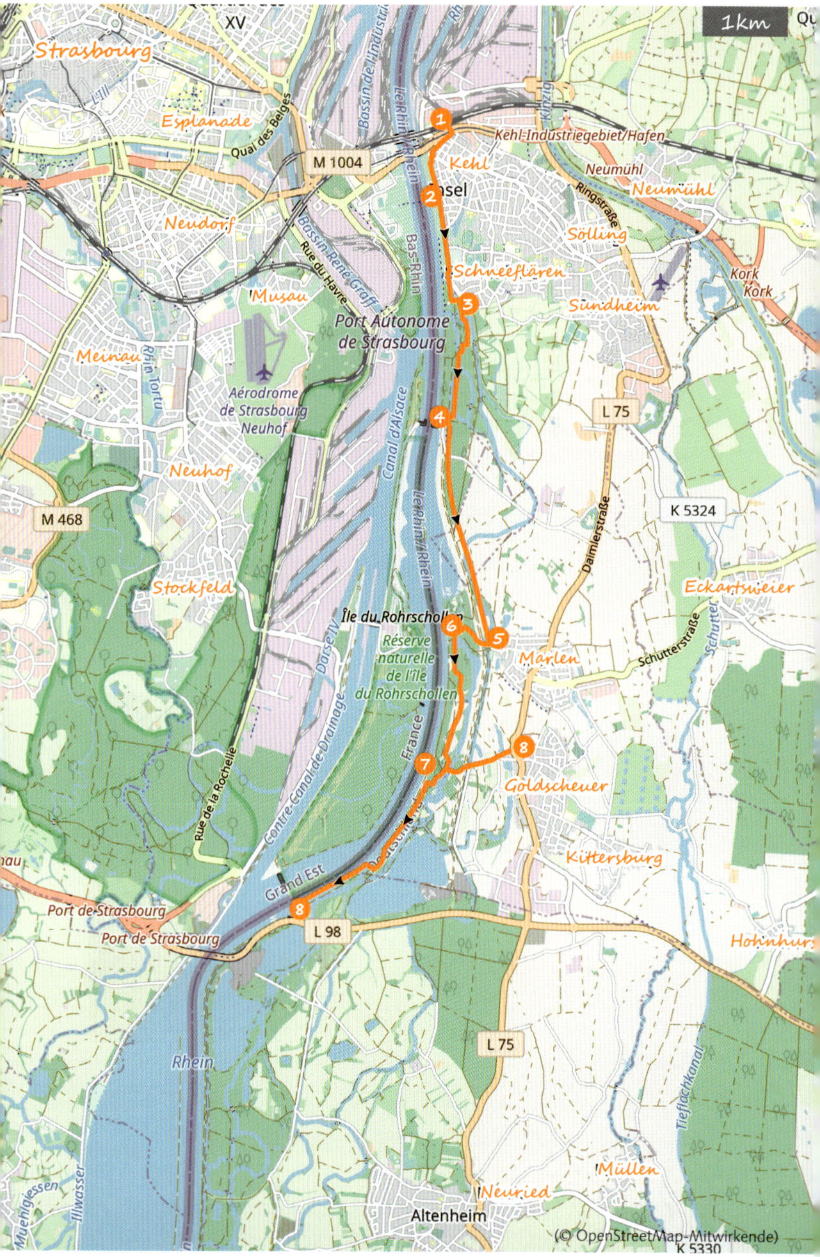
1km
Strasbourg
Esplanade
Quai des Belges
M 1004
Neudorf
Musau
Meinau
Rue du Havre
Bassin René Graff
Port Autonome de Strasbourg
Aérodrome de Strasbourg Neuhof
Neuhof
M 468
Stockfeld
Rue de la Rochelle
Canal d'Alsace
Contre-Canal-de-Drainage
Île du Rohrschollen
Réserve naturelle de l'île du Rohrschollen
France
Grand Est
Port de Strasbourg
L 98
Rhein
Altenheim
Neuried
Müllen
L 75
Kittersburg
Goldscheuer
Marlen
Schutterstraße
Eckartsweier
K 5324
Daimlerstraße
Sundheim
Schneeflären
Sölling
Kehl
Kehl-Industriegebiet/Hafen
Neumühl
Ringstraße
Kinzig
Kork
Hohnhurst
Tieflachkanal
(© OpenStreetMap-Mitwirkende)
K 5330

INFOS

Freizeitkarte 1:50 000 des LGL BW, Blatt F503; Wanderkarte 1:25 000 des LGL BW, Blatt „Offenburg"

www.kehl.de; www.forum-am-rhein.eu

Anfahrt: mit dem Regionalzug über Appenweier nach Kehl
Rückfahrt: ab Goldscheuer Einkaufszentrum mit Bus 301 nach Offenburg oder Bus 106 über Altenheim nach Offenburg oder Bus 106 nach Kehl; ab Europ. Forum Fr/Sa/So/Fe mit Bus R2 zum ZOB Offenburg

48.23525, 8.29526

Ziel: ein kurzes Stück auf dem Rheindamm mit schönem Blick auf die **Europabrücke**, dann etwas rechts versetzt auf der viel begangenen **Rheinpromenade** immer geradeaus unter der „Brücke der zwei Ufer" 2 (sie wurde 2004 anlässlich der Landesgartenschau Kehl und Straßburg erbaut) hindurch und, wenn es geradeaus nicht mehr weiter geht, nach einem Links-/Rechtsknick auf schönem Weg an einem Altrheinarm 3 entlang in den Auwald. Ein **Naturlehrpfad** mit vielen Schautafeln informiert über die einzigartige Tier- und Pflanzenwelt.

Bald passieren wir das **Kulturwehr** 4 mit einem Wasserkraftwerk, folgen weiter unserem Zeichen auf dem Rheindamm und genießen die schöne Aussicht auf die Schwarzwaldhöhen. Bei der zweiten Schranke 5 zweigen wir rechts ab („Rheinsegelhafen"), gehen beim Segelhafen 6 links durch das Gebiet des Saurheinkopfes, biegen beim Schild „Vorsicht Buhnen" nochmals links ab und wandern durch Wald und Wiesen zur nächsten beschilderten Kreuzung 7.

Haben wir Goldscheuer als Ziel auserkoren, bleiben wir geradeaus („Bushaltestelle 1 km") und gelangen über den Rheindamm und ein Naturschutzgebiet zur Bushaltestelle **Goldscheuer Einkaufszentrum** 8 an der B36.

Wenn wir das Europäische Forum als Ziel gewählt haben, halten wir uns rechts und folgen den Zeichen des Rheinauenweges durch die Auenlandschaft Kühgrün, über eine schmale Brücke und eine Landzunge zur Bushaltestelle beim **Europäischen Forum am Rhein** 9.

Die Fortsetzung des Rheinauenweges bis Meißenheim finden Sie in der folgenden Tour 7.

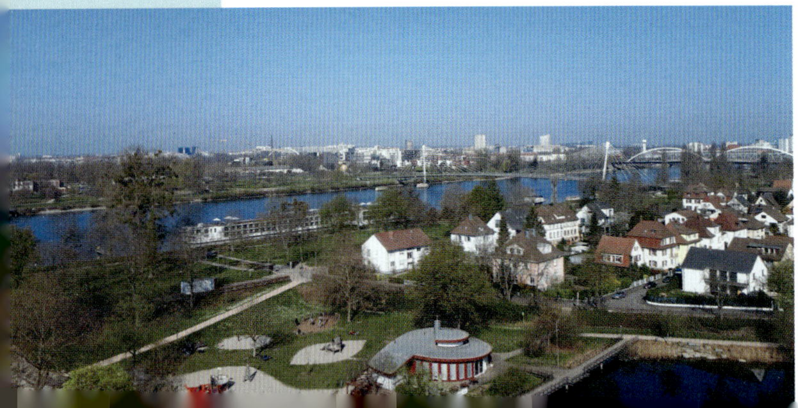

Goldscheuer

Goldscheuer, Marlen und Kittersburg sind drei territorial voneinander getrennte Dörfer, die schon seit Jahrhunderten eine politische Gemeinde bilden. Goldscheuer ist im Jahr 1424 erstmals urkundlich erwähnt, Marlen und Kittersburg finden 1283 Eingang in die Urkunden. Im Rahmen einer Gebietsreform wurden die drei Dörfer 1971 nach Kehl eingemeindet. Noch heute erinnern die Figuren des Goldwäscherbrunnens in Goldscheuer daran, dass hier früher Gold im Rhein „gescheuert" wurde. Ansonsten dominierten die Fischerei – bis zu ihrem Niedergang – und die Landwirtschaft. Sowohl die zahlreichen Fachwerkhäuser, die das Ortsbild dominieren, als auch das Heimatmuseum von Goldscheuer geben einen interessanten Einblick in die frühere Lebens- und Arbeitswelt der Dörfer. Das örtliche Natur-Schwimmbad bietet Erfrischung im Sommer.

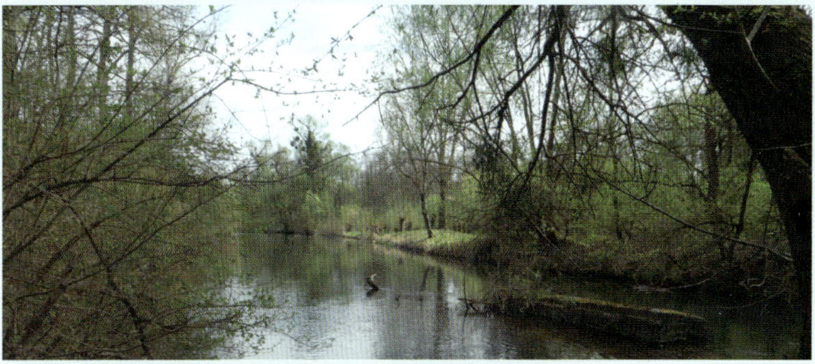

Das Europäische Forum am Rhein

Das Europäische Forum am Rhein wurde von Jürgen Grossmann entworfen und nach dreijähriger Bauzeit im Oktober 2019 eingeweiht. Der architektonisch bemerkenswerte Komplex verbindet grenzüberschreitend Kulinarik, Kunst und Kultur: Neben herausragenden Restaurants wie Armbrusters Lieblingsplatz, einem exzellenten japanischen Restaurant oder das Steak- und Eventhaus The Grill am Rhein, welche mit Blick auf den Fluss imponieren, finden Sie hier auch das deutsch-französische Theater Baden Alsace, das dort eine feste Spielstätte gefunden hat. Dazu bietet das Rhinlädele im Lieblingsplatz Köstlichkeiten und Produkte aus der Region für Sie an. Unter der Führung von Grossmann sind außerdem Räume mit Büroflächen von internationalem Format entstanden, die unter anderem von zwei Europaabgeordneten genutzt werden.

Wochenendausflug in die Rheinauen

Vom Europäischen Forum am Rhein durch den Auewald nach Meißenheim

7

2½ Std.
13 km
0 Hm

Europäisches Forum bei Altenheim – Rheinauenweg – die Naturschutzgebiete Salmengrund – Riedmatten – Meißenheim

leichte Wanderung ohne Höhenunterschiede

Rheinauenlandschaft mit Naturwäldern und Altrheinarmen; evang. Barockkirche in Meißenheim

Anglerheim Ichenheim (Mi–So); Meißenheim

Die Raute mit den blauen Wellen, Zeichen des Rheinauenweges des Schwarzwaldvereins, begleitet uns auf der Wanderung durch eine abwechslungsreiche Flusslandschaft, dabei wechseln sich urtümliche Wälder mit landwirtschaftlich geprägten Gebieten ab. Da wir bei dieser Streckenwanderung auf den ÖPNV angewiesen sind, der Ausgangspunkt nur freitags, samstags und sonntags von der Buslinie bedient wird und der Zielort Meißenheim an Sonntagen nur von sehr wenigen Bussen angefahren wird, kommen nur Freitag und Samstag für die Tour in Frage. Die schönste Zeit ist das zeitige Frühjahr, wenn die Natur erwacht, oder der späte Herbst mit seinen bunten Farben.

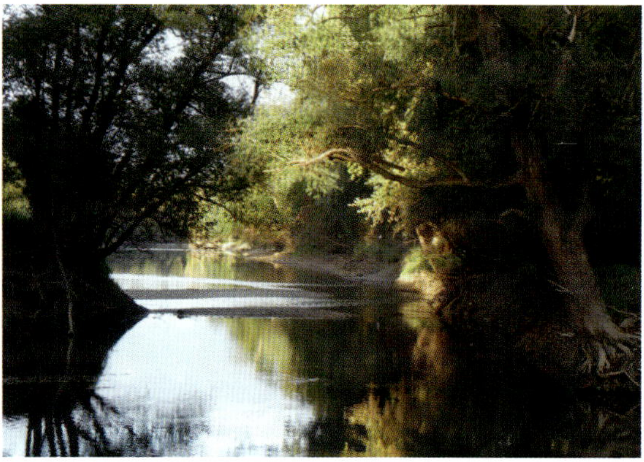

Rheinauenlandschaft

Wir laufen von der Bushaltestelle 1 aus auf dem Fuß-/Radweg parallel zur Straße zurück und nehmen die teilweise verblasste Markierung (Raute mit blauen Wellen) des **Rheinauenweges** auf, sie wird uns bis zum Ziel den Weg weisen. Nach 700 Metern biegen wir rechts ab (Radwegweiser Richtung Meißenheim), wandern auf dem Hohwasserdamm bis zu einer Schranke 2, schwenken nach rechts und 150 Meter weiter nach links und

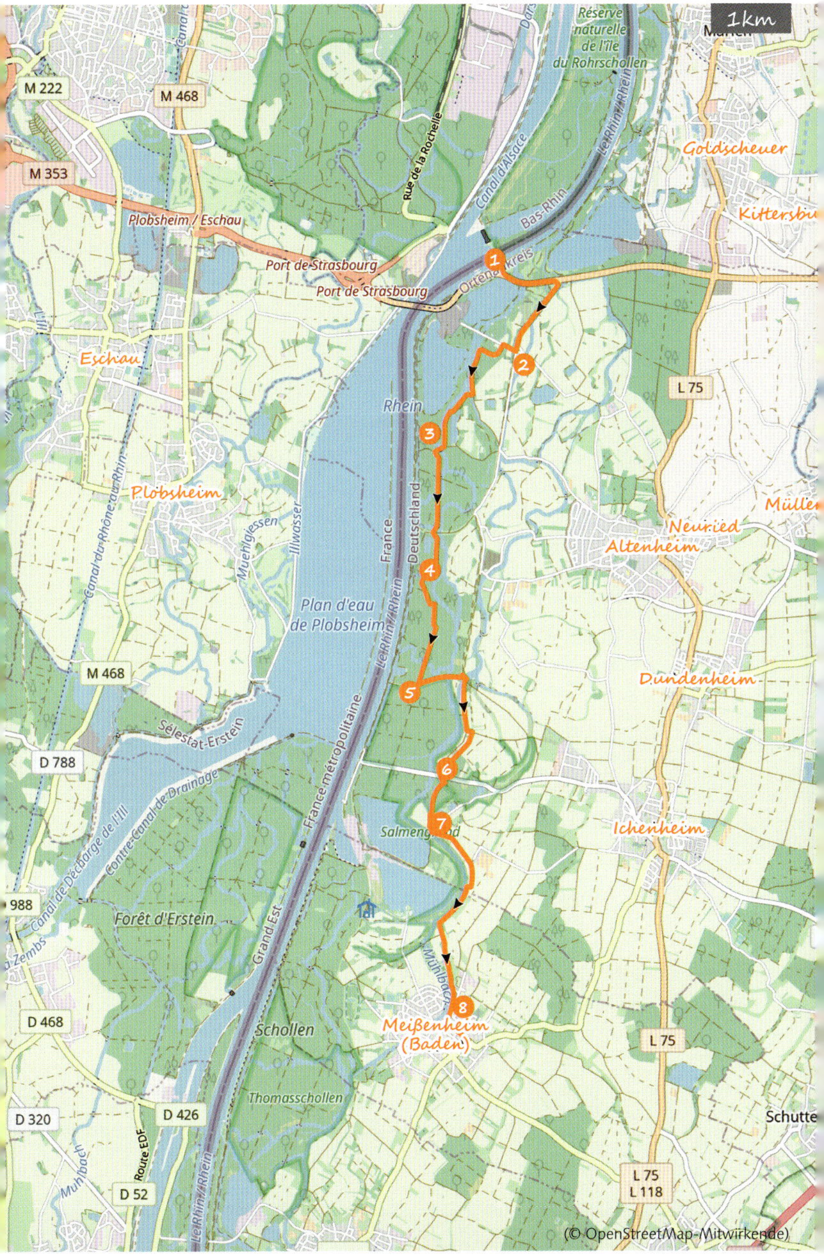
1km
Réserve naturelle de l'île du Rohrschollen
Goldscheuer
Kittersbu
M 222
M 468
M 353
Plobsheim / Eschau
Port de Strasbourg
Port de Strasbourg
Rue de la Rochelle
Canal d'Alsace
Bas-Rhin
Le Rhin / Rhein
Ortenaukreis
Eschau
L 75
Rhein
Plobsheim
Canal du Rhône au Rhin
Muehlgiessen
Illwasser
France
Deutschland
Neuried
Altenheim
Müller
Plan d'eau de Plobsheim
Le Rhin / Rhein
M 468
Dundenheim
Sélestat-Erstein
D 788
France métropolitaine
Contre-Canal de Drainage
Canal de Décharge de l'Ill
Ichenheim
988
Forêt d'Erstein
Grand Est
Mühlbach
D 468
Schollen
Meißenheim (Baden)
L 75
Thomasschollen
D 320
D 426
Schutte
Route EDF
Mühlbach
D 52
L 75
L 118
Le Rhin / Rhein
(© OpenStreetMap-Mitwirkende)

INFOS

Freizeitkarte 1:50 000 des LGL BW, Blatt F503; Wanderkarte 1:25 000 des LGL BW, Blatt „Offenburg"

www.forum-am-rhein.eu; www.meissenheim.de; www.av-ichenheim.de

Anfahrt: ab Offenburg ZOB mit Bus R2 (Fr/Sa/So/Fe) bis Endhaltestelle Europäisches Forum am Rhein
Rückfahrt: ab Meißenheim Nord mit Bus 106 nach Lahr und weiter mit der Bahn nach Offenburg

48.49525, 7.78489

marschieren auf Forstwegen durch den schönen Auewald, biegen nach einem Brückchen rechts in den **Saukökpfleweg** und nach 150 Metern nochmals rechts 3 ab. Nun folgt das Herzstück unserer Tour: Ein wunderschöner Naturpfad schlängelt sich parallel zu einem Altrheinarm durch den Auewald. Bald treffen wir auf einen Querweg, halten uns rechts und gleich wieder links und folgen dem Pfad, der allmählich breiter wird, immer geradeaus durch ein Poldergebiet, queren einen Hochwasserdamm und wenig später durch eine Furt die **Schollengrundkehle** 4. Wenn die Furt überflutet ist, kann man auf „s'Furtebrigl", eine kleine Fußgängerbrücke, ausweichen.

Bald treffen wir auf einen weiteren Hochwasserdamm 5, laufen auf ihm nach links, biegen 150 Meter nach einem blauen Häuschen rechts und gleich nochmals rechts ab und marschieren, immer unserem Zeichen nach, auf Wirtschaftswegen durch Felder. Nach einem Links-/Rechtsknick queren wir eine Straße 6, laufen 50 Meter auf dem Damm und schwenken rechts auf einen Schotterweg. Beim Schild „Naturschutzgebiet" halten wir uns schwach rechts, gleich wieder links und marschieren an einem Gewässer entlang zum **Anglerheim Ichenheim** 7 (Einkehrmöglichkeit). Nach dem Anglerheim biegen wir links auf einen Schotterweg ab und bleiben nun auf dem Weg, bald auch wieder von unserer Markierung begleitet. Wir passieren einen Aussiedlerhof, genießen nochmals ein schönes Wegstück am Altrhein entlang und erreichen auf einem Teerweg den Ortsrand von **Meißenheim**. Immer unserem Zeichen nach laufen wir ein Stück am Ortsrand und am Mühlbach entlang, biegen links in die Altrheinstraße und laufen an der Kirche vorbei zur Bushaltestelle 8.

Der Rheinauenweg des Schwarzwaldvereins

In sieben Tagesetappen führt der Rheinauenweg über 170 Kilometer durch eine fantastische Landschaft. Hier überzeugt uns die Natur von ihren künstlerischen Fähigkeiten und bietet so Einiges auf, was sich der Stadtbewohner, der keine fünf Kilometer entfernt lebt, kaum vorstellen kann. Nur knapp 10% der Tour zwischen Kehl und Weil am Rhein verläuft auf asphaltierten Wegen, davon sind 2% Straßen. Ansonsten verläuft der Weg meist durch den

Auenwald oder den letzten Urwäldern am Rhein. Auf der Wanderung kommen Sie außerdem durch landwirtschaftlich geprägte Flächen und Naturschutzgebiete, die der Mensch zur Rettung von Flora und Fauna eingerichtet hat. Aber auch auf architektonische Eingriffe wie Staustufen und Stauwehre, Kanäle (wie der Rheinseitenkanal) und natürlich den begradigten Rhein treffen Sie auf dem Weg. Im Kontrast zum urtümlichen Wald oder dem, was der Mensch versucht, aus den Fehlern der Vergangenheit zu lernen, umzukehren und verlorenes Terrain wieder der Natur zurückzugeben, bleiben doch die Eingriffe durch Ansiedlung von Industrie und Landwirtschaft schmerzhaft übrig. Es ist noch nicht zu spät zur Einsicht, aber die Uhr tickt.

Evangelische Barockkirche Meißenheim

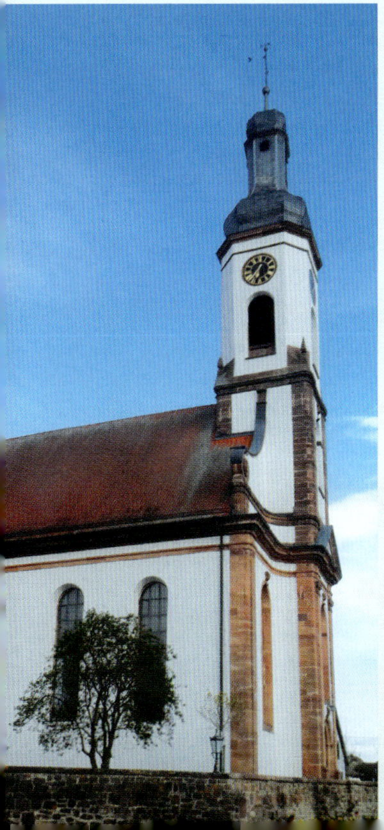

Zu den Schmuckstücken in der 1766 erbauten Kirche zählen die aus Stuckmarmor gefasste Kanzel und der Altar sowie die weit bekannte und beinahe 250 Jahre alte Silbermann-Orgel, auf welcher immer wieder Konzerte berühmter Komponisten gegeben werden. Selbst der weltbekannte Nobelpreisträger, Arzt und Orgelvirtuose Albert Schweitzer gab hier seine Spielkunst zum Besten. Den sehenswertesten und anziehendsten Mittelpunkt des Rieddorfes Meißenheim stellt aber das Friederike-Brion-Grab dar, das sich an der Rückseite der evangelischen Barockkirche befindet. Friederike Brion, eine aus dem elsässischen Sessenheim stammende Pfarrerstochter, war nicht nur „die hilfsbereite Tante“, wie sie von den Bewohnern des Dorfes genannt wurde, sondern auch Goethes Jugendliebe, die im Jahr 1813 ihre letzte Ruhestätte in Meißenheim fand.

Wilde Romantik am Rhein – das Naturschutzgebiet Taubergießen

Rundwanderung durch die Rheinauen

8

4¼ Std.

15,5 km

0 Hm

Rust am Europaparkgelände – Auenlandschaft Taubergießen – Rhein – Naturzentrum – Rust

leichte Wanderung auf bequemen Wegen ohne wesentliche Höhenunterschiede

Auenlandschaft Taubergießen; Rheinufer; Naturzentrum Rheinauen (kurzer Abstecher)

unterwegs keine, deshalb genügend Verpflegung mitnehmen!

„Eines der letzten Paradiese Europas, in dem die ursprüngliche Artenvielfalt erhalten blieb."
Das 1979 zum Naturschutzgebiet erklärte Taubergießen ist mit rund 1.682 ha eines der größten Schutzgebiete in Baden-Württemberg. Es liegt in der südlichen Oberrheinebene – zwischen Freiburg und Offenburg, überwiegend auf der Gemarkung der Gemeinden Kappel-Grafenhausen, Rust und Rheinhausen. Der Name „Taubergießen" stammt von einem Gewässerlauf im Norden des Gebiets. Unter „Gießen" versteht man von Grundwasser gespeiste Fließgewässer; als „taub" bezeichnen Fischer nährstoffarme Gewässer mit geringem Fischbestand.
Das Naturschutzgebiet wird als Auenlandschaft bezeichnet. Diese Landschaft ist geprägt durch den ständigen Wechsel von Hoch- und Niedrigwasser. Durch die enge Vernetzung von Wald, Wiesen und Gewässern bietet sie eine enorme Artenvielfalt – selbst seltene Orchideen

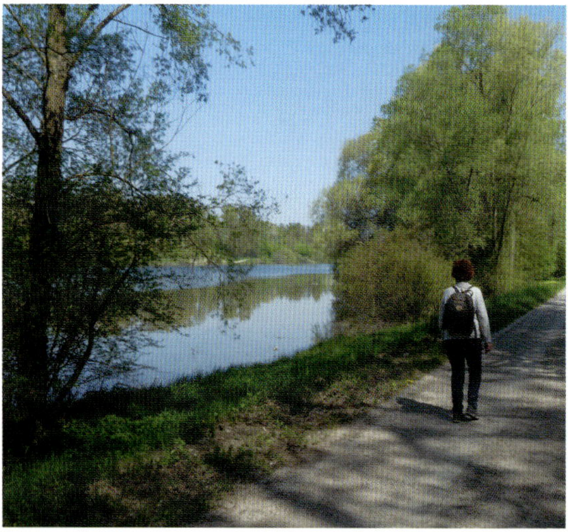

Auf dem Rheinuferweg

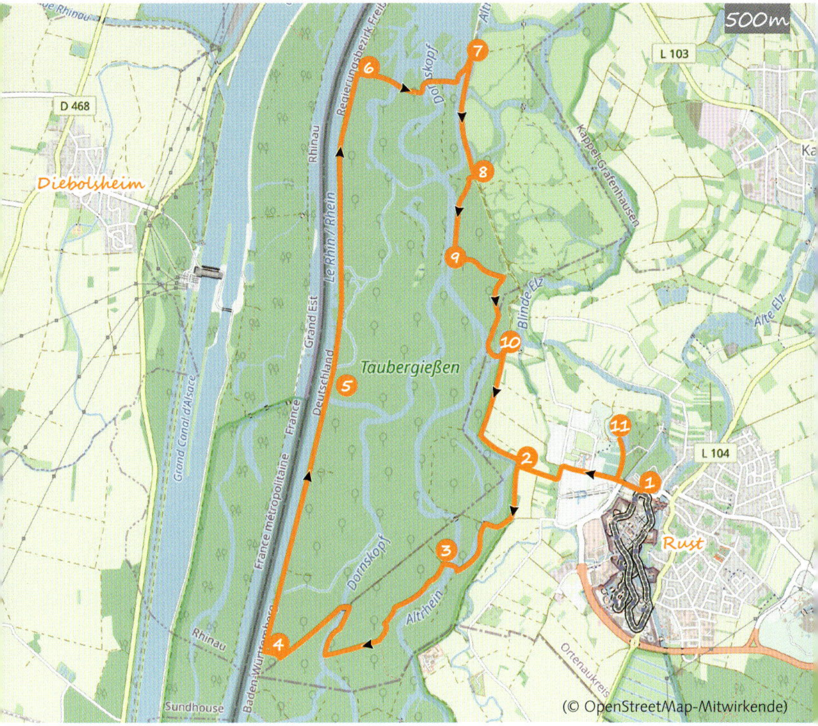

gedeihen hier. Das Taubergießen ist ein sehr beliebtes Ausflugsziel für Wanderer und Radfahrer, die auf beschilderten Rundwegen die Natur erkunden können. Als Alternative zu einer Wander- oder Radtour durch den Taubergießen werden Bootstouren, sogenannte Stocherkahnfahrten angeboten. In traditionellen Fischerbooten können Sie Flora und Fauna unter fachkundiger Führung bestaunen. Mit einer Übernachtung in einem der Hotels des Europa-Parks lässt sich die Wanderung auch sehr gut mit einem Besuch des berühmten Freizeitparks verbinden. Bitte beachten Sie, dass die meisten Wege im Inneren des Naturschutzgebietes für Fußgänger gesperrt sind und sich dadurch keine Kürzungsmöglichkeiten ergeben. Die Wanderung eignet sich auch als kleine Fahrradtour. ***Achtung:*** *bei Hochwasser sind viele Wege unpassierbar, im Zweifelsfall erkundige man sich bei der Tourist-Information Rust (Tel. 07822/864520).*

INFOS

Freizeitkarte 1:50 000 des LGL BW, Blatt F503; Wanderkarte 1:25 000 des LGL BW, Blatt „Lahr"

www.rust.de; www.naturzentrum-rheinauen.eu; www.europapark.de

Anfahrt: mit der Regionalbahn bis Ringsheim und weiter mit Bus 7231 bis Rust Europapark Haupteingang; mit dem Auto auf der A5 zur Abfahrt Rust, Richtung Europapark, Parken auf den Parkplätzen des Europaparks (gebührenpflichtig)

48.26949, 7.72238

Wir laufen von der Bushaltestelle 1 auf der Straße aus dem Ort, immer geradeaus an den Parkplätzen des Europa-Parks entlang, biegen an deren Ende links und gleich wieder rechts ab und marschieren geradeaus zum Hochwasserdamm 2. Wir merken uns diese Stelle für den Heimweg, biegen links ab, laufen auf oder neben dem Damm bis zur nächsten Kreuzung und schwenken nach rechts, wo wir das Naturschutzgebiet Taubergießen betreten. Vor einer Brücke biegen wir links ab und folgen der Markierung „Schwarzspechtweg" nach links am „Neuen Graben" entlang, dann rechts über die nächste Brücke bei der Bootseinstiegstelle Doppelwehr 3. Bei der nächsten Verzweigung nach 100 Metern schwenken wir nach links. Der Weg ist zunächst unmarkiert, in der Folge wieder mit den Zeichen des Schwarzspechtweges. Nach einem Rechtsknick treffen wir auf einen Querweg und folgen ihm scharf links bis zum **Rheinuferweg** 4.

Nun geht es rechts ab und für 4,5 Kilometer immer geradeaus auf dem Rheinuferweg durch einige Furten und an einer Bunkerruine, einem überdachten Rastplatz und einer Staustufe 5 vorbei, bis wir bei einer kleinen Rheininsel, nun mit dem Zeichen des **Rheinauenweges** (Raute mit blauen Wellen) markiert, nach rechts abbiegen 6. Wir wandern durch eine schöne Auenlandschaft bis zum Hochwasserdamm 7, biegen scharf rechts ab und laufen auf ihm, bis nach knapp einem Kilometer ein Weg nach rechts abzweigt 8. Hier biegen wir rechts und sofort wieder links ab, marschieren durch den schönen Auenwald, halten uns bei der nächsten Verzweigung nach 700 Metern 9 links und

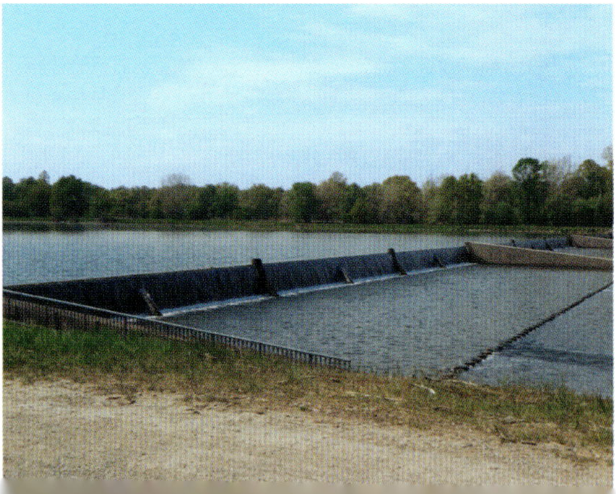

Staustufe am Rhein

Entdecken, lernen, Natur verstehen

Im Naturzentrum Rheinauen erwartet Sie eine mehrfach preisgekrönte Umweltpädagogik, zukunftsorientierter und umfassender Naturschutz und nachhaltige Forstwirtschaft. Grundlage der Arbeit und der zahlreichen Aufgaben des Naturzentrums ist die atemberaubende Naturlandschaft in und um den Erholungsort Rust. Hierzu zählen auch zwei Schutzgebiete – das Naturschutzgebiet Taubergießen und das Landschaftsschutzgebiet Elzwiesen. Nicht nur für Kinder und Jugendliche, sondern auch für Erwachsene ist der Besuch ein Erlebnis, da zahlreiche erlebnispädagogische Naturangebote die Sinne für die Natur sensibilisieren und den Blick für Umwelt und Naturschutz öffnen. Dabei stehen das Erleben der Natur sowie der spielerische und forschende Aspekt immer im Vordergrund: Veranstaltungen zur Wald- und Kompass-Erlebnispädagogik, in der Kreativ- und Holzwerkstatt oder der Falknerei und seit Herbst 2014 auch in Deutschlands erstem Klimawandelgarten vermitteln das Wissen. Das Team des Naturzentrums Rheinauen hält Programme für alle Altersklassen zwischen Kindergarten und Erwachsenenalter bereit. Das Jahresprogramm bietet darüber hinaus interessante Vorträge, Seminare und Veranstaltungen an.

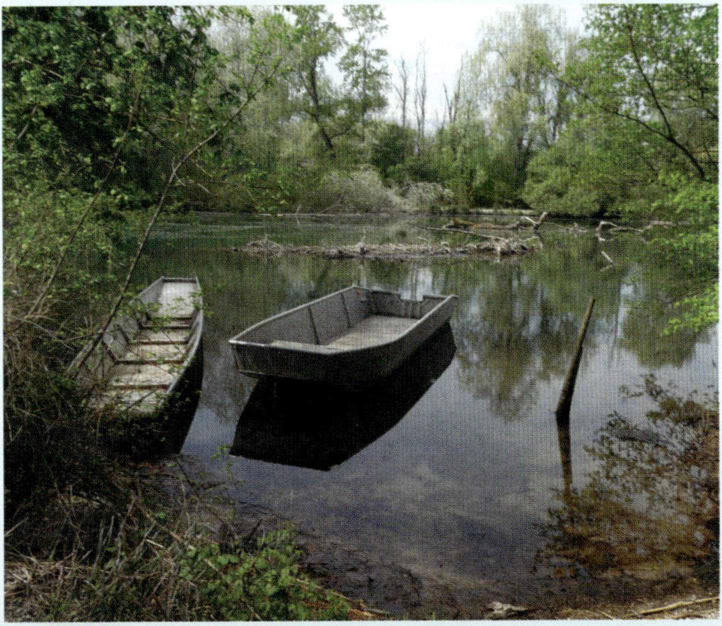

Auenlandchaft Taubergießen

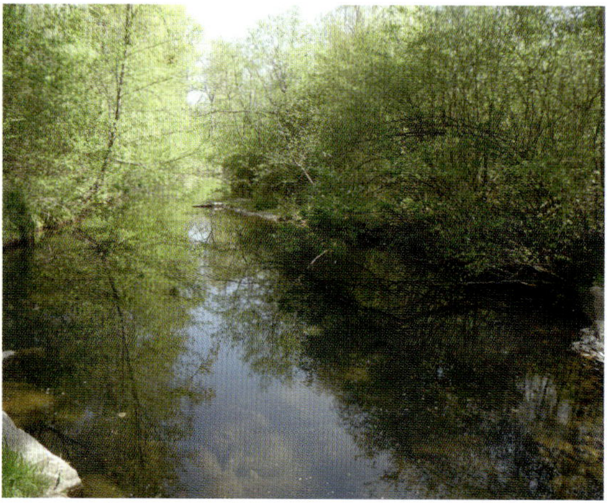

treffen wenig später wieder auf den Damm 10. Ihm folgen wir nach rechts. Nach einem Links- und Rechtsknick gelangen wir zu der Stelle, die wir uns auf dem Hinweg gemerkt haben 2, biegen links ab und laufen auf dem Anfangsweg zurück zur Bushaltestelle 1. Etwa 200 Meter vor der Haltestelle zweigt links eine Straße ab, auf ihr können wir mit einem kurzen Abstecher zum sehenswerten **Naturzentrum Rheinauen** 11 gelangen.

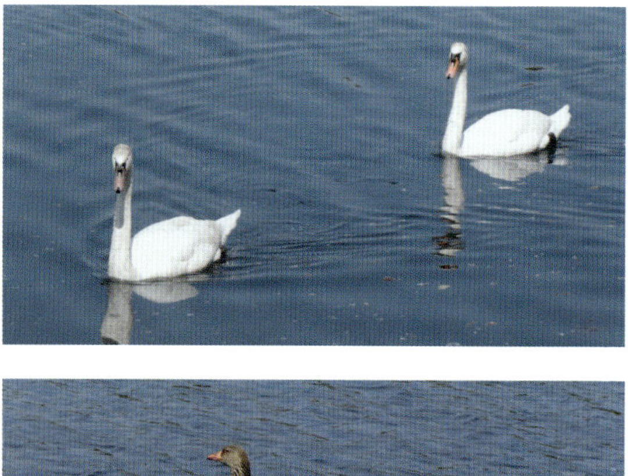

Schwanenpaar und Kandagansfamilie auf dem Rhein

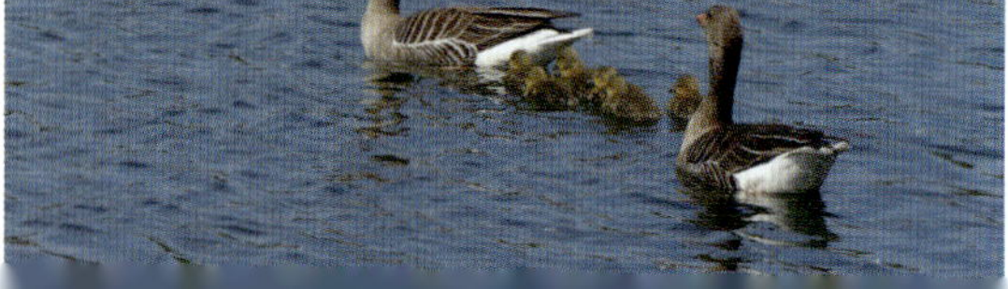

Europa-Park

Der Europa-Park liegt im badischen Rust und ist der größte Freizeitpark im deutschsprachigen Raum. Dabei hat er auch im Winter geöffnet. Er ist in 15 Themenbereiche gegliedert, die jeweils für ein europäisches Land stehen und präsentiert so insgesamt über 100 äußerst verschiedene Attraktionen. Neben den 13 Achterbahnen, von denen eine bis zu 130 km/h schnell ist, kommen auch die Jüngsten auf ihre Kosten: Sie können sich über liebevoll gestaltete Märchenwelten wie den interaktiven Rapunzel-Turm freuen. Als „Schlechtwetter-Variante" bietet der Park für die ganze Familie viele Indoor-Attraktionen und die neue Wasserwelt Rulantica an, außerdem gibt es rund 23 Stunden Showprogramm am Tag. Zu Halloween verwandelt sich der Park in eine schaurig-schön geschmückte Herbstlandschaft, um wenig später als Winterwunderland für die Wintersaison erneut die Pforten zu öffnen. Wenn Sie übernachten möchten, laden die sechs parkeigenen 4-Sterne (Superior) Hotels nach einem aufregenden Tag zum Entspannen ein.

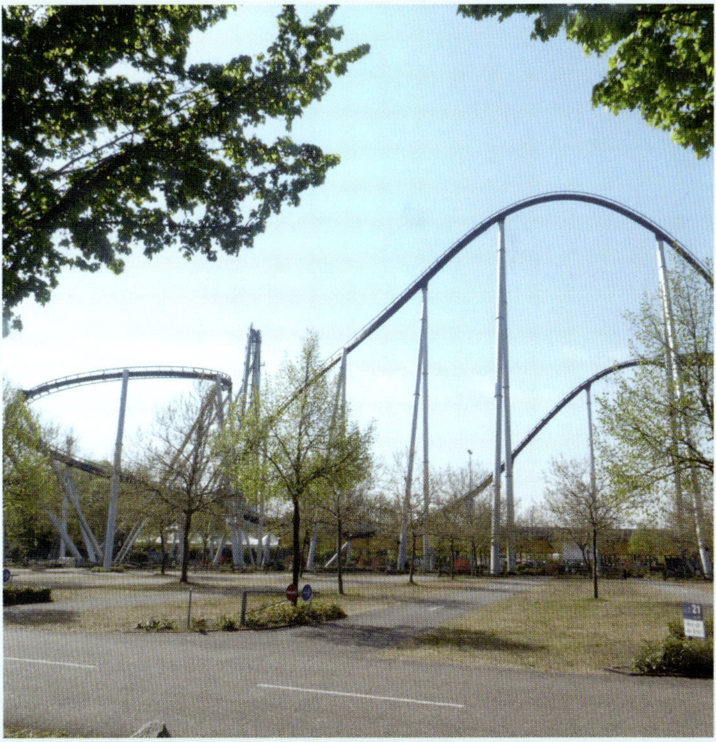

Auf den Spuren von Grimmelshausen zu Schloss Neuschwanstein

Von Renchen-Ulm über Waldeck, Langhalde und Mösbach nach Renchen

9

4–5½ Std.
14–20 km
270 Hm

Renchen-Ulm – Waldeck – Waldköpfelhütte – Langhalde – Bildstöckelplatz – Mösbach – Renchen

zwei kurze steile Anstiege auf teils holprigen Pfaden erfordern etwas Trittsicherheit; ansonsten leichte Wanderung auf breiten Wirtschafts- und Forstwegen

Renchen (historisches Stadtbild, Grimmelshausen-Denkmal und -Museum); Kutzenstein; Franziskus-Bildstöckel; Miniaturschlösser in Mösbach

Mösbach; Renchen

Die Stadt Renchen legte zu Ehren ihres berühmtesten Bürgers Hans Jakob Christoffel von Grimmelshausen den Grimmelshausen-Rundweg an, dem unsere Wanderung weitgehend folgt. Die Tourist-Information Renchen hat zu dem Rundweg einen Flyer herausgebracht, den man auch auf der Webseite herunterladen kann. Eine besondere Sehenswürdigkeit erwartet uns in Mösbach: Die Nachbildungen berühmter deutscher Schlösser in Miniaturformat. Die Wanderung durch die Ortenauer Obstgärten eignet sich für jede Jahreszeit, ausgenommen an heißen Sommertagen; besonders schön ist sie zur Zeit der Obstbaumblüte.

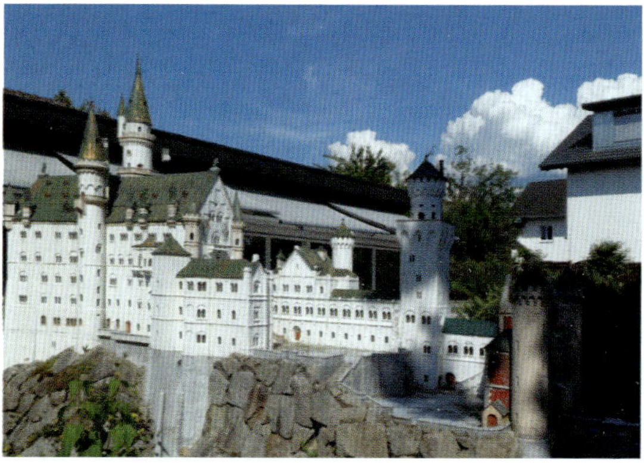

Da die Route mit über 20 Kilometern für eine Tagestour doch recht lang ist, empfehle ich, den ersten Abschnitt auszulassen und den Ortsteil Ulm als Startpunkt zu wählen, er ist von Renchen aus über eine gute Busverbindung zu erreichen. Wer diesen Abschnitt dennoch zu Fuß bewältigen will, folgt ab Bhf. Renchen 1 der gelben Raute zur Ortsmitte 2 und weiter den Schildern des Grimmelshausen-Rundweges und der gelben Raute über die Romantikbrücke 3 nach Ulm 4.

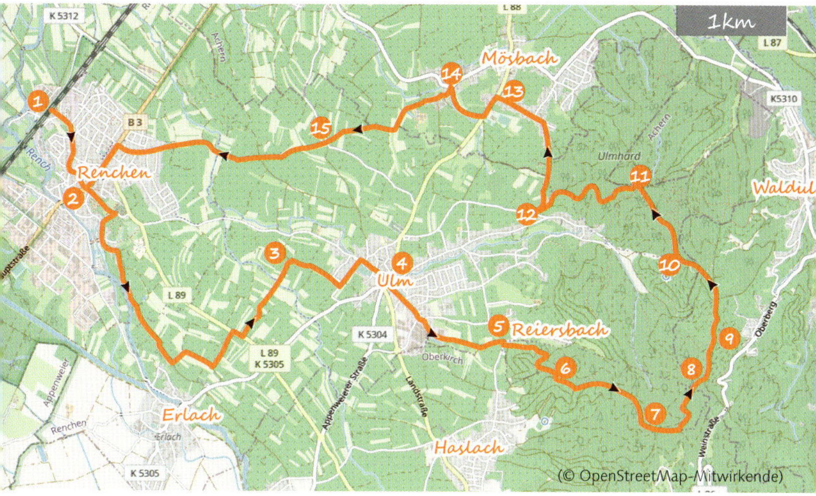

Von der Bushaltestelle Ulm 4 laufen wir ein paar Meter zum Wanderwegweiser, biegen links ab und folgen nun immer der gelben Raute Richtung Waldköpfelhütte sowie der – allerdings lückenhaften – Markierung des **Grimmelshausen-Rundweges** auf Wirtschaftswegen durch Obstplantagen an der kleinen Siedlung **Reiersbach** 5 vorbei zum Waldrand, wählen den ansteigenden Forstweg halbrechts, biegen nach 100 Metern rechts ab und steigen auf urigem Waldpfad steil bergan zum **Hafelochköpfle** 6, einem herrlich gelegenen Aussichtspunkt mit kleiner Schutzhütte. Hier schwenken wir nach links („Waldköpfelhütte 1,2 km") und marschieren auf schönem Panoramaweg und Forstweg, kurzzeitig auch noch mal steil durch einen Hohlweg bergan, zur **Waldköpfelhütte** 7. Hier treffen wir auf die blaue Traube des **Ortenauer Weinpfades** und folgen ihm nach links („Langhalde 0,8 km") zur **Langhalde** 8 mit einem Schnapsbrunnen und schönem Ausblick auf die Hornisgrinde. Hier geht es links weiter, nun wieder der gelben Raute und immer den Schildern „Kutzenstein" und „Bildstöckelplatz" nach in leichtem Auf und Ab auf Wirtschaftswegen durch Weinberge über den Höhenrücken des **Erliberges** 9. Wir genießen die herrlichen Ausblicke in die Rheinebene und auf das Waldulmer und das Achertal und gelangen wenig später zum Naturdenkmal **Kutzenstein** 10. Schwindelfreie können ihn über eine Leiter erklimmen.

INFOS

Freizeitkarte 1:50 000 des LGL BW, Blatt 503; Wanderkarte 1:35 000 des LGL BW, Blatt „Renchtal/Ortenau"; Wanderkarte 1:25 000 des LGL BW, Blatt „Achern"

www.renchen.de; www.schlosscafe-moesbach.de

An- und Rückfahrt: mit dem Regionalzug nach Renchen bzw. mit dem Auto zum Bahnhof Renchen (gute Parkmöglichkeit) und weiter mit Bus 7124 bis Ulm bei Renchen

48.59262, 8.00735

Weiter geht es auf einem Forstweg bergab zur Wegspinne **Bildstöckelplatz** 11 mit einem kleinen Rastplatz beim Franziskus-Bildstöckel und nun den Wegweisern „Mösbach" nach, zweimal links auf Forstwegen bergab zum Waldrand. Nach 200 Metern 12 verlassen wir vorübergehend den Grimmelshausen-Rundweg, biegen scharf rechts ab („Mösbach 1,4 km") und wandern an einem weiteren Bildstock vorbei nach **Mösbach** und an einer schönen Kreuzigungsgruppe vorbei halblinks in die Hänferstraße zum Schild „Schlosscafé" 13 mit den imposanten **Miniaturschlössern** im Garten.

Wir laufen auf der Straße weiter zum nächsten Wegweiser 14, biegen links ab und folgen weiterhin der gelben Raute und nun immer den Schildern „Renchen" aus dem Ort, 100 Meter parallel zur Straße und bei einem Papierkorb rechts ab auf einen Schotterweg (Achtung: hier fehlt die Markierung). Wenig später treffen wir auf einen Außenbezirk von Mösbach, schwenken links in den Renchener Weg und wandern durch Obstplantagen am Wegweiser Kappeler Weg 15 vorbei, wo sich der Grimmelshausen-Rundweg wieder zu uns gesellt, auf einem Sträßchen nach **Renchen**, geradeaus auf der Kappelstraße, dann links auf der Hauptstraße an der katholischen Kirche vorbei, biegen beim **Grimmelshausen-Denkmal** 2 mit dem Simplicissimus-Haus rechts ab („Bahnhof 1 km") und folgen der gelben Raute zum Bahnhof 1.

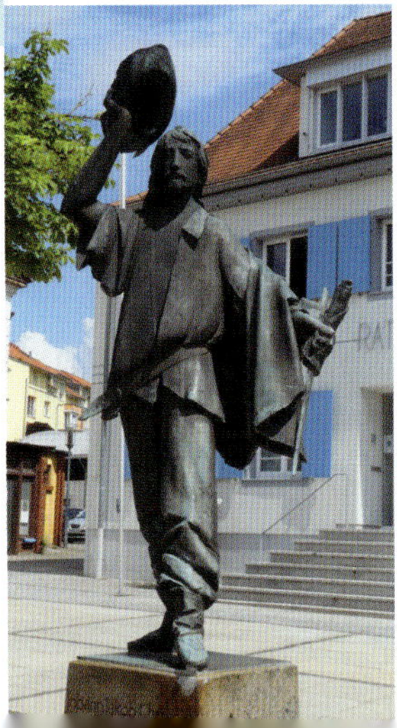

Links: Grimmelshausen-Denkmal in Renchen

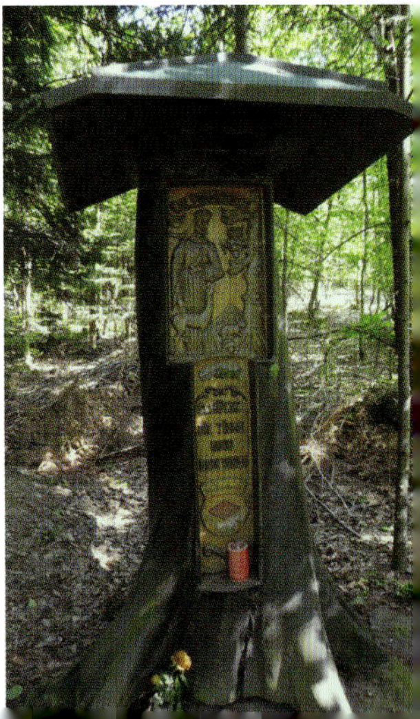

Rechts: Franziskus-Bildstöckel auf dem Weg nach Mösbach

Kutzenstein

Der Kutzenstein (auch Katzenstein) liegt zwischen den Gemarkungsgrenzen zu Renchen-Ulm und Waldulm, ist mit ca. 350 Metern die höchste Erhebung Renchens und ein Ort voller uralter Mythen und Legenden:
„Als vor langer Zeit die Waldulmer ihre Kirche bauten, ergrimmte der Teufel, der sich in seinem Besitztum gestört sah, dermaßen über dieses Werk, dass er es mit all seinen Kräften wieder zu vernichten strebte. Aber all seine Listen schlugen fehl. In blinder Wut ergriff er einen ungeheuren Felsblock und trug ihn aus weiter Ferne herbei, um den verhassten Bau zu zerstören. Als er über den Bergrücken angekommen war und schon zum Wurf ausholte, zwang ihn eine höhere Macht, welche über dem Gotteshaus wachte, den Stein fallen zu lassen. Von da an gab der Teufel seine Zerstörungsversuche auf. Die Löcher in dem Findling rühren aber von den Krallen des Teufels her, die deshalb Teufelsfinger genannt werden." (nach einem Zeitungsartikel Anfang des 20. Jahrhunderts)

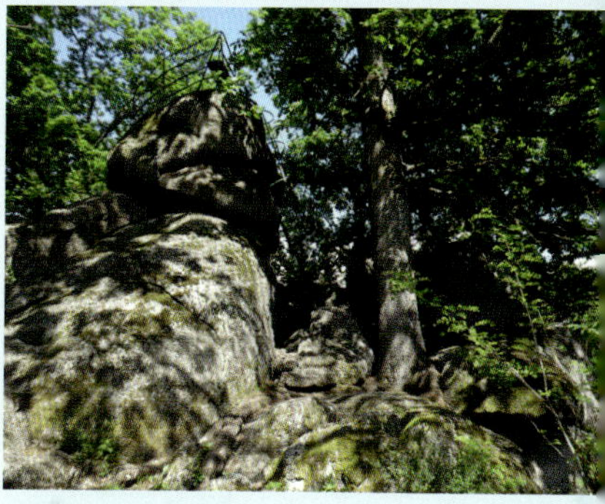

Mösbacher Miniaturschlösser

Die Miniaturschlösser, die der Mösbacher Bürger Anton Huber († 2014) in den Jahren 1986 bis 2003 schuf, sind ein ganz besonderes Highlight: Schloss Lichtenstein, Burg Hohenzollern, Schloss Linderhof und – vielleicht das eindrucksvollste Herzstück der gesamten Anlage – Schloss Neuschwanstein fesseln im Maßstab 1:33 oder 1:66 den Blick des Betrachters. Anton Huber begann mit dem Schloss des Märchenkönigs am 18. Februar 1986 und vollendete es am 19. Juni 1991. Er benötigte etwa 12 000 Stunden, um die 4,10 Meter lange und 3,10 Meter hohe Anlage nachzubauen. Insgesamt besitzt sie 457 Fenster sowie Dächer, die aus Kupfer und Steinen bestehen und die alle einzeln von Hand gefertigt wurden. Die Miniaturschlösser befinden sich im Garten des einstigen Schlosscafés, das seit 2020 leider geschlossen ist. Der Garten ist allerdings frei zugänglich, sodass Sie die Schlösser jederzeit besichtigen können.

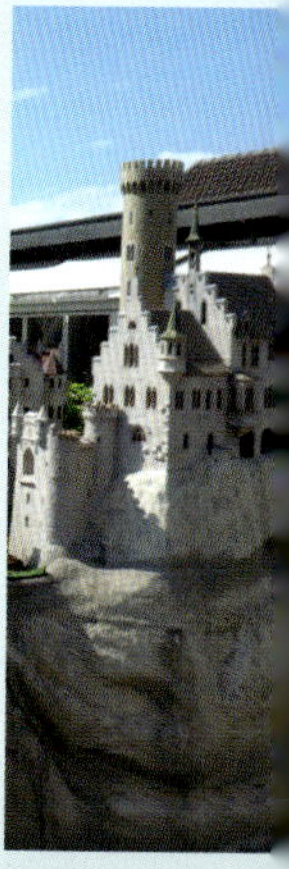

Vom Omerskopf zur Gaishölle

Streckenwanderung von der Schwarzwaldhochstraße nach Sasbachwalden

10

4 Std.
14 km
250–400 Hm

Kaltenbrunnen an der Schwarzwaldhochstraße – Unterstmatt, Omerskopf – Hartfelsen – Hohritt – Bischenberg – Sasbachwalden

wenig anstrengende Wanderung; einige steile und holprige Passagen erfordern gute Trittsicherheit und festes Schuhwerk

Omerskopf; Hartfelsen; Felsensteig; Gaishölle; Ortsbild von Sasbachwalden

Unterstmatt; Gasthof Bischenberg (Mi–So); Sasbachwalden

Viele eindrucksvolle Landschaftsbilder erleben wir auf der heutigen abwechslungsreichen Wanderung durch den Nordschwarzwald. Dass sich trotz der beachtlichen Weglänge die Anstrengungen in Grenzen halten, verdanken wir dem Bus der Wanderbuslinie 7123, der uns die meisten Anstiegshöhenmeter abnimmt, und da wir unterwegs die Buslinie mehrmals berühren, ergeben sich einige Kürzungsmöglichkeiten. Nach dem Trubel bei Unterstmatt, wo wir den Westweg kreuzen, geht es auf dem Weiterweg über den Omerskopf wesentlich ruhiger zu. Auf dem letzten Wegabschnitt erwartet uns mit dem vielbesuchten Steig durch die wilde Gaishölle ein besonderes Highlight.

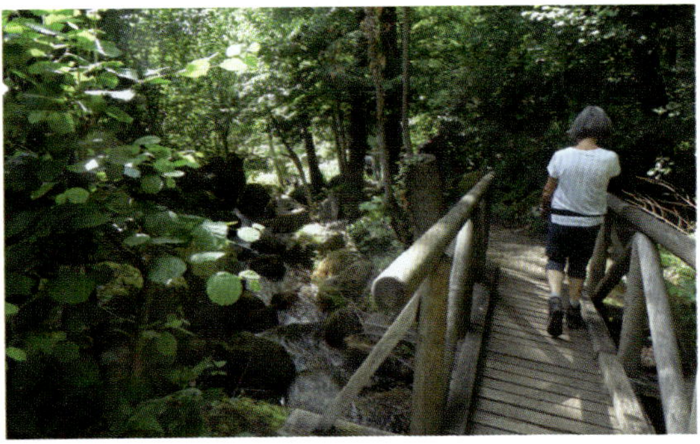

Von der Bushaltestelle 1 aus queren wir die Straße und einen Waldparkplatz und treffen ein paar Meter weiter auf einen Querweg. Hier halten wir uns rechts, queren die B500, biegen beim nächsten Wegweiser links ab Richtung Unterstmatt und folgen der gelben Raute auf dem Mannheimer Weg nach Unterstmatt 2 (Einkehrmöglichkeit). Zunächst orientieren wir uns nach der blauen Raute („Wittig 2,2 km"). Wir schwenken nach links, laufen ein paar Meter auf der Straße nach Bühl, biegen rechts ab und folgen der Markierung auf schönen Waldpfaden zum Wegweiser

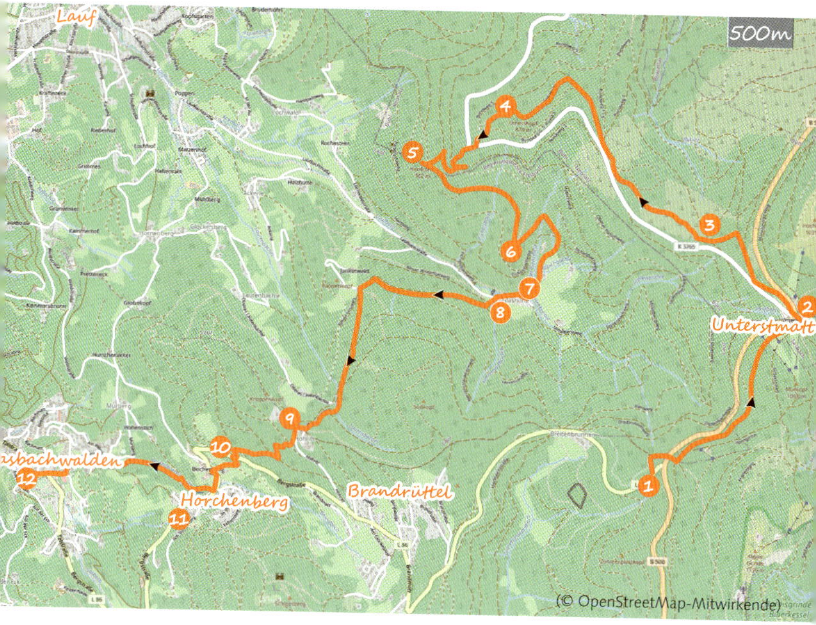

Wittich 3 mit kleinem Rastplatz und Brunnen. Nun geht's Richtung „Omerskopf" der gelben Raute nach weiter, beim Wegweiser „Elftannen" noch 100 Meter geradeaus, dann links ab auf dem Otto-Speirer-Weg zum Gipfel des **Omerskopfes** 4 und weiter auf urigem Pfad Richtung „Hartfelsen", bald auch wieder mit der gelben Raute vereint, steil bergab, bei einer Hütte über die Straße und weiter zum nächsten Wegweiser. Hier schickt uns das Zeichen scharf nach rechts und nach 250 Metern links zum **Hartfelsenkreuz** 5, einem herrlichen Aussichtspunkt, den man mit einem kurzen Abstecher erreicht.

Wieder zurück zum Wegweiser folgen wir der gelben Raute Richtung Glashütte auf breiten Forstwegen am **Hirschfels** 6 und **Lothardenkmal** 7 vorbei stetig bergab, schwenken beim nächsten Wegweiser nach rechts und gelangen auf holprigem Pfad und Teerweg steil bergab zur **Glashütte** 8. Hier halten wir uns rechts, laufen am ehemaligen Gasthof Glashütte vorbei (jetzt eine Brauerei mit Ausschank) und biegen beim Wegweiser „Spitzbuckelbrunnen" links ab („Hohritt 2,2 km"). Nach 60 Metern haben wir die Wahl: entweder geradeaus der gelben Raute

INFOS

Wanderkarte 1:35 000 des LGL BW, Blatt „Renchtal/Ortenau"; Freizeitkarte 1:50 000 des LGL BW, Blatt F501; Wanderkarte 1:25 000 des LGL BW, Blatt „Achern"

www.sasbachwalden.de; www.unterstmatt.de

Anfahrt: ab Achern Bhf. mit Bus 423 Richtung Hornisgrindeturm bis Haltestelle Kaltenbrunnen Rückfahrt: ab Bushaltestelle Sasbachwalden Tal mit Bus 7123 nach Achern

48.61896, 8.19263

nach auf etwas eintönigem Fahrweg stetig bergan, oder – gute Trittsicherheit vorausgesetzt – ein paar Meter links versetzt auf dem schmalen **„Felsenpfad"** **(Wendelin-Dinger-Weg)** durch eine imposante Felsenszenerie, immer den Schildern „Felsenpfad", später „Wanderweg" folgend zur kleinen Höhensiedlung **Hohritt** 9 (derzeit leider keine Einkehrmöglichkeit mehr).

Wir marschieren rechts zum nächsten Wegweiser, biegen links ab und folgen der blauen Raute („Bischenberg 1,8 km") 50 Meter auf der Straße, dann rechts ab auf einen unscheinbaren Waldpfad (leicht zu übersehen!) steil bergab, queren die Straße etwas rechts versetzt und gelangen wenig später zur Höhensiedlung **Bischenberg** 10 (Einkehrmöglichkeit im Gasthof Bischenberg). Wer nun abkürzen will, kann von hier mit dem Bus zum Bahnhof Achern fahren. Ansonsten gehen wir links neben der Straße zum nächsten Wegweiser, biegen rechts ab und folgen der blauen Raute („Sasbachwalden 1,8 km") durch die **Gaishölle** 11 (eine wilde Schlucht, die durch einen gut gesicherten Steig mit 13 Brücken und 225 Stufen den Wanderern zugänglich gemacht wurde) nach **Sasbachwalden** bis zur Bushaltestelle Tal 12.

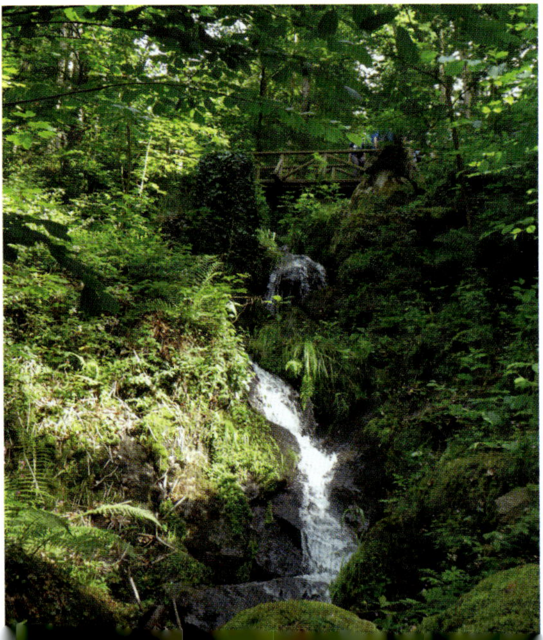

In der Sasbachwaldener Gaishölle

Sasbachwalden

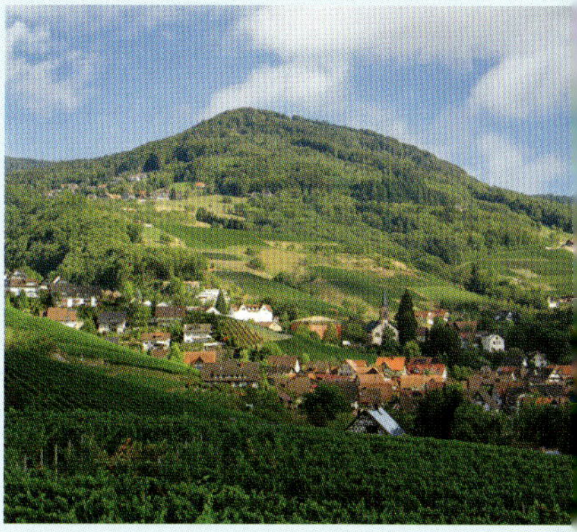

Fährt man durch die Rheinebene nach Süden, so sieht man ab Karlsruhe linkerhand die Schwarzwaldberge ansteigen. Im Frühling blühen davor Obstbaumwiesen, während im Herbst die bunt gesprenkelten, leuchtenden Weinlagen Badens den Blick des Betrachters fesseln. Breite Täler ziehen sich in das Mittelgebirge hinein. Auf der Höhe von Achern kann man den Sendemast des SWR auf der Hornisgrinde sehen und darunter liegen wie weiße Tupfer im wiesen- und waldgrünen Hang die Häuser von Sasbachwalden. Hier erwarten Sie bezaubernde Naturerlebnisse, vielfältige Sport- und Freizeitmöglichkeiten, ein uriges Dorfleben und so manche Gaumenfreuden.
Die Häuser und Höfe des Blumen- und Weindorfes befinden sich zwischen 200 und 800 Metern Höhe entlang einer 7 Kilometer langen Panoramastraße. Der Ortskern ist denkmalgeschützt und besticht mit seinen weiß leuchtenden Fachwerkhäusern und mit Weinbergen und Kastanienwäldern, die ihn säumen. Dazwischen liegen kleine Gärten, der Blick schweift über Obstbaumwiesen und Reben. Bis auf 500 Meter steigen hier die Weinberge an, in deren Mitte stattliche Winzerhöfe liegen. Zahlreiche Restaurants, Gasthöfe, Vesperstuben und drei Weingüter reihen sich als Badische Genussmeile an der 7 Kilometer langen Talstraße aneinander. Über die Bergstraße führen sie bis zum 800 Meter hoch gelegenen Ortsteil Brandmatt. Genießer können hier zwischen bodenständiger und internationaler Küche und badisch-elsässischer Kochkunst wählen.
Dank der sonnigen Lage am Westrand des Schwarzwalds gedeihen auf den Granit- und Schieferverwitterungsböden hervorragende Burgunderweine, außerdem Riesling und Müller-Thurgau. Die Spätburgunder der Alde Gott Winzer Schwarzwald eG gehören zu den höchst prämierten in Deutschland. Der Winzergenossenschaft gehören rund 380 Winzer an. Daneben bauen die Weingüter Königsrain, Klostergut Schelzberg und Weinkellerei Vierthaler preisgekrönte Weine an.
Hier gibt es zudem eine Ferienregion, die bis hinauf zur Schwarzwaldhochstraße und zum 1164 Meter hohen Gipfel der Hornisgrinde reicht. Neben Sasbachwalden zählen zu ihr die benachbarten Weinorte Sasbach-Obersasbach und Lauf an der Badischen Weinstraße und am Ortenauer Weinpfad.

Vom höchsten Punkt der Ortenau auf sagenhaftem Weg ins Tal der Mühlen

Vom Hornisgrindeturm über Mummelsee und Seebach nach Ottenhöfen

11

3¾–4½ Std.

14,5–16 km

50–200 Hm

Hornisgrindeturm – Mummelsee – Hohfelsen – Deckerhöfe – Seebach – Ottenhöfen

wenig anstrengende Wanderung mit langem Abstieg; einige steile holprige Passagen erfordern gute Trittsicherheit, festes Schuhwerk und trockenes Wetter

Hornisgrindeturm; Hornisgrindepfad; Mummelsee; Mummelseekapelle; Hohfelsen; mehrere Mühlen in Seebach und Ottenhöfen

Mummelsee; Seebach; Ottenhöfen

Gleich vier sehenswerte Themenwege verbindet diese Wanderung: den Hornisgrindepfad durch das wilde Hochmoor des Hochplateaus, den neu angelegten Seebacher Sagenrundweg mit mehreren Infotafeln (bei meiner Begehung fehlte allerdings noch die Beschilderung), den Wassermühlentechnik-Weg sowie einen kleinen Abschnitt des Mühlenweges rings um das Achertal. Da wir am höchsten Punkt des Nordschwarzwaldes starten und dem Bus die meisten Anstiegshöhenmeter überlassen, gibt es so gut wie keine Anstiege zu bewältigen – dafür allerdings umso mehr Höhenmeter im Abstieg: fast 900 Meter bis Ottenhöfen! Dabei sind einige steile und sehr holprige Passagen zu bewältigen. Wer sich im Zielort noch nicht genügend ausgelastet fühlt, kann auf dem Mühlenweg noch weiter bis Furschenbach oder Kappelrodeck marschieren (siehe Tour 14); und wer dennoch einen kleinen Anstieg einbeziehen möchte, steigt schon am Mummelsee aus dem Bus und folgt der Westwegmarkierung 1,4 Kilometer hinauf zum Hornisgrindeturm.

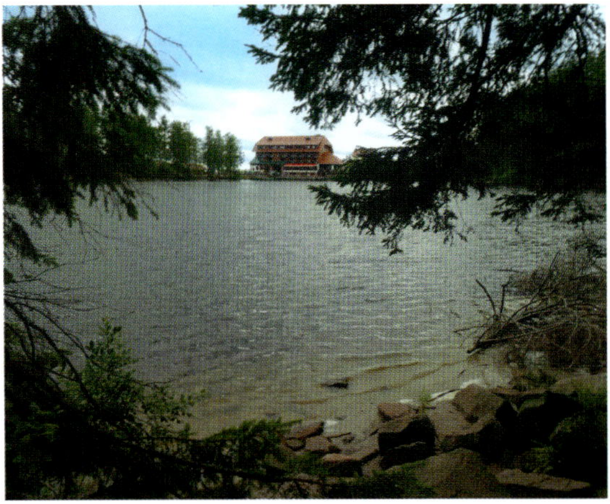

Der Mummelsee

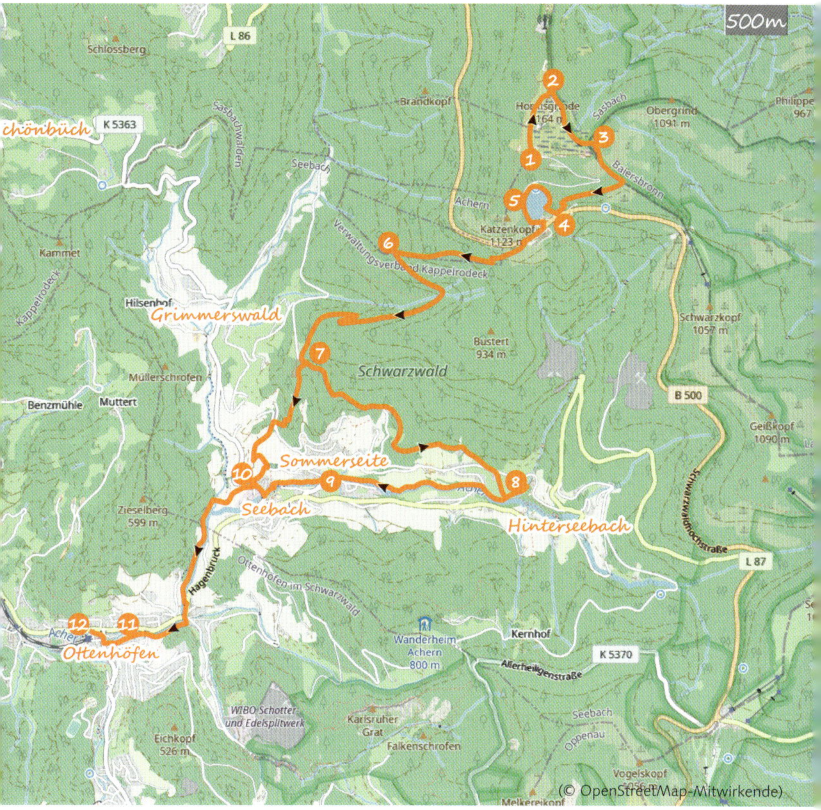

Wir gehen von der Bushaltestelle 1 zum Wanderwegweiser bei der Grindehütte, genießen die herrliche Aussicht und folgen den Schildern des **Mummelsee-Hornisgrindepfades** sowie der roten Raute des **Westweges** zum **Bismarckturm** 2. Hier schwenken wir nach rechts und folgen der gelben Raute („Dreifürstenstein 0,8 km") auf den viel begangenen Platten- und Bohlenweg durch das eindrucksvolle Hochmoor, werfen einen Blick tief hinab in den Biberkessel und gelangen zum **Dreifürstenstein** 3. Er liegt auf der ehemaligen Grenze zwischen Baden und Württemberg und ist mit 1164 Metern der höchste Punkt Württembergs. Wir biegen links ab und folgen dem Hornisgrindepfad („Mummelsee 1,2 km") auf steinigem Pfad steil bergab, biegen beim Wegweiser „Schwaben-

INFOS

Freizeitkarte 1:50 000 des LGL BW, Blatt F503; Wanderkarte 1:35 000 des LGL BW, Blatt „Renchtal/Ortenau"; Wanderkarte 1:25 000 des LGL BW, Blatt „Achern"

www.grindehuette.de; www.mummelsee.de; www.seebach-tourismus.de; www.ottenhoefen-tourismus.de

Anfahrt: ab Achern Bhf. mit Bus 423 bis Endstation Hornisgrindeturm
Rückfahrt: ab Ottenhöfen mit der Achertalbahn nach Achern

48.60151, 8.20095

wegbrunnen" rechts ab („Mummelseekapelle 0,6 km"), beim nächsten Wegweiser links und folgen der roten Raute durch das Mummelseetor zur **Mummelseekapelle** 4 mit den beeindruckenden Glasfenstern von Emil Wachter. Nun sind wir auch auf dem **Seebacher Sagenrundweg**. Wir gehen rechts an der Kapelle vorbei und umkreisen den **Mummelsee** 5. Unterwegs erzählen uns mehrere Tafeln und Holzskulpturen von den Sagen und Geschichten, die sich um den See ranken wie die Sage vom Männlein mit den Goldstücken oder von den drei Spinnschwestern vom Deckerhof. Sehenswert ist auch eine an die Kopenhagener Meerjungfrau erinnernde Nixenskulptur im See (siehe auch Tour 12). Wir gehen am Mummelseehotel vorbei zum Wanderwegweiser, überqueren die B 500 und folgen nun dem Sagenweg sowie der blauen Raute und den Wegweisern „Seebach" 200 Meter neben der Straße zu einem Aussichtspunkt, dann links anfangs steil auf holprigem Pfad bergab. Inzwischen haben wir den Touristenrummel des Mummelsees hinter uns gelassen und wandern auf einem bald breiteren Weg immer der blauen Raute nach an der Hohfelsenhütte mit hübschem Rastplatz vorbei zum Naturdenkmal **Hohfelsen** 6.

Wir biegen scharf links ab („Seebach 3,5 km") und folgen der zuverlässigen Markierung auf Wald- und Forstwegen an einer Hütte mit Schnapsbrunnen vorbei stetig bergab zum Wegweiser „**Pumpstation**" 7 bei einem Bildstock und einem weiteren Schnapsbrunnen. Der Sagenweg zweigt hier nach rechts ab, wir halten uns aber

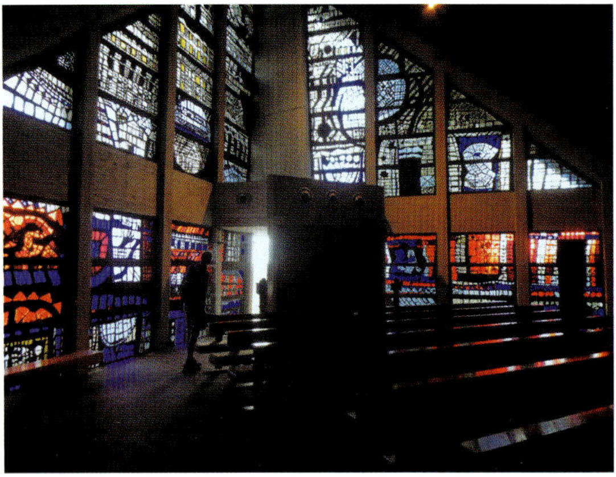

Innenraum der Mummelsee-Kapelle mit Glasfenstern von Emil Wachter

Hornisgrinde

Die Hornisgrinde ist ein außergewöhnlicher Berg, der mit 1164 Metern nicht nur der höchste Berg im Nordschwarzwald ist, sondern wegen seiner imposanten Erscheinung und mit seinem 2 Kilometer langen, von Nord nach Süd verlaufenden Hochplateau der außergewöhnlichste. Nach Westen fällt das Gelände vom Gipfel bis ins Rheintal auf nur 8 Kilometern Entfernung über 1000 Höhenmeter ab. Und seit 2014 wurde ihm noch eine besondere Ehre zuteil: Er ist der erste und einzige Nationalpark-Berg im Schwarzwald und in ganz Baden-Württemberg. Und schon jetzt zählt er mit seinem 100 Jahre alten Bannwald rund um den Wildsee und dem wilden Hochmoor zu den Juwelen des Schwarzwalds. Außerdem bieten gleich 2 Aussichtstürme eine umfassende Rundumsicht, nämlich der Hornisgrindeturm bei der Bushaltestelle (Sa/So und während der Ferien täglich geöffnet) sowie der frei zugängliche Bismarckturm auf dem höchsten Punkt der Hornisgrinde.

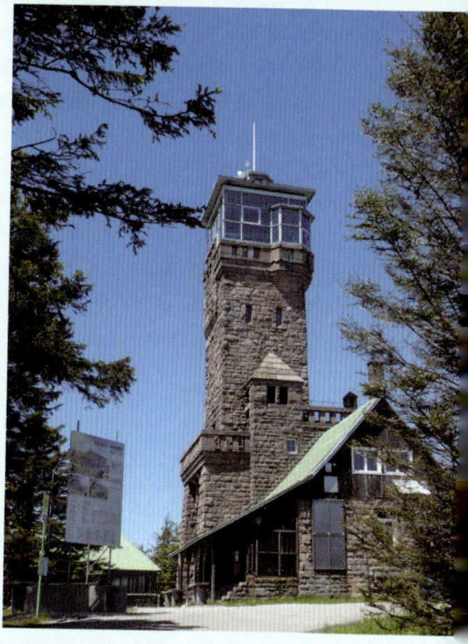

links („Seebach 1,4 km") und müssen uns nach 50 Metern entscheiden: Wenn wir abkürzen wollen, biegen wir rechts ab, folgen der blauen Raute auf direktem Weg nach Seebach und lesen beim übernächsten Textabsatz weiter. Im anderen Falle bleiben wir geradeaus. Bald gesellt sich die Markierung des **Wassermühlentechnik-Weges** zu uns, wir folgen der gelben Raute Richtung Deckerhöfe auf Forstwegen und einem Teerweg bergab zum Wegweiser Deckerhof-Mühle. Hier gönnen wir uns einen kleinen Abstecher nach links auf einem Graspfad zur **Deckerhof-Mühle** 8.

Wieder zurück am Wegweiser folgen wir der gelben Raute Richtung „Seebach Ortsmitte" (nun auch wieder auf dem Sagenweg) auf gemütlichem Fußweg an der rauschenden Acher entlang zum Wegweiser „**Buhnefronze Mühl**" 9.

Die Mühle liegt wenige Meter rechts neben dem Weg. Wir marschieren an den Schildern „Seebach Rathaus" an einem Abenteuerspielplatz vorbei, durch den Kurpark und rechts ab („Ottenhöfen 2,5 km") zum nächsten Wegweiser 10.

Nun geht es bis zum Ziel immer der blauen Raute nach Richtung Ottenhöfen. Beim Gasthof Kreuz queren wir die Straße („Ortsmitte 1 km") und eine Bachbrücke und laufen rechts parallel zum Bach auf dem **Achertäler Mühlenweg**, vorbei an einer alten **Hammerschmiede** 11 und der evangelischen Kirche (sie wurde nach dem Vorbild norwegischer Stabkirchen erbaut) nach **Ottenhöfen**, biegen bei der katholischen Kirche rechts und nach einem kleinen Teich links ab und gelangen zum **Bahnhof** 12.

Deckerhof-Mühle

Am Fuße der Hornisgrinde, dem höchsten Berg des Nordschwarzwaldes, und inmitten einer herrlichen Landschaft liegt die Deckerhof-Mühle. Ihre reizvolle Lage am „Seebächle", das dem sagenumwobenen Mummelsee entspringt, lädt sie Wanderer auf dem Weg ins Höhengebiet zum Rasten ein. Umgeben von Wiesen, Wald und Obstbäumen versteckt sich die Mühle ein wenig hinter dem urigen Fachwerkhaus der Eigentümer und unter alten Laubbäumen und wird so zum Teil der typischen Kulturlandschaft der Schwarzwaldtäler. Faszinierend ist die Mühle auch, weil sich hier die Technik aus vergangenen Jahrhunderten, die den damaligen Nutzern das Leben ermöglichte, und die Technik aus diesem Jahrhundert, die durch erneuerbare Energie aus Wasserkraft in vorzeigbarem Rahmen zum Klimaschutz beiträgt, vereinen. Diese Kombination würdigte die Jury des landesweiten Wettbewerbs „Förderung konkreter Projekte zur lokalen Agenda 21" im Jahre 2002 mit einem Förderpreis. 1792 wurde die Deckerhof-Mühle als Hofmühle des nahegelegenen „Deckerhofes" erbaut und seit vielen Generationen ist der Hof in Familienbesitz. Viele Teile der Mühle sind noch aus der barocken Anfangszeit erhalten, sodass der Hof zu den ältesten des Ortes gehört. Andere Teile wurden im Laufe der Zeit den Erfordernissen und Möglichkeiten der jeweiligen Benutzer angepasst. Wenn Sie die Mühle besuchen, sollten Sie eine Führung dazubuchen. Auch eine Führung von Gruppen mit Vorführung der historischen Hofmühle und Besichtigung der Wasserkraftanlage ist auf Anfrage möglich. Auf Wunsch werden die Führungen auch zu verschiedenen Themenschwerpunkten im Sinne des Agenda-Gedankens gehalten.

Buhnefronze Mühl

Die Buhnefronze Mühl stammt noch aus der Zeit vor 1839 und verfiel im Gegensatz zur Deckerhofer Mühle leider rasant, nachdem die Eigentümer die Anlage Mitte der 1940er-Jahre stillgelegt haben. Nachdem das Hofareal in andere Hände überging, entschloss sich der neue Eigentümer zur Erhaltung der alten Mühle. In den vergangenen Jahren wurde sie renoviert, indem zunächst das baufällige Mühlengebäude wieder in Stand gesetzt wurde, dann konnte in einem weiteren Bauabschnitt im Jahr 2009 das Wasserrad in Eigenregie erneuert werden. Die Wiederversorgung des Wasserrades mit Wasser sowie die komplette Erneuerung und Restaurierung der alten Mühlentechnik wurde zuletzt im dritten Bauabschnitt realisiert.
Bei der Renovierung wurde die Eigentümerfamilie Fischer durch die Gemeinde Seebach, den Naturpark Schwarzwald Mitte/Nord sowie die Regionalstiftung der Sparkasse Offenburg/Ortenau unterstützt.
Besichtigungstermine:
von Mai bis Oktober jeweils am Mittwoch, 14-tägig von 18 bis 19 Uhr, ohne Anmeldung.
Zusätzlich am Pfingstmontag von 11 bis 18 Uhr.
Kontakt: Fam. Fischer,
Tel. 07842/991200

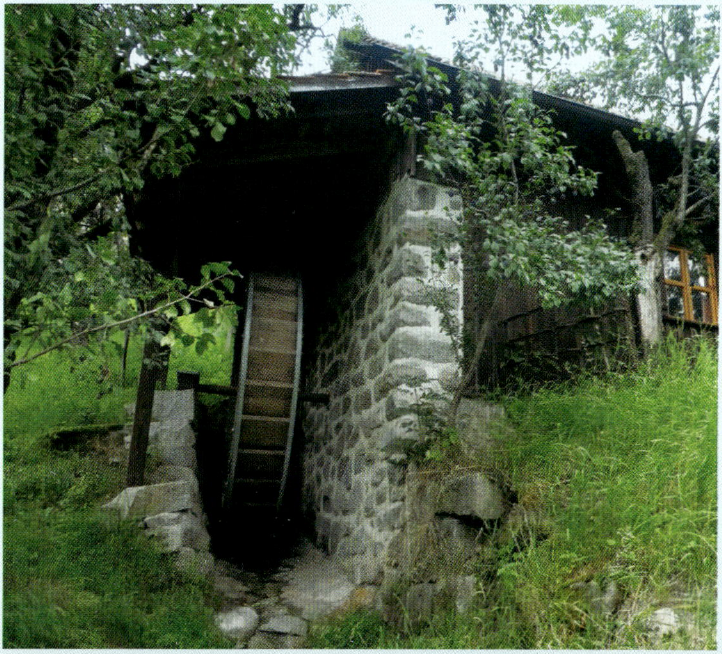

Eine rassige Kletterpartie auf felsigem Grat

Vom Mummelsee über Ruhestein und Karlsruher Grat nach Ottenhöfen

12

5 Std.
15,5 km
170 / 300 Hm

Mummelsee – Seibelseckle – Ruhestein – Bosensteiner Eck – Karlsruher Grat – Ottenhöfen

der Karlsruhe Grat erfordert absolute Trittsicherheit und Schwindelfreiheit, kann aber leicht umgangen werden; ansonsten mittelschwere Wanderung mit wenigen Anstiegen

Mummelsee; Naturschutzgebiet Seekopf; Nationalparkzentrum Ruhestein; Karlsruher Grat; Gottschlägwasserfälle mit Edelfrauengrab

Seibelseckle; Ruhestein; Lifthisli am Kernhof (Mi–So); Ottenhöfen

Auf dieser Höhenwanderung wird uns nur selten die Puste ausgehen, da uns der Bus zum Mummelsee die meisten zu bewältigenden Höhenmeter abnimmt. Das aufregendste Wegstück ist der Karlsruher Grat, er ist der einzige Klettersteig des Schwarzwaldes und nur etwas für absolut Schwindelfreie und Trittsichere, kann aber leicht umgangen werden, was sich bei nasser Witterung auch empfiehlt. Aber auch sonst gibt es viel Sehenswertes auf dieser Tour: den sagenumwobenen Mummelsee, den schönen Höhenweg durch das Naturschutzgebiet Seekopf, das neu gestaltete Naturschutzzentrum Ruhestein und die Gottschlägwasserfälle mit dem Edelfrauengrab. Die Tour lässt sich abkürzen, indem man die erste Weghälfte überspringt und Ruhestein als Startpunkt wählt. Dann eignet sich die Tour auch als Familienausflug mit älteren Kindern, wenn sie über die entsprechende alpine Erfahrung verfügen.

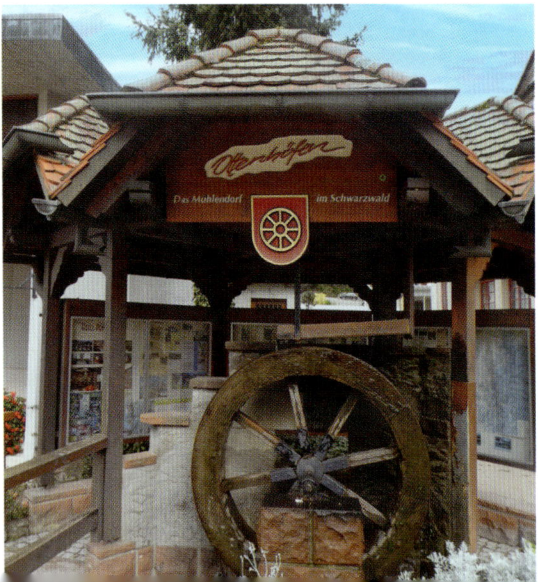

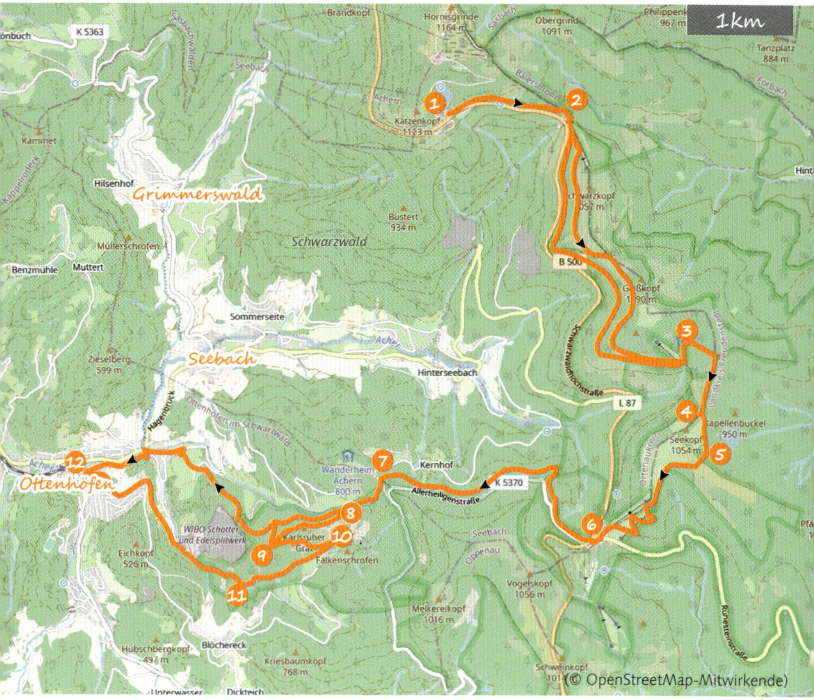

Von der Bushaltestelle 1 aus wenden wir uns Richtung Süden, verlassen den Touristenrummel des sagenumwobenen Mummelsees und folgen der roten Raute des Westweges („Ruhestein 8 km") an der Bergkapelle vorbei zum Seibelseckle 2 (Einkehrmöglichkeit). Wir folgen der roten Raute noch 150 Meter zum nächsten Wegweiser und haben nun die Wahl: entweder weiter der roten Raute nach auf bequemem Weg oder – etwas anstrengender, aber reizvoller – der blau-grünen Markierung des Seensteigs nach zum Wegweiser Skilift und links ab zur Darmstädter Hütte 3 (Einkehrmöglichkeit) und weiter der roten Raute nach auf schönen Fußwegen durch das eindrucksvolle Hochmoorgebiet des Seekopfes zum Wegweiser Wildseewegle. Hier zweigt ein steiler mit gelber Raute markierter Pfad ab zum 100 Höhenmeter tiefer gelegenen Wildsee 4 – ein etwas anstrengender, aber lohnender Abstecher. Die rote Raute führt uns dann auf schönem Weg zur Urnengrabstätte von Dr. Julius Euting 5 (eindrucksvoller Blick tief

INFOS

Freizeitkarte 1:50 000 des LGL BW, Blatt F503; Wanderkarte 1:35 000 des LGL BW, Blatt „Renchtal/ Ortenau"; Wanderkarte 1:25 000 des LGL BW, Blatt „Achern"

www.grindehuette.de; www.mummelsee.de; www.seebach-tourismus.de; www.ottenhoefen-tourismus.de

Anfahrt: ab Achern Bhf. mit Bus 7123 bis Mummelsee oder mit der Bahn oder dem Auto bis Ottenhöfen Bhf. und weiter mit Bus 7125 über Ruhestein zum Mummelsee
Rückfahrt: ab Ottenhöfen mit der Bahn nach Achern

48.59647, 8.20185

hinab auf den Wildsee) und auf breitem Weg in mehreren Kehren hinab zum **Ruhestein** 6 (Einkehrmöglichkeit) beim neuen Nationalparkzentrum.

Hier verlassen wir den Westweg, biegen auf der Straße rechts, gleich wieder links und nochmals rechts ab und folgen nun der blauen Raute („Ottenhöfen über Bosenstein 7 km"). Auf schönen bequemen Fuß- und Forstwegen, anfangs parallel zur Straße, gelangen wir am Wegweiser Karl-Ross-Weg vorbei (Abstecher zum Lifthisli am Kernhof möglich) zum **Bosensteiner Eck** 7 (derzeit keine Einkehrmöglichkeit mehr). Wir bleiben geradeaus („Ottenhöfen 4 km") und müssen uns bei der nächsten Verzweigung 8 entscheiden: Wenn wir den Karlsruher Grat vermeiden wollen, biegen wir scharf rechts ab, folgen weiterhin der blauen Raute bis zum Wegweiser Dreierschrofen und entweder weiter der blauen Raute auf direktem Weg hinab nach Ottenhöfen, oder laufen links („Ottenhöfen 3 km") zur nächsten Verzweigung und lesen im folgenden Absatz weiter. Trittsichere und Schwindelfreie bleiben geradeaus und wählen die wunderschöne Kletterpartie über den **Karlsruher Grat** 9 (wenn es einem unterwegs zu mulmig werden sollte: Die meisten Felsen kann man auf schmalen Pfaden umgehen).

Am Ende des Grates biegen wir links ab und folgen nun immer der gelben Raute und den Schildern „Ottenhöfen" am aussichtsreichen **Herrenschrofen** 10 vorbei auf steinigem Weg bergab, bei einem Schnapsbrunnen rechts und beim Wegweiser „Gottschlägtal" nochmals rechts und nach 150 Metern schwach links auf einem schön ange-

Auf dem Karlsruher Grat

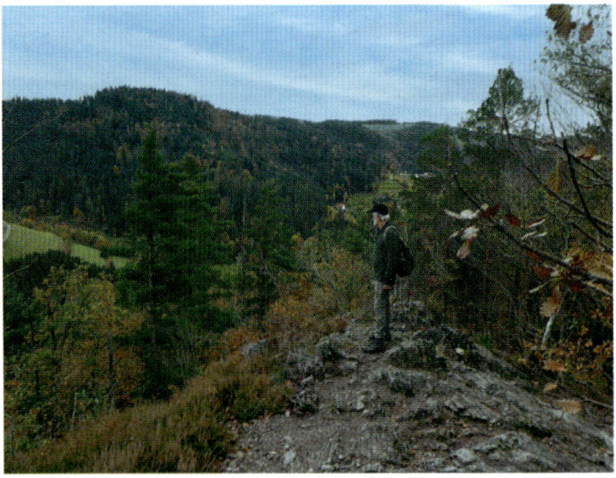

Der Mummelsee

Am Scheitelpunkt der Schwarzwaldhochstraße, zwischen Ruhestein und Unterstmatt liegt der Mummelsee, er ist der tiefste und höchstgelegene (1036 Meter) See des Schwarzwaldes. Einer alten Sage zufolge sollen in vergangenen Zeiten Nixen und Zwerge im Mummelsee gehaust haben, auch von einem Mummelseekönig berichtet die Legende. So ist es nicht verwunderlich, dass sich auch Schriftsteller wie Eduard Mörike von der Sage zu Gedichten inspirieren ließen:

Die Geister am Mummelsee

Vom Berge was kommt dort
um Mitternacht spät
Mit Fackeln so prächtig herunter?
Ob das wohl zum Tanze,
zum Feste noch geht?
Mir klingen die Lieder so munter.
O nein!
So sage, was mag es wohl sein?
Sie schweben heruter ins
Mummelseetal –
Sie haben den See schon betreten –
Sie rühren und netzen den
Fuß nicht einmal –
Sie schwirren in leisen Gebeten –
O schau,
Am Sarge die glänzende Frau!
Jetzt öffnet der See das
grünspiegelnde Tor;
Gib acht, nun tauchen sie nieder!
Es schwankt eine
lebende Treppe hervor,
Und – drunten schon summen
die Lieder.
Hörst du?
Sie singen ihn unten zur Ruh.
Das, was du da siehest, ist Totengeleit,
Und was du da hörest, sind Klagen.
Dem König, dem Zauberer,
gilt es zuleid,
Sie bringen ihn wieder getragen.
O weh!
So sind es die Geister vom See!
Die Wasser, wie lieblich sie
brennen und glühn!
Sie spielen in grünendem Feuer;
Es geisten die Nebel am Ufer dahin,
Zum Meere verzieht sich der Weiher –
Nur still!
Ob dort sich nichts rühren will?
Es zuckt in der Mitten –
o Himmel! ach hilf!
Nun kommen sie wieder, sie kommen!
Es orgelt im Rohr und es
klirret im Schilf;
Nur hurtig, die Flucht nur genommen!
Davon!
Sie wittern, sie haschen mich schon!

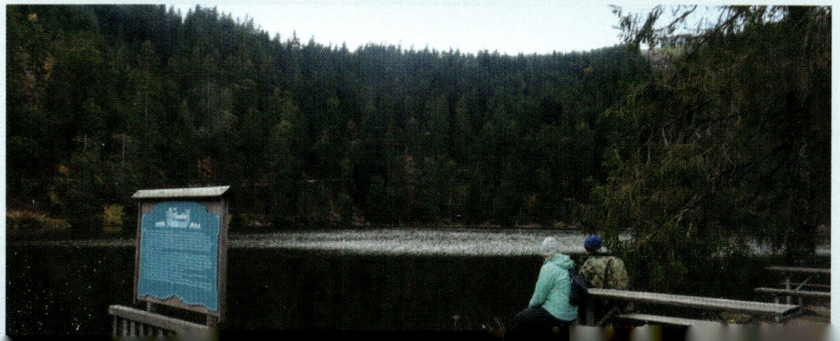

legten Steig an den **Gottschlägwasserfällen** 11 mit dem **Edelfrauengrab** vorbei zu einem Kieswerk. Hier halten wir uns schwach links („Obere Edelfrauengrabstraße"), laufen an einem Wildgehege vorbei nach Ottenhöfen, bei einer Mariengrotte rechts auf einem Fußweg bergab zum Wegweiser „Hildahain" und folgen der blauen Raute zum Bahnhof 12.

Die Gottschläg-wasserfälle

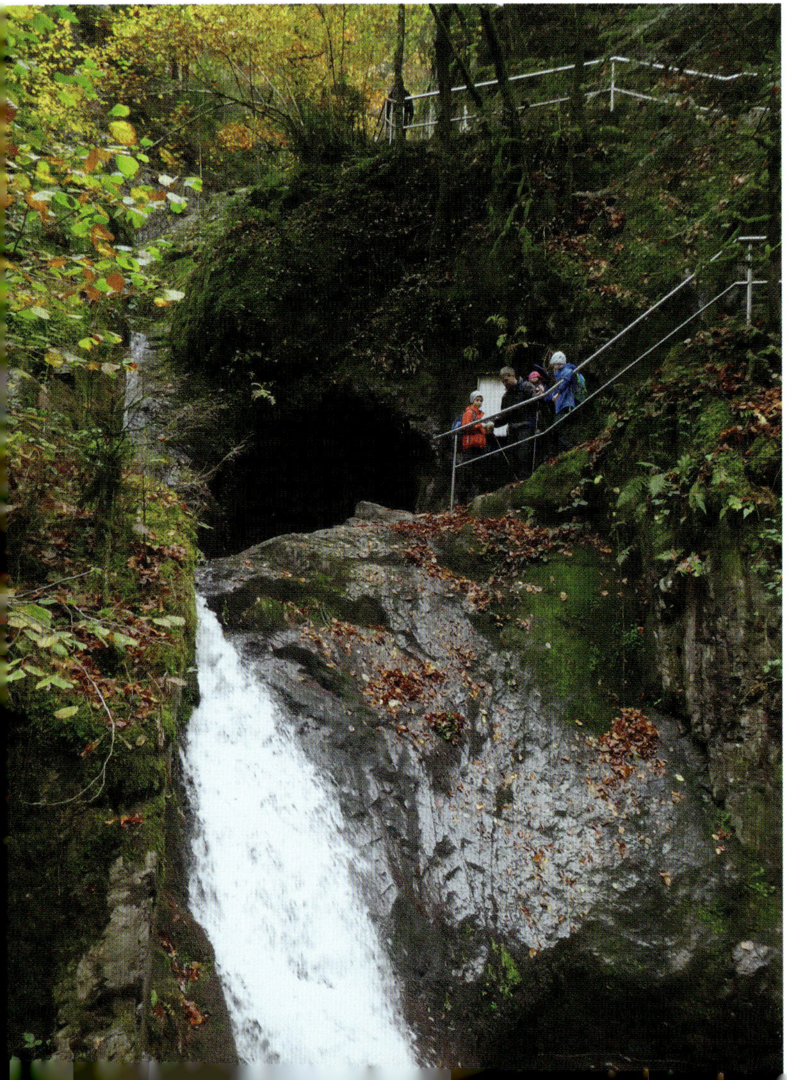

Nationalparkzentrum Ruhestein im Schwarzwald

Inmitten einer einzigartigen Landschaft mit ausgedehnten Wäldern, Berghöhen und dunklen Karseen liegt das Nationalparkzentrum Ruhestein im Schwarzwald. Den Besuchern eröffnet sich hier eine vielfältige und bezaubernde Natur, in der man allerlei Interessantes lernen und erleben kann. Das Zentrum liegt verkehrsmäßig gut angebunden an der Schwarzwaldhochstraße und an der Nahtstelle der zwei größten Naturschutzgebiete des Nordschwarzwaldes, Schliffkopf und Wilder See-Hornisgrinde. Im Zentrum werden das ganze Jahr über verschiedene Veranstaltungen angeboten, über die Erwachsene und Kinder die ökologischen Zusammenhänge und die Gefährdungen der Landschaft erleben und zu einem schonungsvollen Umgang mit der Natur animiert werden können. Neben den Veranstaltungen bietet außerdem die Dauerausstellung faszinierende Einblicke in Geologie, die besondere Tier- und Pflanzenwelt des Schwarzwaldes, seine historische Nutzung und seines Schutzes.
Die Ausstellung kann von Mai bis September (Di bis So) von 10 bis 18 Uhr besucht werden.

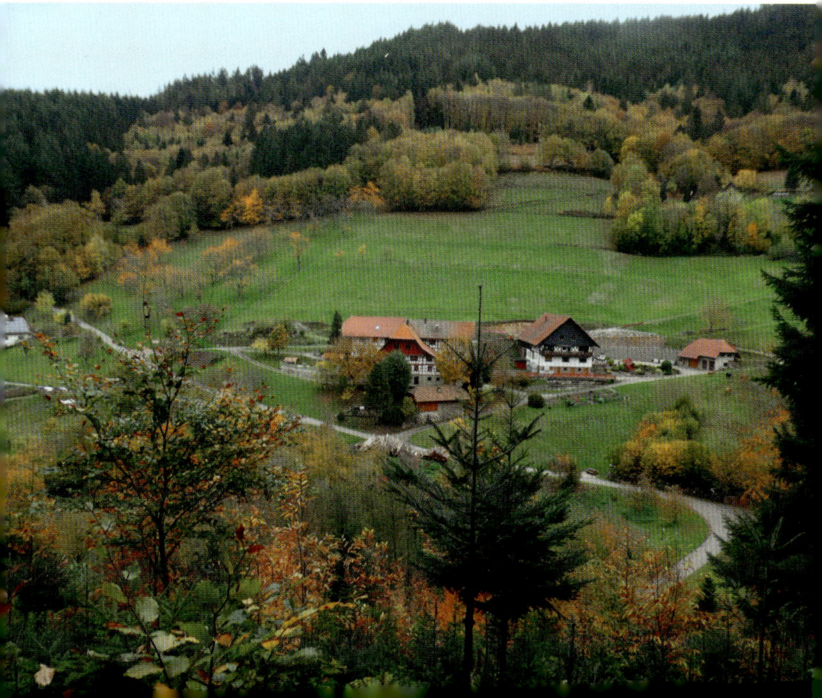

Von Schnapsbrunnen zu Schnapsbrunnen: eine Runde für Genießer

Von Sasbachwalden auf dem Premium-Wanderweg „Alde Gott Panoramarunde"

13

3–3½ Std.
10–11,5 km
450 Hm

Sasbachwalden – Gaishölle – Straubenhofmühle – Schelzberg – Alde-Gott-Bildstöckel – Sasbachwalden

mittelschwere Wanderung mit einem steilen Anstieg zu Beginn und mehreren kurzen Anstiegen in der Folge; der „Wilder-Sasbach-Steig" erfordert gute Trittsicherheit, kann aber leicht umgangen werden

Gaishölle; Wildtiergehege Bischenberg; Friedenskapelle St. Katharina; Wilder-Sasbach-Steig; Straubenhofmühle; Ortsbild von Sasbachwalden; Doll Augustins Hus; Bildstock „Alde Gott"

Weinberge und Obstbaumwiesen, Wasserfälle und Schnapsbrunnen – rund um Sasbachwalden führt ein 10 Kilometer langer Genießerpfad durch das Auf und Ab des Schwarzwälder Weindorfes. Gleich zu Anfang geht es bergauf. Die Schlucht der Gaishöll-Wasserfälle ist aber zugleich die schwierigste Herausforderung. 13 Brücken und 225 Stufen führen durch die knapp 1 Kilometer lange wildromantische Schlucht. Danach warten schon die ersten Einkehrmöglichkeiten. Der Premiumweg führt durch Kastanienwälder, Streuobstwiesen und Weinberge immer mit Blick auf das weiße Fachwerk im Dorfkern, die Winzergehöfte an den Hängen und auf die Rheinebene im Westen. Nach etwa 6 Kilometern wechselt beim Weingut Königsrain der Wanderweg auf die andere Talseite zur Klosterschänke Schelzberg. Unterwegs können sich Wanderer auch an einem der legendären Schnapsbrunnen stärken. Gegen einen Obulus darf sich hier jeder frei bedienen: Obstler, Liköre und Edelbrände, Most und Saft stehen zur Selbstversorgung im frischen Quellwasser. Den Flyer zur „Alde Gott Panoramarunde" gibt es bei der Tourist-Information Sasbachwalden. Die Wanderung kann zu jeder Jahreszeit durchgeführt werden, nur sollte man heiße Sommertage vermeiden. Am schönsten ist die Zeit der Obstbaumblüte oder der Edelkastanienreife.

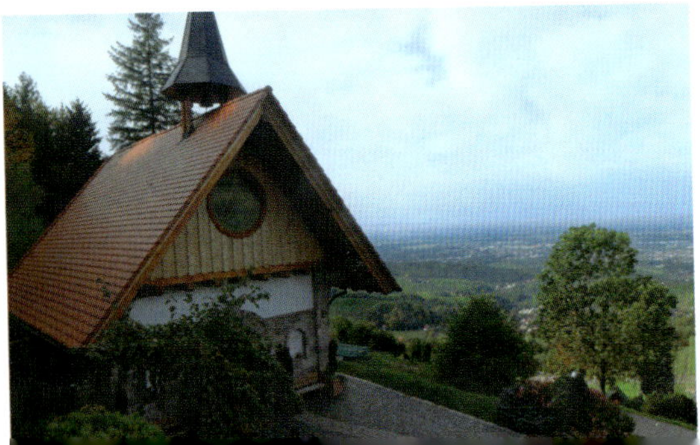

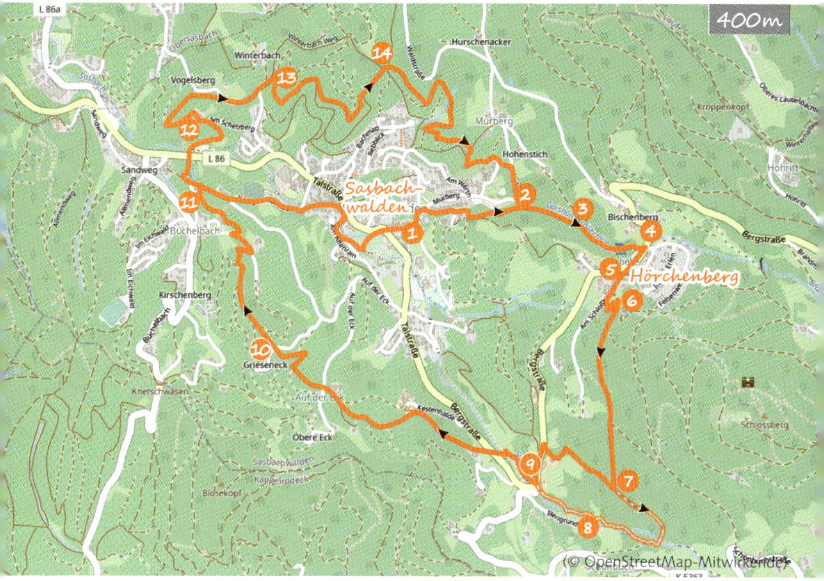

Wer mit dem Bus anreist, hat die Möglichkeit, sich den steilen Anstieg durch die – allerdings besonders eindrucksvolle – Gaishölle zu ersparen, und wählt als Ausgangspunkt die Haltestelle Hörchenberg, folgt der gelben Raute bergan zum nächsten Wegweiser ⑤ und überspringt den nächsten Absatz der Wegbeschreibung. (Weitere Infos zu Sasbachwalden siehe auch Tour 10.)

Für die ganze Tour läuft man von der Haltestelle Gaishölle ① ein paar Meter zurück zum Wanderwegweiser, biegt rechts ab und folgt der blauen Raute („Gaishölle-Wasserfälle 1 km“) zum Wegweiser „Gaishölle unten“. Wer mit

Gasthaus Bischenberg; Spinnerhof; Klosterschänke Schelzberg; Sasbachwalden

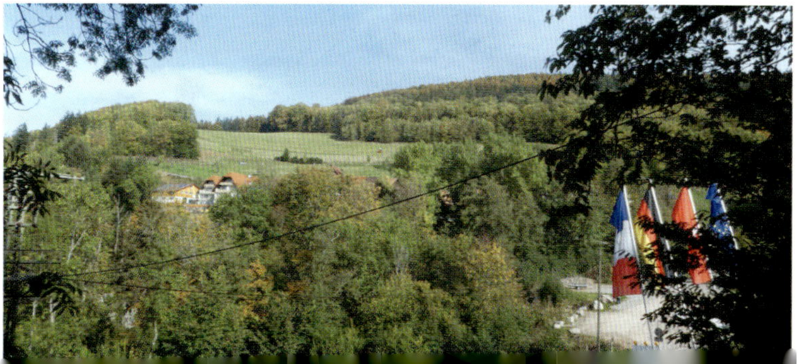

Blick auf Bischenberg

INFOS

Freizeitkarte 1:50 000 des LGL BW, Blatt F503; Wanderkarte 1:35 000 des LGL BW, Blatt „Renchtal/Ortenau“; Wanderkarte 1:25 000 des LGL BW, Blatt „Achern“

www.sasbachwalden.de; www.aldegott.de; www.gasthaus-bischenberg.de; www.spinnerhof.de; www.schelzberg.de

Anfahrt: ab Achern Bhf. mit Bus 7123 bis Sasbachwalden Gaishölle bzw. für die kürzere Version bis Hörchenberg mit dem Auto über Achern nach Sasbachwalden und durch den Ort zum Gaishölle-Parkplatz „unterer Einstieg der Wasserfälle“

48.61954, 8.11558

dem Auto anreist, läuft zum Parkplatzende am Waldrand und folgt der gelben Raute zum Wegweiser „Gaishölle unten“ 2. Hier treffen wir auf die Schilder der „Alde-Gott-Panoramarunde“, bis auf eine kurze Unterbrechung unsere Markierung bis zum Ziel. Über unzählige Treppen und viele Brücken geht es nun steil bergan durch die eindrucksvolle **Gaishölle** 3 Richtung Bischenberg (siehe auch Tour 10). Nach anregenden 20 Minuten treffen wir auf eine Straße. Von hier aus kann man mit einem kurzen Abstecher nach links ein Wildtiergehege und das Gasthaus **Bischenberg** 4 erreichen. Ansonsten halten wir uns rechts, laufen 70 Meter auf der Straße und folgen der gelben Raute halblinks (hier fehlt unsere Markierung) bergan zum nächsten Wegweiser 5.

Weiter geht es auf der „Alde-Gott-Panoramarunde“ am Restaurant **Spinnerhof** vorbei im Zickzack bergan zur aussichtsreich gelegenen **Friedenskapelle St. Katharina** 6 und nach kurzem Anstieg auf gemütlichem Forstweg immer geradeaus, bis unsere Markierung scharf rechts bergab weist 7. Wer über gute Trittsicherheit verfügt, sollte sich den kleinen, aber äußerst lohnenden Umweg durch das Wilde-Sasbachtal 8 gönnen, biegt rechts ab und folgt den Schildern „Hagenberg“ auf holprigem Waldweg bergan, dann rechts ab über ein Brückchen, nochmals rechts und beim folgenden Wegweiser geradeaus („**Wilder Sasbach**“). Nun geht es, immer den roten Punkten nach, auf urigem Steig über Stock und Stein, immer am rauschenden Bach

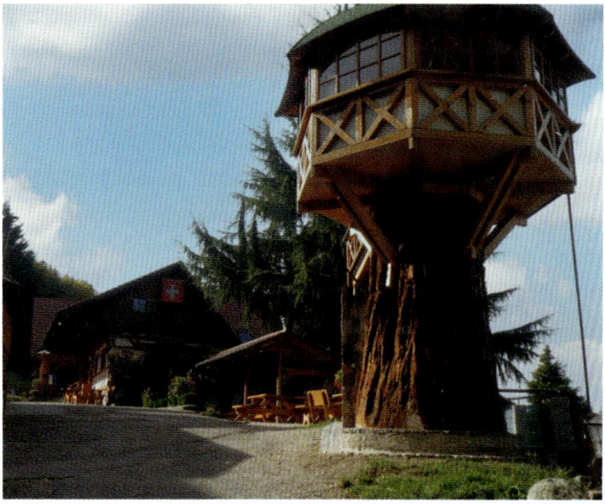

Beim Restaurant Spinnerhof

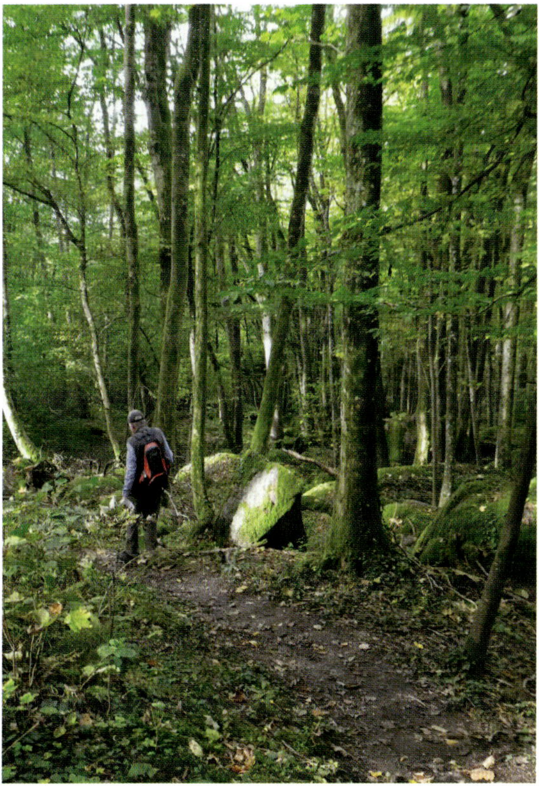

Auf dem Wilde-Sasbach-Steig

Das „Doll Augustins Hus", ein Haus der Erinnerung und Begegnung

Sowohl Haus als auch Grundstück haben über die Zeit ihre Ursprünglichkeit erhalten und sind damit ein Schmuckstück von Sasbachwalden. In dem urigen Fachwerkhäuschen lässt sich das bäuerliche Leben aus dem 19. Jahrhundert hautnah erleben. Es ist ein Ort der Dorfgeschichte, das noch bis 2014 von den Schwestern Maria und Katharina Doll bewohnt worden war. Heute bieten die liebevoll hergerichteten Räumlichkeiten zahlreiche Erinnerungen und geben vielfältige Einblicke in das einfache bäuerliche Leben von Sasbachwalden im 19. Jahrhundert. Auch der schön angelegte, wildromantische Bauerngarten in wunderbarer Aussichtslage ist frei zugänglich und lädt den Besucher zum Verweilen ein.
Am Altenrain 1,
77887 Sasbachwalden

entlang und zwischen moosbewachsenen Wollsäcken hindurch zur **Straubenhöfmühle** 9 und der ersten Schnapsbrunnenstation im Straubenhof. Wir queren die Straße und folgen unserer Markierung auf schönen Wiesen- und Waldpfaden, zwischendurch mal mit einem kleinen Steil-

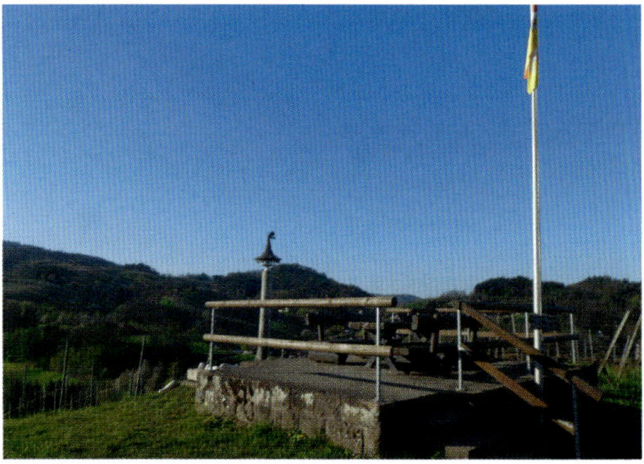

Aussichtspunkt Münsterblick

Die Sage vom schwarzen Pfaff

In alten Zeiten wohnte ein Kapuzinerpater und Einsiedler in einem kleinen Kellergewölbe auf dem Klostergut Schelzberg. Als ihn ein neuer Besitzer des Gutes verjagen wollte, verfluchte ihn der Pater und schloss ihn in den hinteren kleinen Keller ein. Als aber ein anderer Besitzer das Kloster übernahm, ließ er gutgläubig das Schloss von jener Tür entfernen. Als er die Tür öffnete, schoss eine große Kugel heraus, der schwarze Pfaff warf sämtliche Bewohner an die Wand oder riss sie auf den Boden und verschwand zum anderen Keller hinaus. Seitdem geht der schwarze Pfaff wieder umher, der Pächter und auch andere haben ihn oftmals gesehen. Nachts poltert er auf dem Speicher und auf der Treppe und lässt niemanden schlafen. Manchmal ist der Geist auch bei der Brücke unten am Schelzberg gesehen worden. Der Sage nach stieß er Spätheimkehrer von der Brücke in den Bach, als diese nach den Fischen schauen wollten. Schenkt man so manchem Spätheimkehrer zu heutiger Zeit Glauben, so treibt der schwarze Pfaff noch immer sein Unwesen.

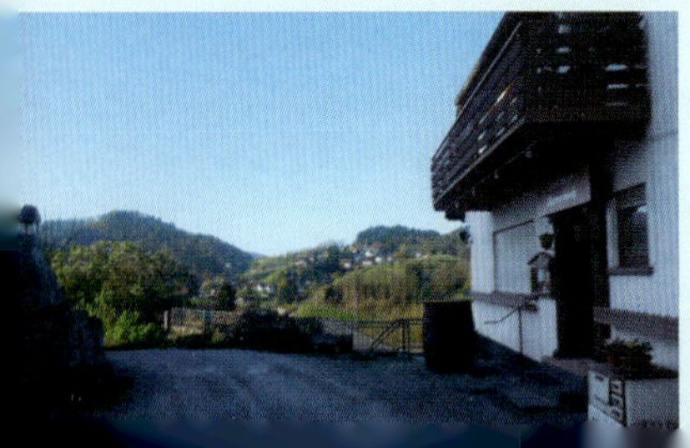

anstieg, zum Schluss durch Obstplantagen zum Aussichtspunkt **Grieseneck** 10. Mehrere Bänke und Liegesofas laden zum Verweilen ein.

Nun geht es bergab zu einem Gehöft und, immer unseren Zeichen nach, aussichtsreich durch Weinberge und ein Wäldchen hinab zum Weingut **Königsrain** 11. Wenn wir abkürzen wollen, können wir nach rechts der blauen Raute durch Sasbachwalden am „**Doll Augustins Hus**“ vorbei direkt zum Ausgangspunkt gelangen.

Wir marschieren weiter bergan am Aussichtspunkt „**Münsterblick**“ 13 vorbei (gleichzeitig auch Wein- und Naturlehrpfad) zum Bildstock „**Alde Gott**“ 14 mit kleinem Rastplatz (siehe auch Tour 5). Auch hier kann man abkürzen und dem **Ortenauer Weinpfad** auf direktem Weg nach Sasbachwalden folgen. Wollen wir noch weiter, folgen wir unserer Markierung rechts bergan zum Waldrand, rechts und gleich wieder links auf einem Waldpfad steil bergan, dann auf grasigem Panoramaweg durch Weinberge und schließlich auf schönen Wegen in mehreren Schleifen durch Wald und Weinberge an einem Wasserspeicher vorbei hinab zum Wegweiser „Gaishölle unten“ 2 und zurück auf dem Anstiegsweg zum Parkplatz bzw. zur Bushaltestelle 1.

In der Gaishölle

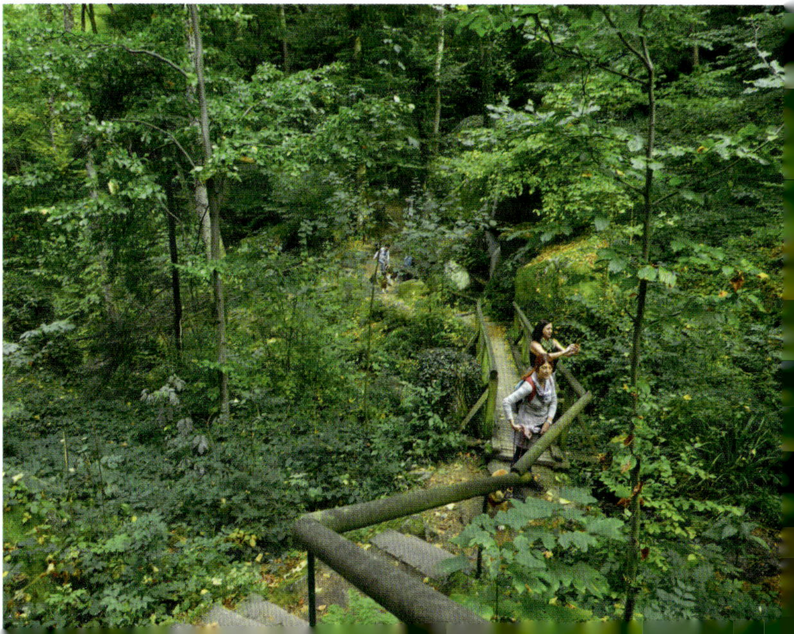

Von Mühle zu Mühle hinab ins Achertal

Von Brandmatt über Brigittenschloss und Ottenhöfen nach Kappelrodeck

14

2½–3¾ Std.
9–14 km
100 Hm

Sasbachwalden-Brandmatt – Brigittenschloss – Schönbüch – Grimmerswald – Ottenhöfen – Furschenbach – Kappelrodeck

wenig anstrengende Tour; einige kurze steile und holprige Passagen erfordern etwas Trittsicherheit

Brigittenschloss; Felsenpfad; mehrere historische Mühlen; ND Fuchsschroffen und Katzenstein

Ottenhöfen; Furschenbach; Kappelrodeck

Eine verwunschene Schlossruine, wilde Felsenwege, schöne Aussichtspunkte, idyllische Täler mit rauschenden Bächen – einfach Romantik pur, die diese abwechslungsreiche Tour von der Höhensiedlung Brandmatt hinab ins Achertal für uns bereithält. Dabei hält sich die Anstrengung in Grenzen, da uns der Bus die meisten Anstiegshöhenmeter abnimmt. Aber auch kulturhistorisch interessierte Wanderer kommen auf ihre Kosten: So berührt der Weg einige der unzähligen historischen Mühlen rings um Ottenhöfen, allen voran die bestens restaurierte Vollmers Mühle bei Grimmerswald. Wenn man als Zielort Ottenhöfen wählt, eignet sich die Wanderung auch bestens als Familienausflug mit älteren Kindern, die allerdings ein gewisses Maß an Trittsicherheit für einige holprige und steinige Passagen mitbringen sollten. Der weitere Wegverlauf ab Ottenhöfen verläuft parallel zur Bahnstrecke der Achertalbahn, sodass sich bis Kappelrodeck mehrere Kürzungsmöglichkeiten ergeben.

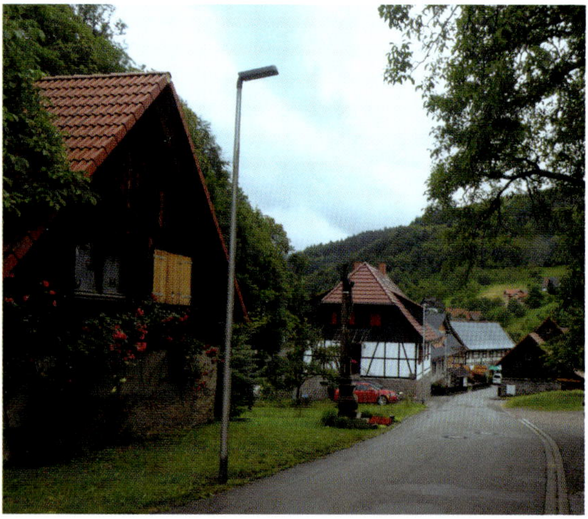

Auf dem Weg nach Ottenhöfen

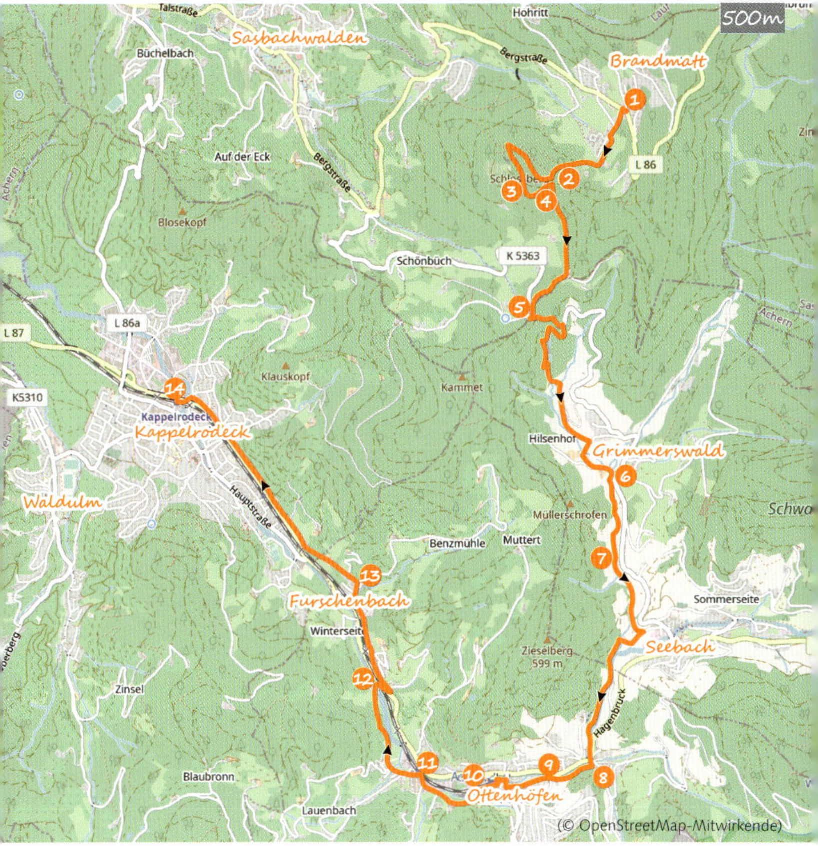

Wir laufen von der Bushaltestelle 1 100 Meter auf der Straße zurück, biegen links ab und folgen der gelben Raute („Hohritt 1,6 km") auf einem Fußweg, dann nach 50 Metern auf einer Straße links ab Richtung „Brigittenschloss" auf aussichtsreichem Asphaltweg in den Wald und immer den Wegweisern „Brigittenschloss" nach auf Forstwegen und schönem Pfad durch eine Felsenszenerie zu einer kleinen Unterstandshütte beim **Brigittenschloss** 2. Rechts an der Ruine vorbei gelangen wir zu einem schönen Aussichtspunkt mit einer Panoramatafel.

Wieder zurück zur Hütte folgen wir weiter der gelben Raute und nun immer den Schildern „Kreuzbuch" nach auf herrlichem Felsensteig hinauf zum Naturdenkmal **Fuchs-**

INFOS

Freizeitkarte 1:50 000 des LGL BW, Blatt F501; Wanderkarte 1:35 000 des LGL BW, Blatt „Renchtal/ Ortenau"; Wanderkarte 1:25 000 des LGL BW, Blatt „Achern"

www.sasbachwalden.de; www.seebach.de; www.ottenhoefen.de; www.kappelrodeck.de

Anfahrt: mit der Bahn oder dem Auto bis Achern Bahnhof und weiter mit dem Bus 400 oder 423 bis Brandmatt
Rückfahrt: ab Ottenhöfen, Furschenbach oder Kappelrodeck mit der Achertalbahn nach Achern Bhf.

48.61323, 8.16582

schroffen, dem höchsten Punkt unserer Wanderung, dann bergab über einen Querweg hinweg am Naturdenkmal „**Katzenstein**" 3 vorbei zum nächsten Querweg und auf ihm links zur Wegspinne **Kreuzbuche** 4. Hier biegen wir rechts ab und folgen der gelben Raute und immer den Schildern „Schönbüch". Achtung: An dieser Stelle zweigen nach rechts zwei Pfade ab, wir wählen den rechten steil bergab führenden Pfad und marschieren immer geradeaus auf allmählich breiterem Weg zum Wegweiser „Hinterer Wasen". Hier gehen wir 5 Meter nach rechts, beim roten Hydranten links und wandern auf schönem Waldpfad oberhalb der Straße, zum Schluss ein paar Meter auf der Straße zur Höhensiedlung **Schönbüch** 5. Wir biegen scharf links ab („Seebach 4 km"), laufen 300 Meter auf der Straße zu einem Bildstock, schwenken nach rechts und folgen der gelben Raute und den Schildern „Seebach" anfangs rechts steil bergab, begleitet von einem murmelnden Bächlein zum **Börsighof**, biegen links und beim Wegweiser „Grünwinkel" rechts ab und laufen auf einem Sträßchen zur **Vollmers Mühle** 6.

Wir überqueren den Grimmerswaldbach und folgen nun immer den Schildern „Ottenhöfen" auf schönem Talweg am rauschenden Bach entlang an einem Schnapsbrunnen und einer **Lourdesgrotte** 7 vorbei, biegen beim Wegweiser „Am Schrotten" rechts ab und laufen, nun der blauen Raute nach, zum Gasthof Kreuz, queren die Straße („Ortsmitte 1 km") und eine Bachbrücke 8 und laufen rechts parallel zum Bach, vorbei an einer alten **Hammerschmiede** 9 und der evangelischen Kirche (sie wurde nach dem Vorbild norwegischer Stabkirchen erbaut) nach **Ottenhöfen**, biegen bei der katholischen Kirche rechts und nach einem kleinen Teich links ab und gelangen zum **Bahnhof** 10.

Beim Naturdenkmal Fuchsschrofen

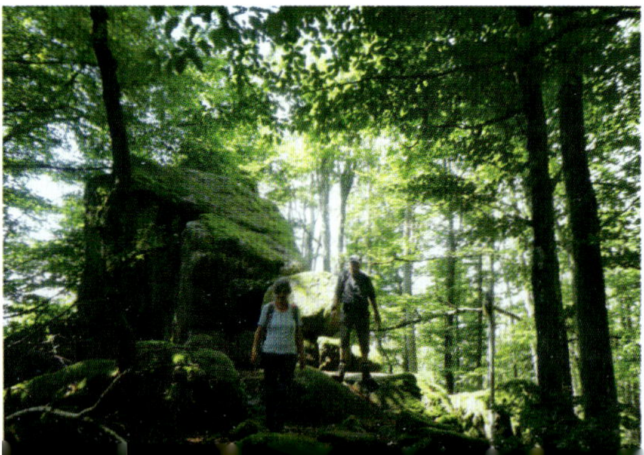

Wenn wir noch weiter wollen, folgen wir der gelben Raute auf dem **Mühlenweg** Richtung Kappelrodeck, allerdings nicht geradeaus, der Wegweiser ist missverständlich montiert! Wir gehen am Gleisende auf die gegenüberliegende Gleisseite, an der Bushaltestelle vorbei und am Ende einer weißen Halle links auf Wegspuren über eine schmale Brücke hinauf zum nächsten Wegweiser, halten uns rechts und folgen nun immer den Mühlenwegschildern und den Wegweisern „Kappelrodeck" an einem weiteren Schnapsbrunnen vorbei zum Bahnhaltepunkt **Ottenhöfen West** 11 und weiter zur **Rainbauernmühle** 12. Wir laufen über die Acherbrücke zur Straße, ein paar Meter an ihr nach rechts entlang, queren die Straße und das Gleis und schwenken nach links („Furschenbach 0,8 km"). Nun geht es immer parallel zum Gleis nach **Furschenbach** zum Bahnhaltepunkt 13, beim Gasthof Rebstock rechts und nach dem Gasthof Schmälzle-Hof links zum Wegweiser „Vorderer Lammhof" und geradeaus weiter („Kappelrodeck Bahnhof 1,4 km") zum **Bahnhof Kappelrodeck** 14 (siehe auch Tour 17).

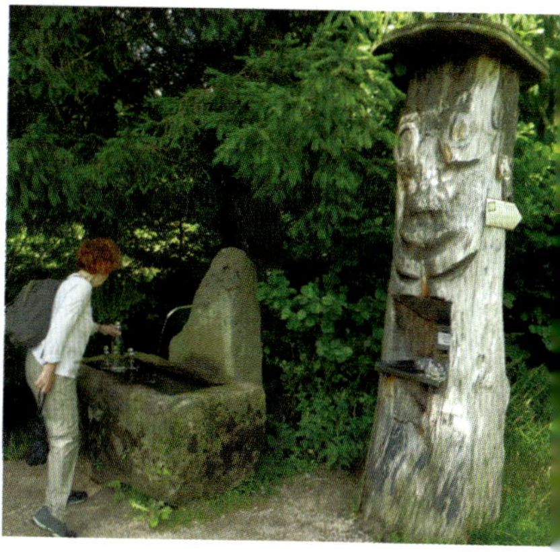

Schnapsbrunnen im Grimmerswaldbachtal

Brigittenschloss

Das Brigittenschloss, das auch Burg Hohenrod genannt wird, liegt auf einer Höhe von 760 Metern und damit hoch über Sasbachwalden. In der Mitte des 11. Jahrhunderts erbauten die Freiherren von Rüder die Burg, vermutlich, um den Bewohnern der umliegenden Dörfer Schutz bei Angriffen oder im Kriegsfall zu bieten. Nachdem sie im 16. Jahrhundert aufgegeben wurde, ging sie in den Besitz eines Hofgutes über und verfiel im Laufe der Jahrhunderte immer mehr. Gegen Ende des 19. Jahrhunderts wurde sie wieder von der Familie von Röder erworben, die sich für die Erhaltung der noch vorhandenen Mauerreste der Ruine einsetzte. Der Name „Brigittenschloss" entstand um 1820 vermutlich in Zusammenhang mit der heiligen Brigitta von Irland, die außerdem die Schutzheilige der Sasbacher Pfarrkirche St. Brigitta ist.

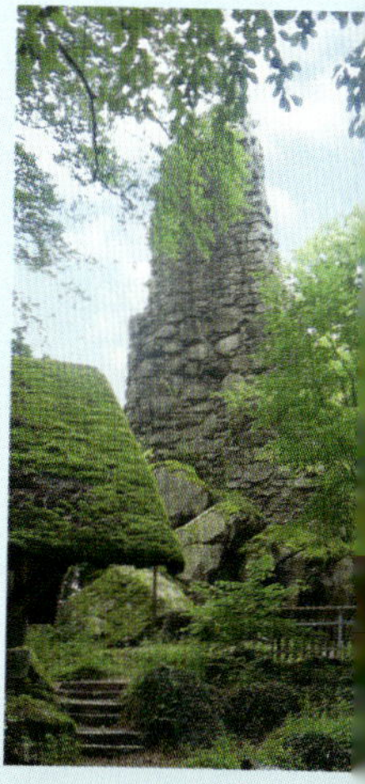

Vollmers Mühle

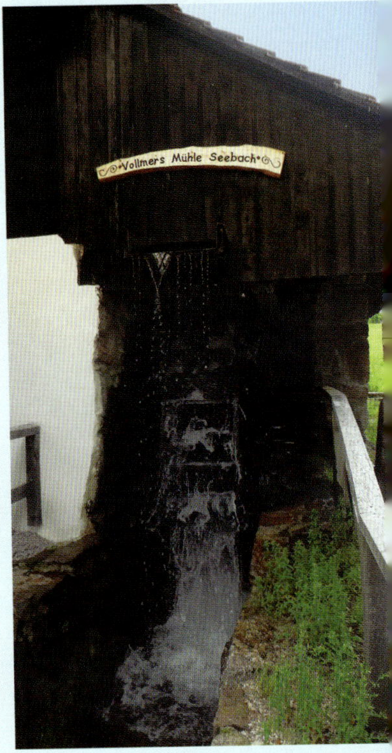

Die Vollmers Mühle in Seebach/Grimmerswald gehört zu den schönsten Mahlmühlen des Schwarzwaldes. Ihre Restaurierung verhalf einerseits dem alten Beruf des Müllers zu einem gegenwärtigen kulturgeschichtlichen Ansehen, andererseits wurde in diesem Zuge auch eine einmalige touristische Attraktion für die Gemeinde Seebach geschaffen. Seit fast 250 Jahren steht sie nun an diesem Platz, eng an den Mühlenkanal geschmiegt, der ihr Mühlrad mit dem notwendigen Wasser speist. In dieser langen Zeit musste das Wasserrad mehrfach erneuert werden. 1938 dann wurde es durch eine moderne Turbine ersetzt, die während des Zweiten Weltkriegs ausgebaut und als „Eisenrohstoff" der Kriegsrüstung zur Verfügung gestellt wurde. Um in den Nachkriegsjahren noch täglich Mehl für die umliegenden Bauernhöfe und Bewohner zu mahlen, wurde die Mahlmühle mittels Traktor über Riemen angetrieben. Doch schon bald musste nur noch für den Eigenbedarf der Familie gemahlen werden. Da das Mehl viel günstiger beim Händler oder im Ladengeschäft eingekauft werden konnte, nutzte der Eigentümer und Landwirt Wilhelm Bohnert die Mühle bis ca. 1970 nur noch als Schrotmühle zum Mahlen des Viehfutters. Dann wurde die Mühle aufgrund der mangelnden Rentabilität stillgelegt. Mit der Stilllegung wurden auch die beständigen Wartungsarbeiten zum Erhalt der Mühle eingestellt, sodass in der Folgezeit die Gefahr des Zerfalls bestand. Im Jahre 1976 begann dann mit der Renovierung der Mühle eine neue Blütezeit und seit 1978 dreht sich das Mühlrad wieder wie in alten Zeiten. Im Laufe der Jahre besichtigten viele Gäste die ansprechend renovierte Mühle und auch heute noch wird den Besuchern von der Besichtigung mit Kindern über stimmungsvolle Mühlen-Brauchtumsabende, den sogenannten „Lichtgängen", bis hin zu den beliebten Mühlenfesten allerlei geboten. Und auch internationale Gäste kehren in der Mühle für die weit über die Regionsgrenzen hinaus bekannten Mühlenveranstaltungen ein.

Kontaktadresse:
Tourist-Information Seebach
Tel. 07842/948320

Ottenhöfen im Schwarzwald

Das Wanderparadies Ottenhöfen im Schwarzwald liegt herrlich eingebettet in zehn wild-romantischen Seitentälern und in typischer Schwarzwaldlandschaft mit einsamen Höfen, blühenden Wiesen und mystischen, weitläufigen Wäldern. Entlang des Mühlenwegs können die Wanderer 9 liebevoll restaurierte Mühlen erblicken und grandiose Ausblicke in die Seitentäler und die Rheinebene genießen. Unterwegs warten rustikale Vesperstuben und Restaurants und laden zu leckeren badischen Köstlichkeiten ein. Für kulinarisch interessierte Gruppen gibt es übrigens die Möglichkeit der „kulinarischen Mühlenweg-Wanderung", genauso wie „Edelbrandproben" und „Brennereibesichtigungen". Neben dem Premiumweg „Karlsruher Grat" mit seinem alpinen Klettersteig (siehe auch Tour 12), den sagenumwobenen Edelfrauengrab-Wasserfällen und den wunderschönen Panoramablicken bietet der interaktive LEPO (Landwirtschaftlicher Erlebnispfad Ottenhöfen) ein Erlebnis für die ganze Familie.
Zu den Highlights im Sommer zählen das Naturerlebnisbad mit Raftingrutsche sowie das Dorfbrunnenfest. Zahlreiche weitere Feste und Veranstaltungen runden das Jahr ab und machen einen Besuch in jeder Jahreszeit lohnenswert.

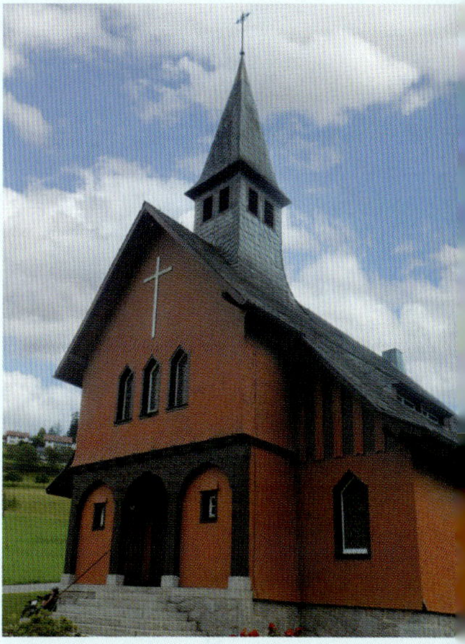

Evangelische Kirche

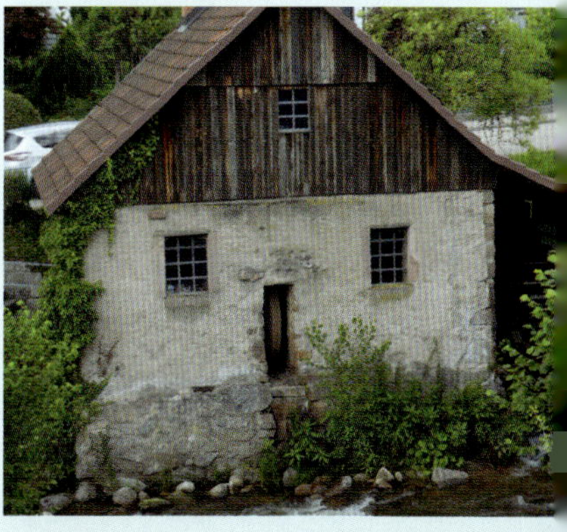

Hammerschmiede

Schnaps vom Brunnen und Wein bei der Hex vom Dasenstein

Auf dem Kappelrodecker Dasenstein- und Schnapsbrunnenrundweg

15

2 ¼ Std.

7,5 km

250 Hm

Kappelrodeck – Schloss Rodeck – Ganseck – Lammhöfe – Simmehof – Dasenstein – Kappelrodeck

kurze Wanderung mit mehreren kleinen, kurzzeitig auch etwas steilen An- und Abstiegen

Schloss Rodeck; Zuckerbergschloss; Naturdenkmal Dasenstein; historisches Zentrum von Kappelrodeck

Zuckerbergschloss; Schmälzle-Hof (jeweils kurze Abstecher; Mi–So); Kappelrodeck

Um die Wälder rund um Kappelrodeck ranken sich allerlei Sagen und Legenden. Eine davon handelt etwa von einem Zwerg, der das Schloss Rodeck einst gegen feindliche Angriffe verteidigt haben soll, eine andere von einem roten Weiblein, das man angeblich noch heute dabei beobachten kann, wie es auf dem Hexenschrofen umherwandelt. Die kleine aussichtsreiche Wanderung folgt dem neu angelegten Sagenrundweg Dasenstein mit mehreren Infotafeln, dieser ist zum großen Teil identisch mit dem Kappelrodecker Schnapsbrunnenweg und eignet sich auch sehr gut für einen Familienausflug mit älteren Kindern. Zum Ausklang bietet sich eine zünftige Einkehr bei einem Gläschen „Hex vom Dasenstein" in einer der urigen Gaststuben des gemütlichen Weinortes an.

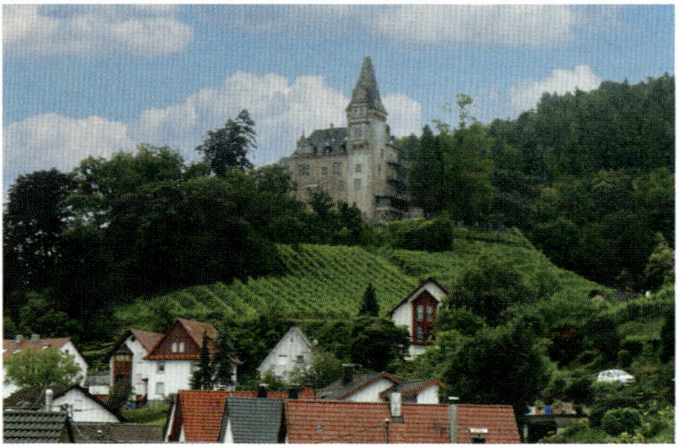

Blick auf Schloss Rodeck

Wir gehen vom Ende des Bahnsteigs 1 über die Gleise, halten uns rechts („Venedig 0,1 km"), biegen beim Wegweiser „Venedig" rechts ab und folgen den Schildern des Dasenstein-Rundweges: über die Acherbrücke zum Wegweiser „Ortsmitte" und geradeaus in die Waldulmer Straße. Nach der Weinkellerei „Hex vom Dasenstein" 2 folgen wir der gelben Raute links in die Obere Widigstraße

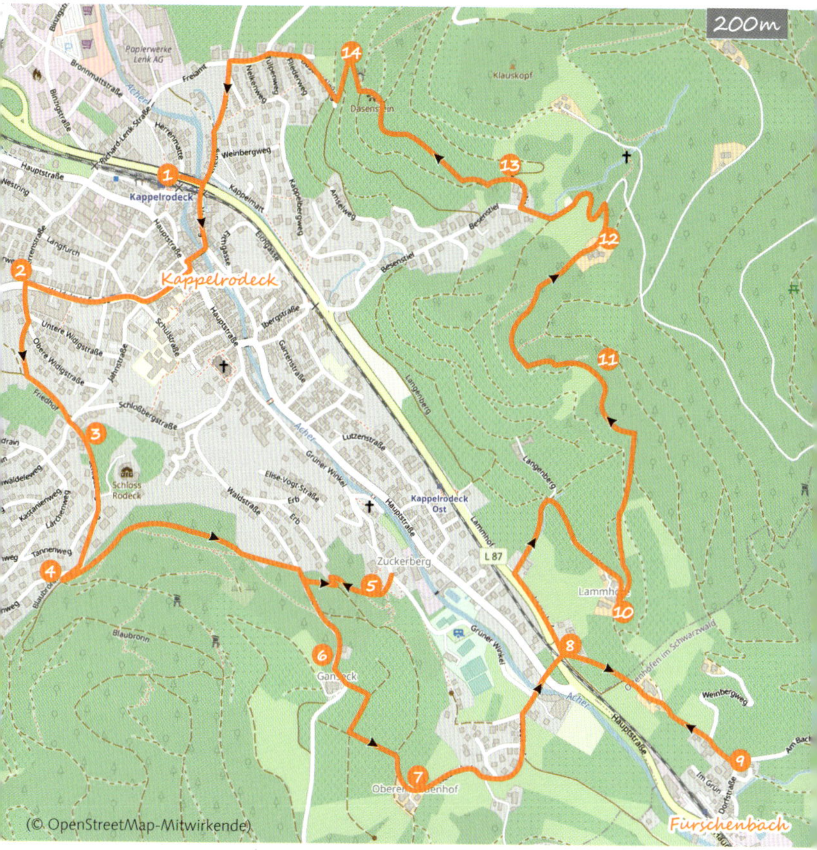

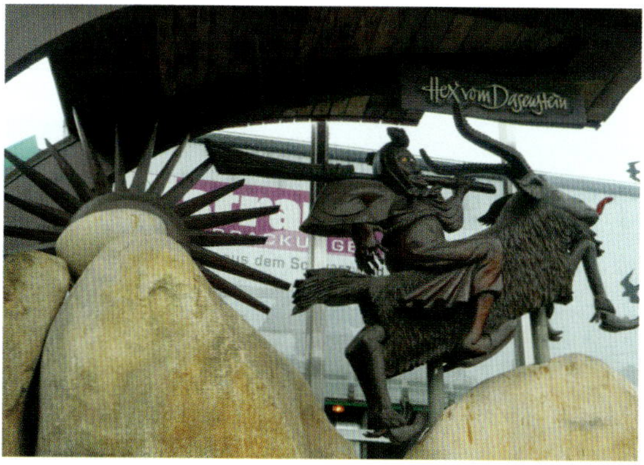

Holzskulptur bei der Weinkellerei „Hex von Dasenstein"

INFOS

Freizeitkarte 1:50 000 des LGL BW, Blatt F503; Wanderkarte 1:35 000 des LGL BW, Blatt „Renchtal/Ortenau"; Wanderkarte 1:25 000 des LGL BW, Blatt „Achern"

www.kappelrodeck.de; www.zuckerbergschloss.de; www.schmaelzle-hof.de

Anfahrt: mit der Bahn nach Achern und weiter mit der Achertalbahn bis Kappelrodeck Bhf. mit dem Auto über Achern auf der L87 bis Kappelrodeck, Parkmöglichkeit auf dem Festplatz beim Bahnhof

48.59328, 8.11651

und gelangen nach 100 Metern halbrechts auf einen anfangs steil ansteigenden Pfad. Beim nächsten Wegweiser bleiben wir geradeaus und werfen einen Blick auf das **Schloss Rodeck** 3 (siehe auch Tour 4), das wir wenig später etwas unterhalb passieren. Nach dem Fuchsbrunnen 4 biegen wir scharf links ab („Ganseck 1 km") und marschieren auf Waldwegen bergan zum Wegweiser „Waldstraße". Hier können wir mit einem kurzen Abstecher nach links dem **Zuckerbergschloss** 5 einen Besuch abstatten (Einkehrmöglichkeit). Wieder zurück auf dem Sagenweg, nun auch beschildert als „Schnapsbrunnenweg", gelangen wir wenig später zum **Ganseck** 6, einem schönen Aussichtspunkt mit kleinem Abenteuerspielplatz.

Wir halten uns schwach links, folgen den Schildern „Hinterer Lammhof" und wandern durch Weinberge bergab am **Oberen Heidenhof** 7 an einem Schnapsbrunnen und an der Tafel „Das rote Weiblein" des Sagenweges vorbei, queren die Acher, die Landstraße und Bahnlinie und gelangen zum Wegweiser „Hinterer Lammhof" 8. Wenn wir im Schmälzle-Hof 9 einkehren möchten, erreichen wir ihn mit einem kleinen Abstecher Richtung Furschenbach. Ansonsten geht es nach links weiter („Langenberg 1,4 km"). Beim nächsten Wegweiser können wir abkürzen und geradeaus auf direktem Weg zum Bahnhof Kappelrodeck 1 gelangen. Wenn wir noch weitergehen wollen, biegen wir rechts ab, folgen den Sagenwegschildern und der gelben Raute zum Lammhof 10 und halten uns scharf links. Bei der

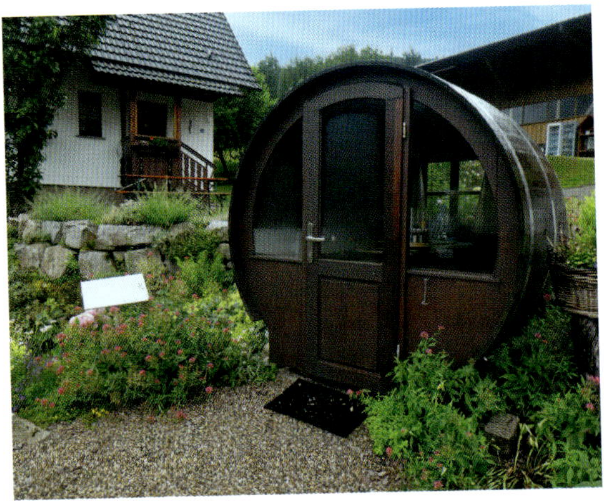

Schnapsbrunnen auf dem Heidenhof

Zuckerbergschloss

Zwar ist bekannt, dass jenes romantisch-verträumte und zugleich unerschütterlich anmutende Schlösschen im Jahr 1889 vom Steinbruchbesitzer Julius Leuther erbaut wurde, jedoch sorgte die Herkunft der Bezeichnung „Zuckerbergschloss" lange Zeit für Spekulationen. Sein klangvoller Name ist nicht, wie einst vermutet, darauf zurückzuführen, dass seine im Sonnenlicht glitzernden Granitsteine an Zuckerkristalle und sein zu Beginn noch opulent verschnörkelter Turm an Zuckergebäck erinnern. Auch die Theorie von vor der Schnapsbrennerei gelagerten Zuckerbergen ist unzutreffend. Tatsächlich verdankt das Zuckerbergschloss seinen Namen dem alten Flurnamen „Zuckerberg". Dieser ist wiederum auf das altdeutsche Wort „Zuge" zurückzuführen, das ursprünglich einen laufenden Brunnen bezeichnete, der aus einer Bergquelle gespeist wird und bis heute existiert. Das Schloss wird seit 1982 gastronomisch betrieben und seit dem Jahr 1990 als Familienbetrieb geführt.

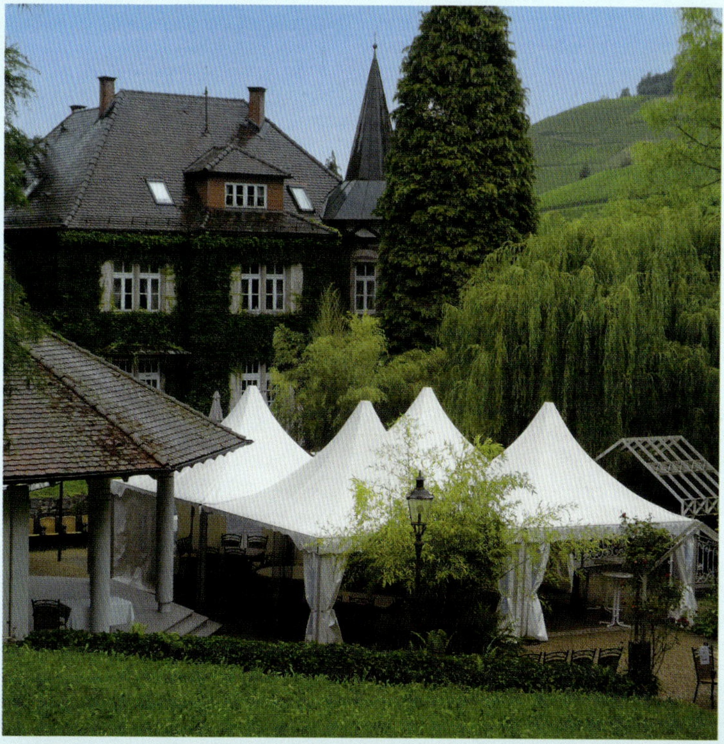

nächsten Verzweigung verlassen wir vorübergehend den Sagenweg und folgen schwach rechts dem Schnapsbrunnenweg in den Wald. Nach der **Langenberghütte** 11 geht es ein kleines Stück auf einem Waldpfad bergan und weiter auf Forstwegen zum **Simmehof** 12 mit einem weiteren Schnapsbrunnen. Nach 100 Metern halten wir uns scharf links, gelangen auf einem Sträßchen mit dem hübschen Namen „Besenstiel" hinab zum nächsten Wegweiser, halten uns rechts und 100 Meter weiter nochmals rechts und folgen der gelben Raute sowie nun auch wieder den Sagenwegzeichen am Schnapsbrunnen beim Bauernhof Baßler 13 vorbei auf aussichtsreichen Wegen zum **Naturdenkmal Dasenstein** 14.

Wir halten uns links und folgen der gelben Raute („Kappelrodeck 1 km") und dem Sagenwegzeichen über Treppen hinab zur Dasensteinhütte, halten uns rechts („Ortsmitte 0,8 km") und marschieren hinab nach **Kappelrodeck**. Bald gesellt sich der Ortenauer Weinpfad zu uns, ihm folgen wir nach links zum Wegweiser „Venedig" und laufen rechts zurück zum Bahnhof 1.

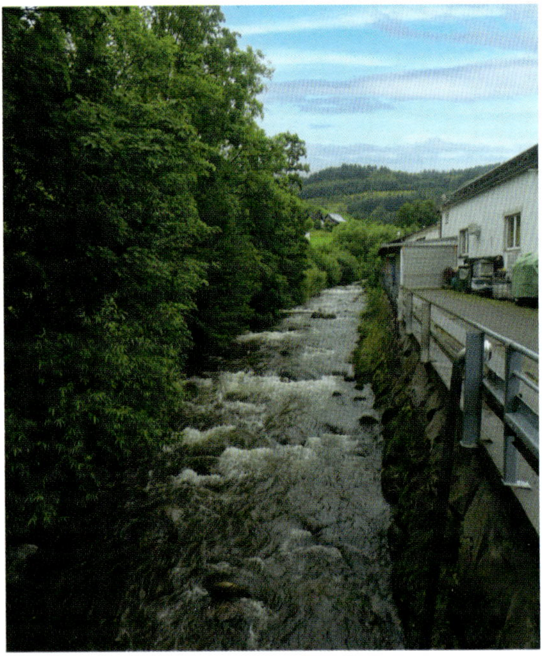

Auf der Acherbrücke

Das Naturdenkmal Dasenstein

Inmitten der Weinberge von Kappelrodeck befindet sich das Naturdenkmal Dasenstein, das einen weitreichenden Ausblick vom Schwarzwald über das Rheintal bis in die Vogesen ermöglicht. Auch ist diese Felsenformation die Heimat der „Hex vom Dasenstein" – eine Sagenfigur, die der Kappelrodecker Winzergenossenschaft ihren Namen verlieh. Die Sage der Hex vom Dasenstein aus dem Jahre 1356 (unbekannter Verfasser):

Auf Rodeck litt vor langer Zeit
ein Burgfräulein viel Herzeleid.
Es liebte einen Bauernknab',
drum jagt' der Ritter es hinab.

Die Arme haust' im Dasenstein
und pflanzte ringsumher sich Wein.
Doch als sie häßlich war und alt,
man eine Hexe sie gar schalt.
Drum übte sie manch tollen Streich
beim Dasenstein im Rebbereich
und hauste in dem Felsenloch
nach vielen Jahren immer noch.
Der Wein von dort nach ihr genannt
ist heut bekannt im ganzen Land.

Das ist die „HEX
VOM DASENSTEIN":
ein köstlicher Burgunderwein.
Er hat 'ne Hexe, 'sagt man wohl,
trinkt einer mehr noch als er soll.
So herrscht die „HEX VOM
DASENSTEIN" auch heute
noch im Kappler Wein.

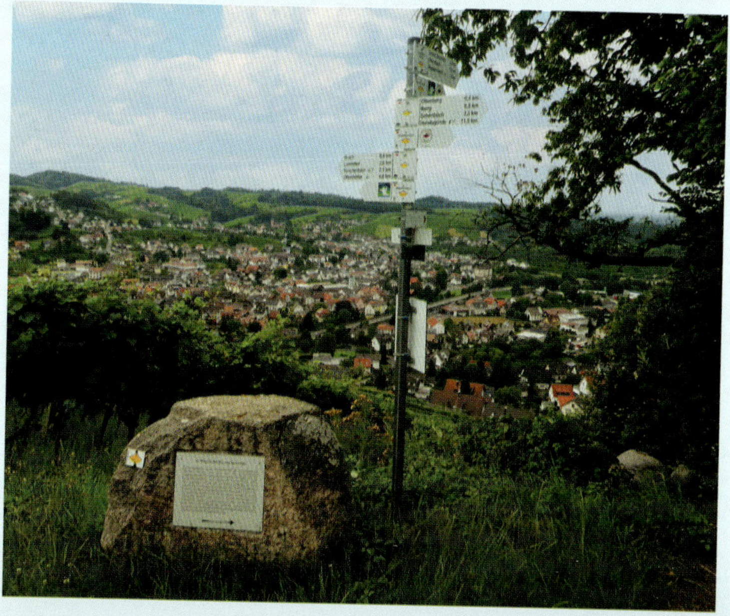

Von der Klosterruine zu den schönsten Wasserfällen des Ortenaukreises

Vom Ruhestein über den Schliffkopf und Allerheiligen ins Renchtal

16

4½ / 5¼ Std.

17 / 20 km

300 Hm

Ruhestein – Schliffkopf – Kloster Allerheiligen – Allerheiligen-Wasserfälle – Lierbachtal – Oppenau

mittelschwere, aber recht lange Wanderung mit wenigen Anstiegen; einige steinige Passagen erfordern etwas Trittsicherheit und festes Schuhwerk

Naturschutzzentrum Ruhestein; evtl. Bärenstein; Schliffkopf; Wasserfälle und Klosterruine Allerheiligen; schöne, aussichtsreiche Wege und Naturpfade

Kloster Allerheiligen (Sa–So 11–17 Uhr); Gasthaus Blume (Fr–Di); Oppenau

Höhepunkte unserer abwechslungsreichen, dabei wenig anstrengenden Wanderung sind die Allerheiligen-Wasserfälle mit der benachbarten Klosterruine Allerheiligen und – nun auch im wörtlichen Sinne – der Gipfel des 1054 Meter hohen Schliffkopfes. Er zählt zu den schönsten Aussichtsbergen und liegt in einem der ältesten Naturschutzgebiete des Schwarzwaldes, dem Quellgebiet von Acher und Murg.

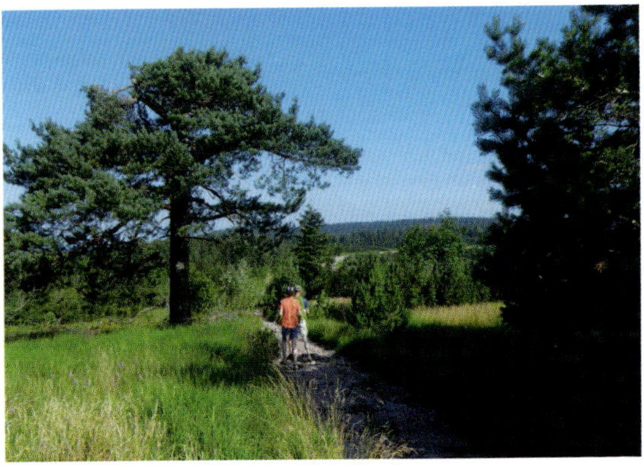

Mit der seit einiger Zeit regelmäßig verkehrenden Buslinie 425 ergeben sich für die doch recht lange Wanderung einige Kürzungsmöglichkeiten: So kann man sich die ersten 7 bis 10 Kilometer ersparen und die Bushaltestelle „Allerheiligen" als Startpunkt wählen, in diesem Falle überspringt man die nächsten 3 Absätze der Wegbeschreibung. Ab den Wasserfällen verläuft unser Wanderweg parallel zur Buslinie 425, sodass man eine der Haltestellen ansteuern kann, wenn man die Tour abkürzen möchte.

Wenn wir an der Haltestelle Ruhestein angelangt sind, werfen wir erst einmal einen Blick auf das Nationalparkzentrum 1 – es wurde im Juni 2021 eröffnet – und gehen zum Wanderwegweiser.

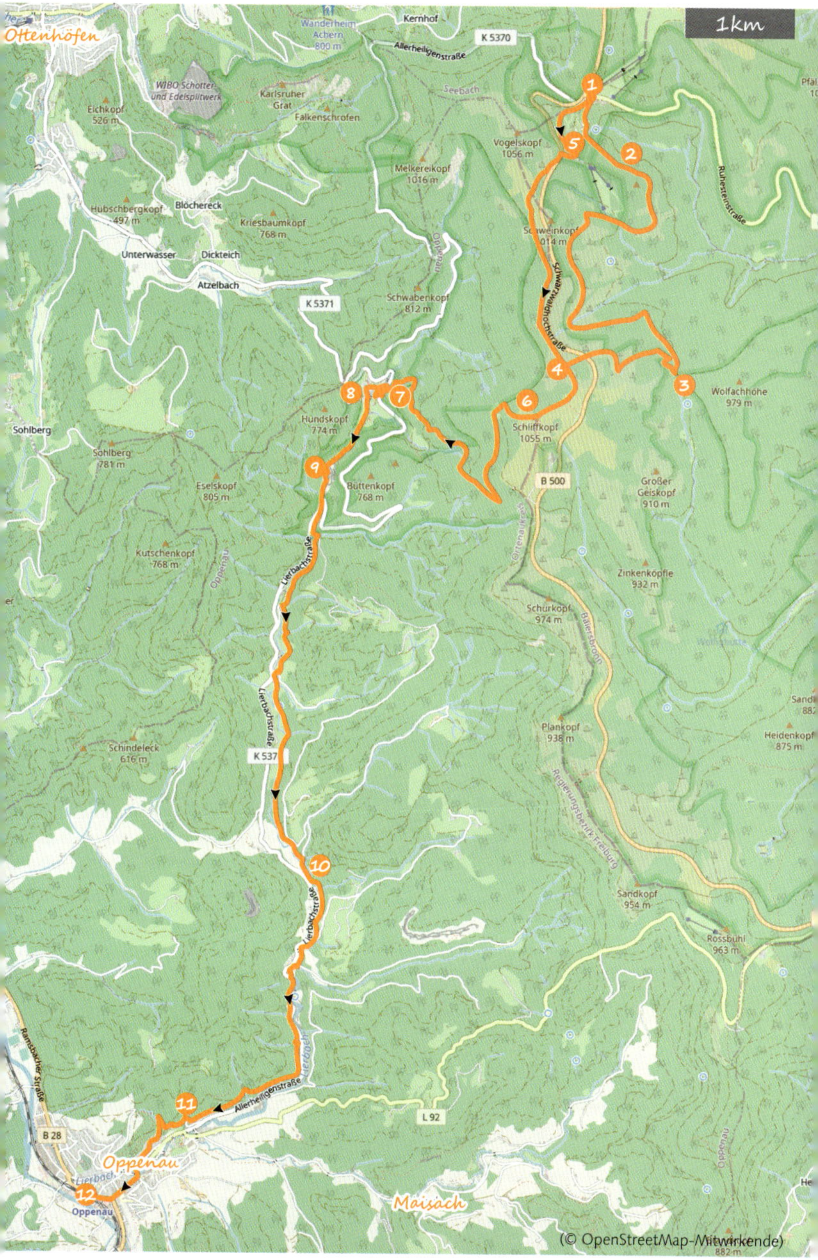
1km
Ottenhöfen
Wanderheim Achern 800 m
Kernhof
K 5370
Allerheiligenstraße
Seebach
WIBO Schotter und Edelsplitwerk
Karlsruher Grat
Falkenschrofen
Eichkopf 526 m
Vogelskopf 1056 m
Melkereikopf 1016 m
Hübschbergkopf 497 m
Blöchereck
Kriesbaumkopf 768 m
Schweinkopf 1014 m
Ruhesteinstraße
Unterwasser
Dickteich
Atzelbach
K 5371
Schwabenkopf 812 m
Schwarzwaldhochstraße
Wolfachhöhe 979 m
Hundskopf 774 m
Schliffkopf 1055 m
Sohlberg
Sohlberg 781 m
Eselskopf 805 m
Buttenkopf 768 m
B 500
Großer Geiskopf 910 m
Kutschenkopf 768 m
Oppenau
Lierbachstraße
Zinkenköpfle 932 m
Schurkopf 974 m
Sand 882
Heidenkopf 875 m
Schindeleck 616 m
K 537
Plankopf 938 m
Regierungsbezirk Freiburg
Sandkopf 954 m
Rossbühl 963 m
Ramsbacher Straße
L 92
B 28
Oppenau
Lierbach
Maisach
1
2
3
4
5
6
7
8
9
10
11
12
(© OpenStreetMap-Mitwirkende)

INFOS

Freizeitkarte 1:50 000 des LGL BW, Blatt F503; Wanderkarte 1:35 000 des LGL BW, Blatt „Renchtal/Ortenau"; Wanderkarte 1:25 000 des LGL BW, Blatt „Achern"

www.schwarzwald.net/orte/allerheiligen.html; www.kloster-allerheiligen.de; www.blume-lierbach.de; www.renchtal-tourismus.de

Anfahrt: ab Achern Bhf. mit dem Bus 400 bis Endstation Ruhestein oder mit der Bahn bis Ottenhöfen und mit Bus 425 bis Allerheiligen Rückfahrt: ab Oppenau mit der Renchtalbahn nach Achern

48.5611, 8.22256

Statt, wie hier beschrieben, nun über den **Seensteig** und **Westweg** auf direktem Weg zum Schliffkopf zu wandern, kann man auch die 3 Kilometer längere und weniger frequentierte, auch mit gelber Raute markierte Seensteig-Variante wählen: über Bärenstein 2 zum „Roten Schliff" 3 und rechts zum Wegweiser „Hübscher Platz" 4.

Im anderen Falle geht es der roten Raute nach hinauf zur **Sprungschanze** 5 (schöner Blick hinab zum Ruhestein), zum großen Skiliftparkplatz, rechts über die Straße, nun auf einem wunderschönen Naturpfad durch ein Hochmoorgebiet zum Wegweiser „Hübscher Platz" 4 (hierher auch auf der Seensteig-Variante) und weiter auf eindrucksvollem Weg zum **Schliffkopf-Gipfel** 6, mit 1054 Metern über dem Meeresspiegel der höchste Punkt unserer Tour. Für die folgende Dreiviertelstunde dienen uns die Wegweiser-Symbole des **Renchtalsteiges** („R/S" in Raute) als Orientierungshilfe („Allerheiligen 3,5 km"). Wir marschieren abwechselnd auf steinigen Pfaden und Forstwegen im Zickzack teilweise steil bergab zur **Bushaltestelle „Allerheiligen"** 7 (Busverbindung nach Oppenau).

Wir queren die Straße und folgen dem „R/S"- Zeichen des Seensteigs bergab über die Lierbachbrücke zur mächtigen Klosterruine **Allerheiligen** 8 (Einkehrmöglichkeit im Restaurant „Kloster Allerheiligen"). Ein kleines Museum bringt uns die Geschichte des Klosters näher. Wir laufen rechts an der Ruine vorbei zum nächsten Wegweiser und biegen links

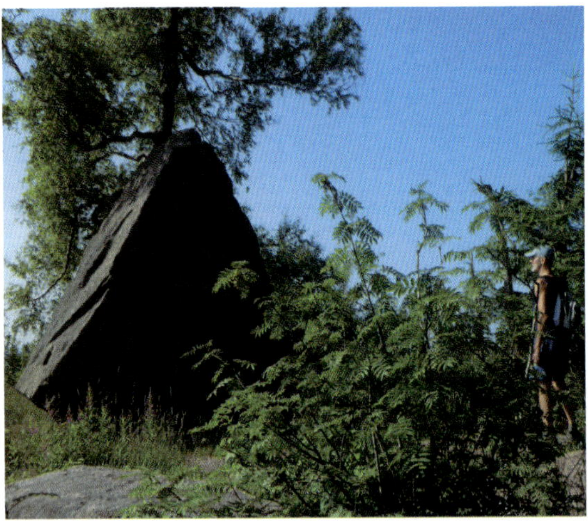

Denkstein auf dem Weg zum Schliffkopf

Klosterruine Allerheiligen

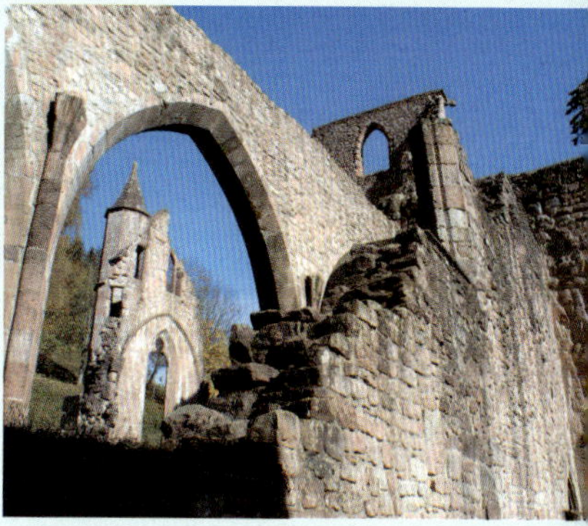

Oberhalb der gleichnamigen Wasserfälle des idyllischen Lierbachtals lässt sich die frühgotische Klosterruine Allerheiligen bestaunen. Nachdem Allerheiligen ursprünglich von Uta von Schauenburg zwischen 1191 und 1196 als Ordenskloster der Prämonstratenser gegründet wurde, wurde es eine Zeit lang als Wallfahrtsort genutzt, 1657 zur Abtei ernannt und 1802 von Markgraf Karl Friedrich von Baden säkularisiert. Unglücklicherweise wurde das aus Buntsandstein erbaute Kloster jedoch 1804 durch einen Blitzeinschlag fast vollständig zerstört. Lediglich Teile des Langhauses, der Vorhalle sowie Reste der Sakristei und des Kreuzgangs blieben der Nachwelt erhalten. Mittlerweile wurde unterhalb der Klosterruine im einstigen Gesindehaus ein Informationszentrum errichtet.

Allerheiligen-Wasserfälle

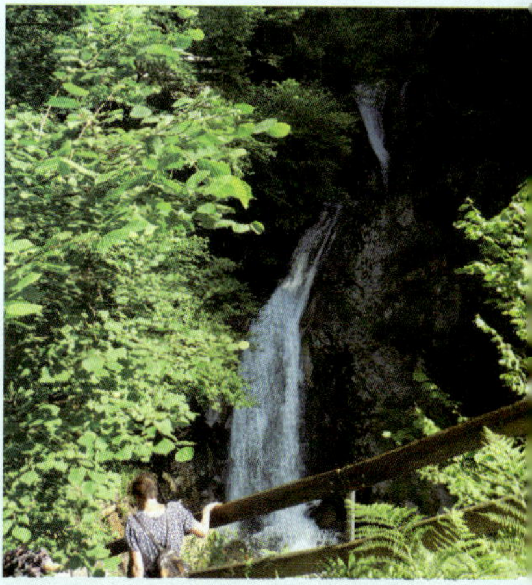

Inmitten der Gebirgslandschaft zwischen Schliffkopf, Hundskopf und Schwabenkopf befinden sich die knapp 90 Meter hohen Allerheiligen-Wasserfälle. Mit ihren 7 Kaskaden gehören sie zu den höchsten und zweifelsohne auch zu den atemberaubendsten Wasserfällen, die der Schwarzwald zu bieten hat. Zum Publikumsmagneten wurden die Wasserfälle im Jahr 1840 durch die Errichtung eines Besucherweges mit Treppen und Brücken, der es fortan ermöglichte, dieses Naturspektakel aus der Nähe zu bestaunen. Ihre Anziehungskraft haben die Allerheiligen-Wasserfälle bis heute beibehalten. So ziehen sie, vor allem in der warmen Jahreszeit, zusammen mit der nahegelegenen Klosterruine Allerheiligen, zahlreiche Besucher aus Nah und Fern an.

ab auf den Lierbach-Talweg („Wasserfälle 2,4 km"). Auf viel begangenem Weg gelangen wir zum nächsten Wegweiser. Nun folgen wir bis zum Ziel der blauen Raute und den Schildern „Oppenau" zum oberen Einstieg der berühmten **Allerheiligen-Wasserfälle** 9.

Auf gut abgesichertem Steig gehen wir über viele Stufen neben den eindrucksvollen Wasserfällen hinab und marschieren weiter der blauen Raute nach zum großen Parkplatz (Bushaltestelle) und weiter Richtung Oppenau auf schönen Pfaden talabwärts bis zum Wegweiser „Haus Wasserfall", wo wir links abzweigen. Im Gegensatz zu den zuvor bestaunten Wasserfällen bietet der nachfolgende Lierbach-Talweg seinen Besuchern, von gelegentlichem Motorradlärm abgesehen, eine wesentlich ruhigere Kulisse. Entlang der Markierungen marschieren wir auf den heimeligen Pfaden und Waldwegen durch das liebliche **Lierbachtal**. Beim Gasthaus „Blume" 10 (Einkehrmöglichkeit, Bushaltestelle) geht es links und gleich wieder rechts weiter am Freizeitheim „Taube" vorbei (Bushaltestelle). Bald überqueren wir auf unserem Weg die Straße, wenig später öffnet sich ein schöner Blick auf Oppenau. Beim nächsten Wegweiser 11 bleiben wir geradeaus („Oppenau Bhf. 1,4 km"), marschieren auf aussichtsreichem Panoramaweg zum nächsten Wegweiser, biegen scharf links ab und gelangen hinab nach **Oppenau**. Bei der Kirche schwenken wir nach links („Bahnhof 0,6 km"), beim Pavillon rechts in die Poststraße und gelangen halbrechts auf der Bahnhofstraße zum Bahnhof 12.

Sprungschanze beim Ruhestein

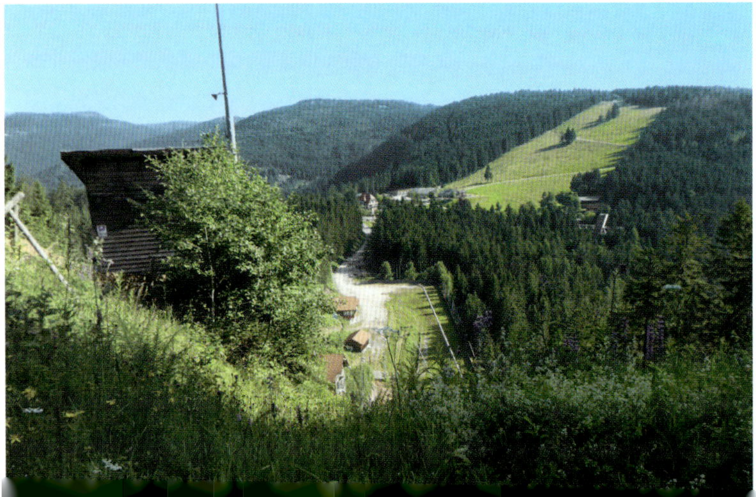

Oppenau

Schon früh siedelten Menschen in dem Gebiet, wo die Flüsse Rench und Lierbach zusammentreffen. Somit entstand im Renchtal das beschauliche Städtchen Oppenau, das sich in mehrere, mitunter weit verstreute Ortsteile in verschiedenen Höhenlagen unterteilt und an dessen Ortsrand der talwärts, durch das jahrhundertealte Lierbacher Tor fließende Lierbach in die Rench mündet. Als Grundstein des Schwarzwaldtourismus gilt der Oppenauer Ortsteil Lierbach. Dieser erreichte dank seiner Wasserfälle und der frühgotischen Klosterruine überregionale Bekanntheit und zieht, insbesondere im Sommer, geschichtsbegeisterte und wanderfreudige Besuchergruppen an. Für herbstliche Wanderausflüge ist hingegen der aufgrund der hier endenden Nebeldecke sehr sonnige Ortsteil Ramsbach zu empfehlen. Wer den zentralsten Punkt der Region Baden besuchen möchte, dem sei der Stadtteil Maisach mit seinem Turmsteig und Buchkopfturm ans Herz gelegt. Wer hingegen an Ferien auf einem Bauernhof interessiert ist, wird in Ibach fündig, das für den Almbader, den Löcherberg sowie den hier heimischen Auerhahn bekannt ist.

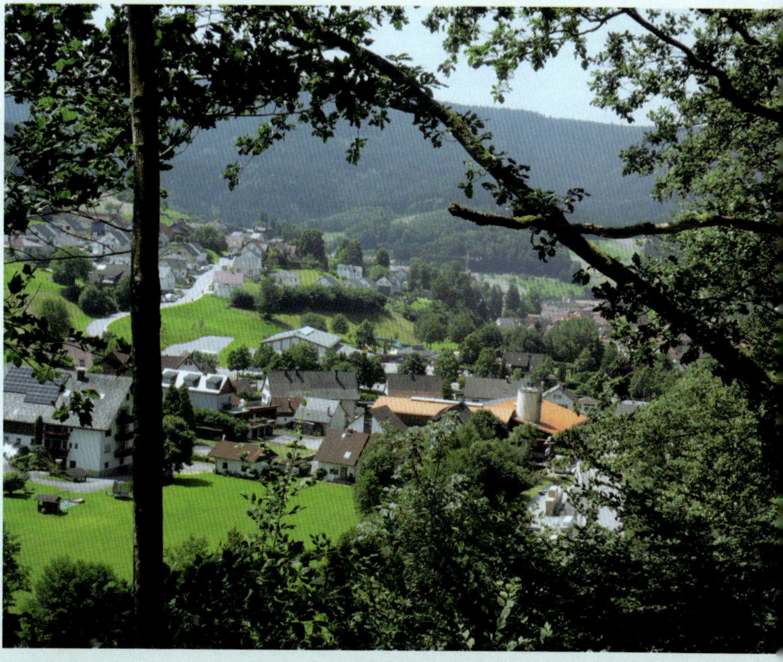

Sieben-Felsen-Wanderung vom Renchtal ins Achertal

Von Oberkirch über Schauenburg und Blaubronn nach Kappelrodeck

17

4 / 4¾ Std.

14 / 17 km

600 Hm

Oberkirch – Ruine Schauenburg – Simmersbacher Kreuz – Blaubronn – Kappelrodeck

anspruchsvolle Wanderung mit einem längeren Anstieg zu Beginn und zwei kürzeren Steilanstiegen; der Felsenweg erfordert gute Trittsicherheit und festes Schuhwerk

Altstadt von Oberkirch; Ruine Schauenburg mit Simplicissimus-Kunstpfad; Husarendenkmal; Felsenweg mit aussichtsreichen Felsen und mehreren Schautafeln

Eine Wandertour der Superlative: Eine schmucke Altstadt zu Beginn, eine romantische Burgruine, herrliche Waldpfade und last but not least der einmalig schöne Felsenweg mit wunderbaren Aussichtspunkten lassen sicher jedem ambitionierten Wanderer das Herz aufgehen! Allerdings sollte man die Tour nicht unterschätzen: Ein gerütteltes Maß an Kondition für rund 600 Höhenmeter im An- und Abstieg sowie gute Trittsicherheit für einige steile und steinige Abschnitte sollte man schon mitbringen.

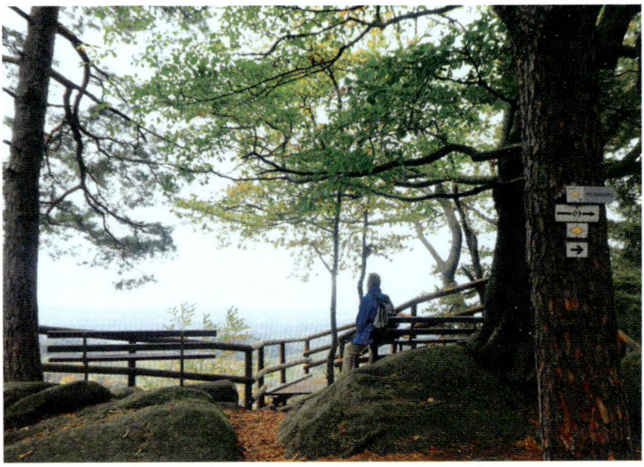

Auf dem Bürstenstein

Vom Bahnhof Oberkirch 1 aus gehen wir auf der Bahnhofstraße an schönen Fachwerkhäusern vorbei in den Ort hinein, beim Gasthof „zur Sonne“ rechts in die Hauptstraße, nach 100 Metern links ab, folgen nun der blauen Raute („Schauenburg 2 km“) am Stadtgarten vorbei bis zu den letzten Häusern, geradeaus zum Parkplatz „P2“ und biegen links und gleich wieder rechts ab auf einen unmarkierten Pfad.

Er führt uns an einer Relieftafel mit der Sage von „der weißen Frau“ vorbei wieder zur Straße, auf ihr gehen wir links, nun auf dem **Simplicissimus-Kunstpfad** (mit mehre-

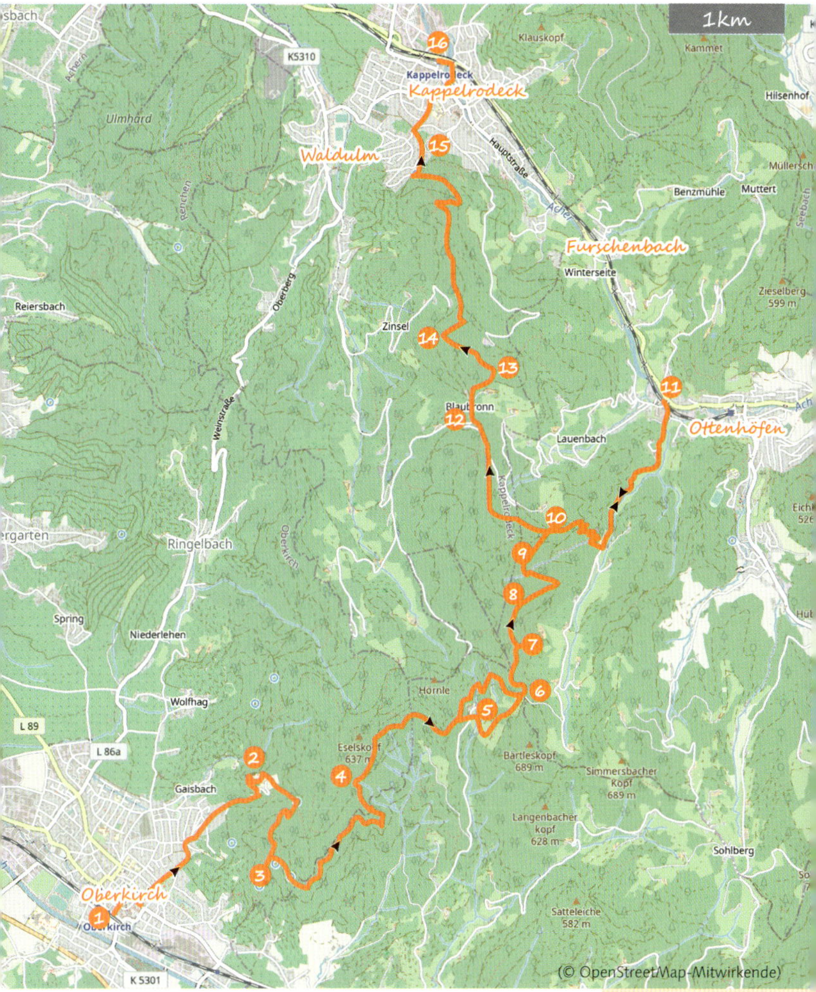

ren Bildern, die Oberkircher Künstler, inspiriert von Versen des Simplicissimus, gemalt haben) hinauf zur aussichtsreichen Ruine **Schauenburg** 2.

Wir gehen rechts ein paar Meter an der Burgmauer entlang, links durch das Tor, in einem Linksbogen um die Burg herum durch ein weiteres Tor und gelangen kurz nach der **Burgwirtschaft** zum nächsten Wegweiser. Nun geht es nach rechts ein Stück auf dem **Renchtalsteig** weiter

Burgwirtschaft Schauenburg (Di–So); Vesperstube Fiesemichel (Do–So); Kappelrodeck

INFOS

Freizeitkarte 1:50 000 des LGL BW, Blatt F503; Wanderkarte 1:35 000 des LGL BW, Blatt „Renchtal/ Ortenau"; Wanderkarte 1:25 000 des LGL BW, Blatt „Achern"

www.oberkirch.de; www.schauenburg.de; www.fiesemichel.de; www.achertaeler-eisenbahnverein.de; www.kappelrodeck.de

Anfahrt: mit der Bahn nach Appenweier und weiter mit dem Regionalzug nach Oberkirch Bhf. Rückfahrt: ab Kappelrodeck mit der Regionalbahn nach Achern

48.52916, 8.07744

(Markierung „R/S", „Schwalbenstein 1 km"), auf aussichtsreichem Weg (gleichzeitig Waldlehrpfad) bergan, beim folgenden Wegweiser halbrechts („Schwalbensteinhütte 0,5 km") der gelben Raute sowie den Schildern des Waldlehrpfades nach zur Schwalbensteinhütte und geradeaus weiter zum **Husarendenkmal** auf dem **Schwalbenstein** 3.

Wir laufen zur Hütte zurück und folgen nun für die nächste Dreiviertelstunde dem Renchtalsteig („Burgerwald 1,5 km"): rechts und sofort wieder links ab auf einem schönen Waldpfad, an einem Aussichtsfelsen mit kleinem Rastplatz vorbei, immer dem Zeichen „R/S" nach, bald steil bergan zum **Dilgerbrunnen** 4, rechts und gleich wieder halblinks („Simmersbacher Kreuz 2 km") noch etwas bergan und dann auf breitem Forstweg sanft bergab. Bei der nächsten Verzweigung halten wir uns links (Vorsicht, missverständliche Markierung!), verlassen beim nächsten Wegweiser „Mühlebur" den Renchtalsteig und folgen der blauen, später gelben Raute geradeaus Richtung Simmersbacher Kreuz. Wenn wir beim Fiesemichel 5 einkehren wollen, halten wir uns beim Wegweiser „Fiesemichel" schwach rechts, ansonsten bleiben wir geradeaus. Beide Wege vereinen sich wieder beim **Simmersbacher Kreuz** 6. Die Hälfte des Weges ist geschafft, Bänke und eine kleine Hütte laden zur Rast ein.

Nun geht es der blauen Raute und den Schildern „Kappelrodeck" nach: beim nächsten Wegweiser geradeaus zum **Rappenschrofen** 7, der rechts vom Weg liegende

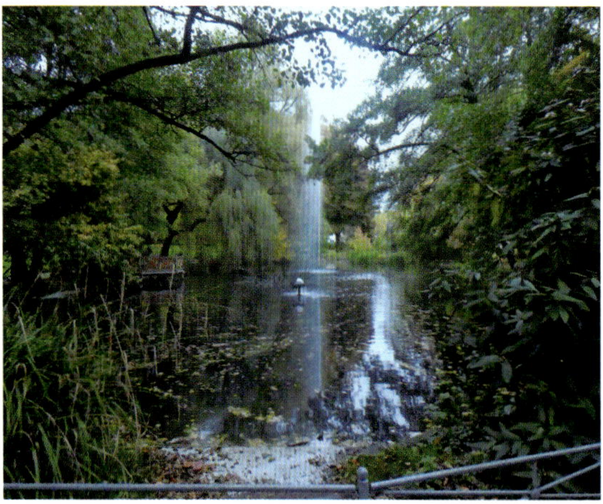

Im Stadtgarten von Oberkirch

Schauenburg

Im Renchtal des 11. Jahrhunderts ließ Herzog Berthold II. von Zähringen auf einem Granitvorsprung in einer Höhe von 397 Metern die Schauenburg errichten. Der weitere Ausbau erfolgte im Jahr 1200. Bemerkenswert ist hierbei, dass sie mit Elementen einer Hoch- und einer Tiefburg (Schutzwall gegen Osten und Burggraben im Westen) ausgestattet wurde. Die Schauenburg war Teil eines Burgensystems zur Verteidigung der Schwarzwaldübergänge gegen feindliche Angriffe. Sie selbst diente der Sicherung der West-Ost-Verbindung von Straßburg über das Renchtal, den Kniebis, Freudenstadt und das Neckartal bis nach Schwaben.

Obwohl sie aus heutiger Sicht als eine der optisch ansprechendsten Burgen des 13. Jahrhunderts gilt, entwickelte sie sich vom 16. Jahrhundert bis 1730 zu einer Ruine. Dieser Verfall endete, als Emil von Schauenburg (1826-1908) die Schauenburg sowie das Schloss Gaisbach (das heute von seinen Nachfahren bewohnt wird) wiederaufbauen ließ. Ab 1975 übernahmen der vom Stadtrat Rudolph Zillgith gegründete „Förderverein zur Erhaltung der Ruine Schauenburg e.V." und seine freiwilligen Unterstützer die anspruchsvolle Aufgabe, die Burgruine weiterhin für die Nachwelt zu bewahren. Dazu gehörte etwa, die Bausubstanz zu erhalten und von Efeu zu befreien.

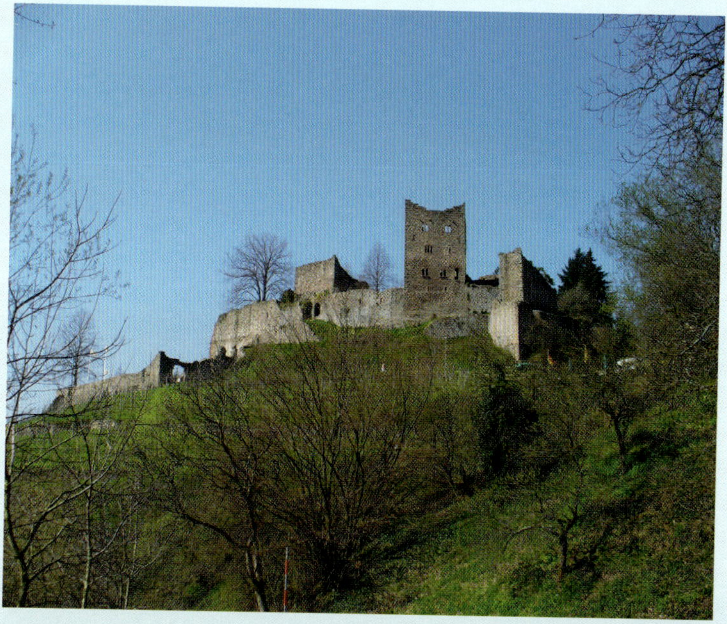

Felsen ist auf einem kleinen Steig erreichbar. Hier beginnt das schönste Teilstück unserer heutigen Wanderung, auch als „**Felsenweg**" beschildert. Mehrere Schautafeln erklären die geologischen Besonderheiten der Felsen. Wir biegen rechts ab und wandern nach einem kurzen Stück Forstweg auf einem wunderbaren, alpin angehauchten steinigen Pfad über den Grat des **Breitenfelsen** 8, dann steil

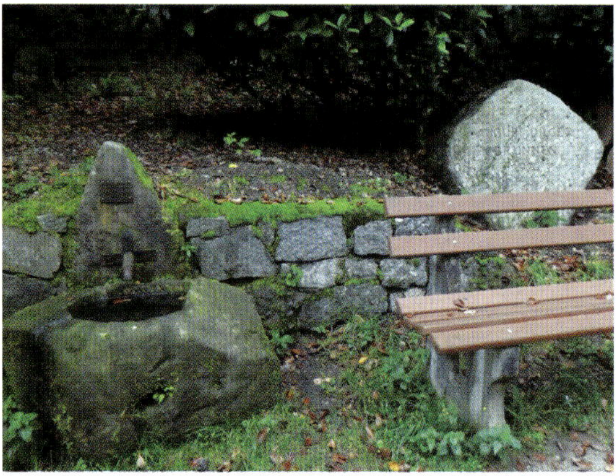

Dilgerbrunnen

Die Geschichte von Kappelrodeck

Kappelrodeck wurde 1349 erstmals urkundlich als „A Capelle apud Rodecke" in einem Vertrag des bischöflichen Gerichts in Straßburg über ein Grundstücksgeschäft erwähnt. Auch wenn dies nicht mehr belegt werden kann, so wird vermutet, dass der Ort bereits in der Römerzeit existiert haben dürfte. Über die Jahrhunderte überdauerte Kappelrodeck mehrere Wechsel der Landesherrschaft: Nachdem das Kloster St. Georgen zu Beginn des 14. Jahrhunderts seinen Gutsbetrieb an den Bischof von Straßburg verkaufte, wurde Kappelrodeck zu einem von insgesamt 6 fürstbischöflichen Gerichtsbezirken und wurde bis zur Übernahme durch das neuentstandene Großherzogtum Baden 1803 beinahe ein halbes Jahrhundert lang vom Erzbistum Straßburg regiert. Noch bekannter als seine bewegte Geschichte dürfte allerdings Kappelrodecks Bedeutung als Weinbauort sein. Bekannte Rebsorten der Weinbauregion Ortenau sind der „Waldulmer Rote" und die „Hex vom Dasenstein" – letztere verdankt ihren Namen einer alten regionalen Sage. So soll das Rodecker Burgfräulein nach seiner Vertreibung aus der Burg Zuflucht auf dem Dasenstein gefunden und dort fortan Wein angepflanzt haben.

hinab und nach links auf wieder bequemerem Weg am **Spitzfelsen** 9 vorbei zum nächsten Wegweiser. Empfehlenswert ist an dieser Stelle ein kleiner Abstecher zum 200 Meter entfernten **Sesselfelsen** 10, einem herrlichen Aussichtspunkt mit Gipfelkreuz. Zurück zum Wegweiser, nun haben wir die Wahl: entweder der blauen Raute folgend zum 3 Kilometer entfernten Bahnhof **Ottenhöfen** 11 oder etwa 3 Kilometer weiter (aber schöner): links ab (gelbe Raute, „Kappelrodeck 5,5 km") auf breitem Weg an einem Grillplatz vorbei zur Höhensiedlung **Blaubronn** 12. Wenn sich der Weg verzweigt, ist der rechte Weg zu nehmen („Stierfelsen 0,4 km"), vorbei an einem „Schnapsbrunnen"-Hinweisschild, dann steigen wir noch etwas an und wandern, immer der Markierung folgend, am **Stierfelsen** 13 vorbei, steil bergab zum **Bürstenstein** 14, der ebenfalls einen sagenhaften Ausblick bietet. Beim nächsten Wegweiser biegen wir links ab („Kappelrodeck 3 km") und folgen den Schildern hinab nach **Kappelrodeck**. Wir laufen unterhalb an **Schloss Rodeck** 15 vorbei zum Wegweiser „Scheuerhof", biegen rechts ab, folgen nun den Symbolen des Ortenauer Weinpfades durch den Ort zum Wegweiser „Venedig" und gelangen links nach wenigen Metern zum Bahnhof 16.

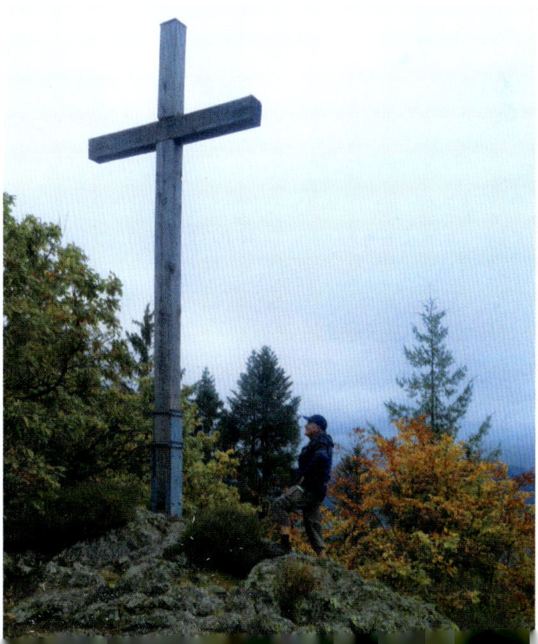

Auf dem Sesselfelsen

Vier Kapellen, ein Schnapsbrunnen und ein Schloss

Von Oberkirch über den Geigerskopf und Schloss Staufenberg zurück nach Oberkirch

18

4 / 4½ Std.

15 / 16 km

430 Hm

Oberkirch – Geigerskopf – Brandstetter Kapelle – Schloss Staufenberg – St.-Wendelin-Kapelle – Oberkirch

zu Beginn teilweise steiler Anstieg bis zum Geigerskopf, danach wenig anstrengende Wanderung mit kleineren An- und Abstiegen

mehrere Bergkapellen; Schloss Staufenberg; Geigerskopf mit Aussichtsturm; Oberkirch (Altstadt mit Bachanlage)

Hummelswälder Hof; Weinstube Schloss Staufenberg; Oberkirch

Auf unserer Wanderung lernen wir die sonnenverwöhnte Ortenau mit ihren Obstgärten, Weinbergen und schmucken Ortschaften kennen. Ausgangs- und Zielpunkt ist die hübsche Wein- und Obstbaugemeinde Oberkich (siehe auch Tour 4). Die leichte Wanderung – bis auf einen kurzen steileren Anstieg zu Beginn gibt es nur wenige Steigungen – ist zu jeder Jahreszeit möglich, auch im Winter, wenn der Schnee nicht allzu hoch liegt, denn der höchste Punkt liegt nur knapp 400 Meter über dem Meeresspiegel. Am schönsten ist die Tour im Frühjahr zur Baumblüte oder im Herbst zur Zeit der Weinlese oder auch, wenn die Edelkastanien reif sind. Auf etwa halber Strecke erreichen wir das für seine Weine berühmte Schloss Staufenberg. An heißen Tagen empfiehlt sich die Wanderung weniger, da sie über weite Strecken kaum Schatten bietet.

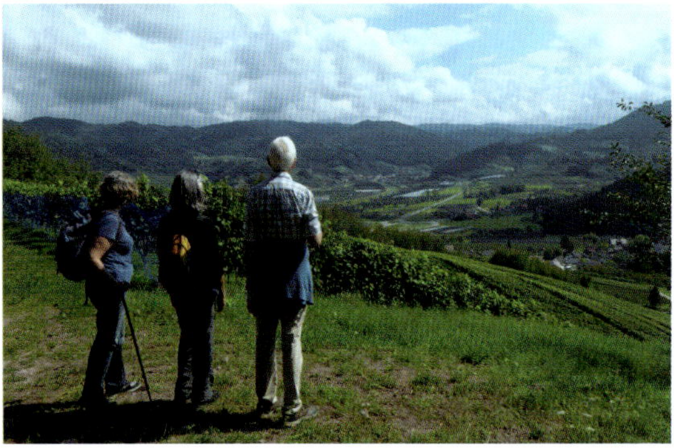

Blick von der Albersbacher Höhe ins Renchtal

Vor dem Oberkircher Bahnhof 1 halten wir uns rechts, nach 100 Metern nochmals rechts und gehen über den Bahnübergang und die Renchbrücke. Nun folgen wir für die nächste Stunde der gelben Raute und den Wegweisern „Geigerskopfturm“: geradeaus auf der Oberdorfstraße, rechts in die Wilhelm-Emanuel-von-Ketteler-Straße, rechts in die

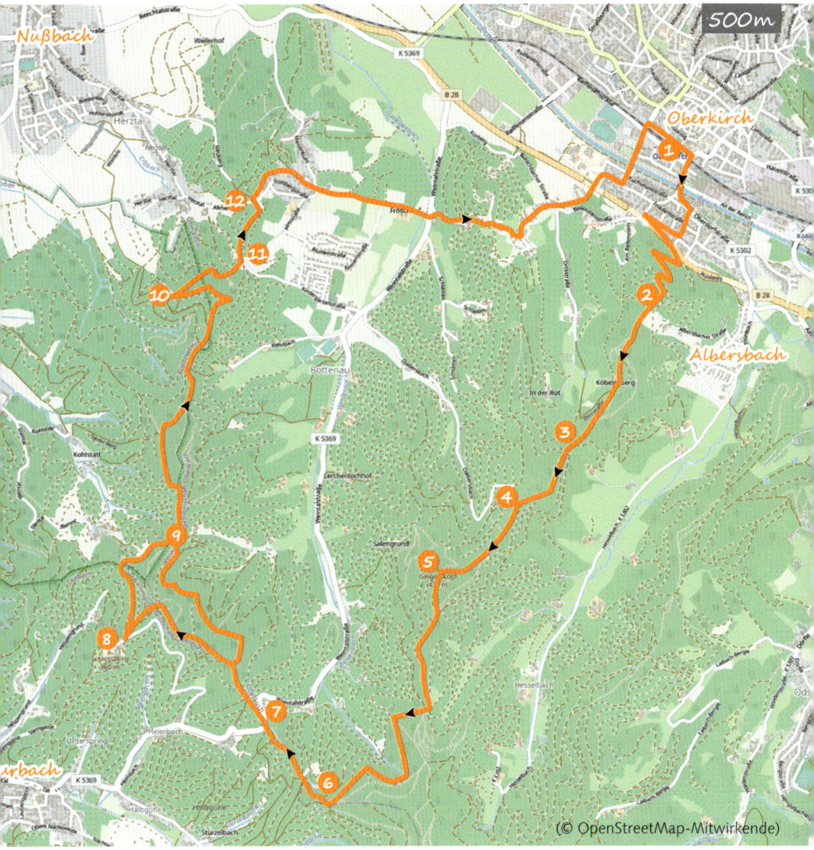

Heimkehrerstraße, beim Hotel „Renchtalblick" zweimal links, dann biegen wir nach 300 Metern rechts ab auf einen Waldpfad. Im Zickzack geht es durch den Wald recht steil bergan zur **Albersbacher Höhe** 2 und weiter bergan durch den Wald zum Waldrand. Weiter unserem Zeichen nach, nun auch als „**Oberkircher Brennersteig**" markiert, durch Weinberge zum **Köbelesberghof** 3 mit einem Schnapsbrunnen zur Selbstbedienung. Wir wandern weiter auf aussichtsreichem Weg zum Busseck 4 und gelangen wenig später zum **Geigerskopf** 5 mit seinem luftigen Aussichtsturm, dem mit 435 Metern höchsten Punkt unserer Wanderung. Bei klarer Sicht können

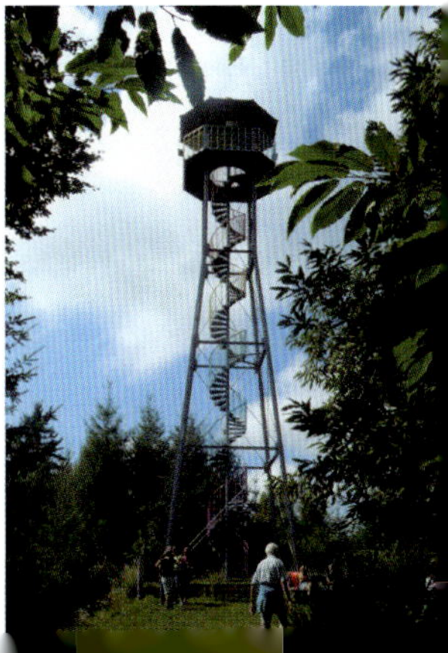

wir von der Plattform aus eine herrliche Aussicht auf die Rheinebene und die Vogesen genießen.

Wir marschieren weiter der gelben Raute nach auf schmalem Weg bergab und weiter auf breitem Forstweg zum Wegweiser „Schafhofhöhe", biegen links ab („Hummelswald 1,2 km"), halten uns ein paar Meter weiter links und gelangen zum Waldrand mit schönem Blick auf Schloss Staufenberg. Hier verlassen wir vorübergehend die Markierung, schwenken nach links und wandern auf einem gemütlichen Forstweg bis zu einem Querweg am Waldrand und auf ihm nach rechts zum nächsten Wegweiser. Wir bleiben geradeaus und folgen den Zeichen des **Renchtalsteiges** („Brandstetter Kapelle 0,6 km"). Bei der nächsten Kreuzung kann man mit einem kurzen Abstecher nach rechts zum **Hummelswälder Hof** 6 (Einkehrmöglichkeit) gelangen, geradeaus geht es aussichtsreich weiter zur **Brandstetter Kapelle** 7.

Wir queren die Landstraße und wandern zum nächsten Wegweiser. Nun haben wir zwei Möglichkeiten: Wenn wir das **Schloss Staufenberg** 8 besuchen wollen, folgen wir weiter dem Renchtalsteig geradeaus, biegen vor dem Schloss scharf rechts ab und wandern zum Schwarzen Kreuz. Im anderen Falle biegen wir rechts ab und folgen der gelben Raute auf direktem Weg zum **Schwarzen Kreuz** 9 mit Schutzhütte und kleinem Rastplatz. Nun orientieren wir uns bis zum Ziel an den Wegweisern und der blauen Traube des **Ortenauer Weinpfades** („Oberkirch 6 km"): immer im leichten Auf und Ab zum nächsten Aussichtspunkt „Rohrbacher Eck", an einer kleinen, herrlich gelegenen Waldkapelle vorbei und durch den Wald bergab zum Aussichtspunkt **„Münsterblick"** 10. Wir halten uns scharf rechts und marschieren an einer Mariengrotte vorbei zur **Judas-Thaddäus-Kapelle** 11. Das Glockentürmchen der Kapelle ziert die Figur des heiligen Wendelin (Schutzpatron der Hirten und Bauern). Ein besonderes Ereignis ist die alljährlich Mitte Oktober stattfindende Reiterprozession zur Wallfahrtskapelle, wo die Pferde gesegnet werden.

Wir biegen links ab („Oberkirch 3,5 km") und marschieren an der **St.-Wendelin-Kapelle** 12 vorbei durch **Meisenbühl** (Einkehrmöglichkeit im Gasthaus „Rebstock"), queren eine Landstraße und folgen der blauen Traube nochmals bergan durch Streuobstwiesen, über eine Anhöhe und auf eine Straße hinab nach **Oberkirch** und nach der Renchbrücke und dem Bahnübergang rechts zum Bahnhof 1.

INFOS

Freizeitkarte 1:50 000 des LGL BW, Blatt F50; Wanderkarte 1:35 000 des LGL BW, Blatt „Renchtal/Ortenau"; Wanderkarte 1:25 000 des LGL BW, Blatt „Achern"

www.oberkirch.de; www.hummelswaelder-hof.de; www.schloss-staufenberg.de

Anfahrt: mit der Bahn nach Appenweier und weiter mit dem Regionalzug nach Oberkirch Bhf.; mit dem Auto: bis Oberkirch, in Bahnhofsnähe gibt es genügend Parkplätze

48.52928, 8.07739

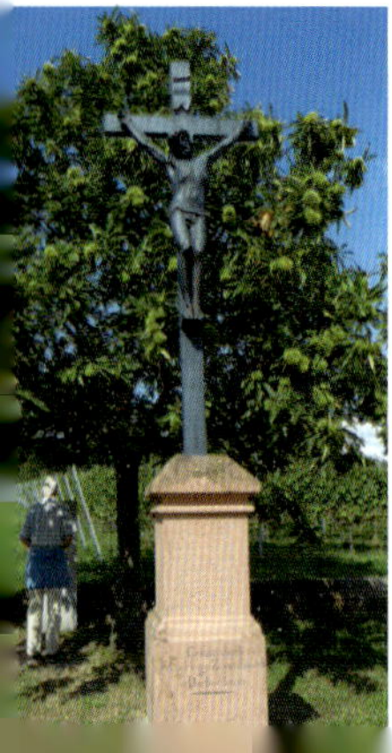

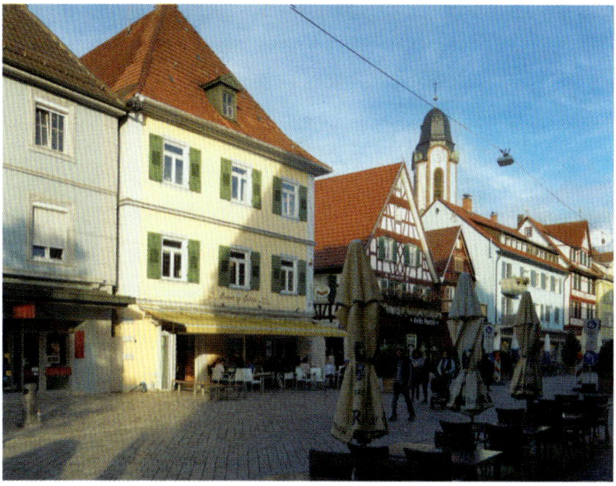

Stadtszene von Oberkirch

Schloss Staufenberg, die Markgrafen und der Weinbau

Das heute fast 1000 Jahre alte Schloss Staufenberg wurde einst im 11. Jahrhundert von den Ahnen der Markgrafen von Baden, dem Adelsgeschlecht der Zähringer, gebaut. Es befindet sich auf dem über 380 Meter hohen Staufenberg (von althochdeutsch Stauf: „kegelförmiger Berg"), der ihm als Namensgeber diente.
Der Weinbau am Staufenberg ist Teil seiner Geschichte: Erste Belege stammen aus dem Jahr 1366, aber es ist wahrscheinlich, dass hier bereits vor Errichtung der Burg Weinreben kultiviert wurden. Die Entwicklung des badischen Weinanbaus ist eng mit seiner Prägung durch die Markgrafen verbunden: Das erste Weinbaugesetz aus dem Jahr 1495 ist auf Christoph Markgraf von Baden zurückzuführen, der erste sortenreine Weinanbau in Baden hingegen auf den Markgrafen und späteren Großherzog Karl Friedrich von Baden. Letzterer begann 1782 erstmals mit dem Anbau von Riesling in Reinkultur auf dem sogenannten „Klingelberg". Der „Klingelberger Riesling" ist bis heute eine über die Ortenau hinaus bekannte und hochgeschätzte Weißweinsorte.
Die Burg Staufenberg wurde im Dreißigjährigen Krieg stark geschädigt und zur Zeit des Sonnenkönigs Ludwig XIV. von französischen Angreifern geplündert. Der fehlende Zugang zu Trinkwasser führte jedoch dazu, dass Staufenberg nicht wie geplant von den Franzosen als Festung genutzt wurde. Stattdessen kaufte das Patenkind des Sonnenkönigs, nämlich der auch als „Türkenlouis" bekannte Ludwig Wilhelm Markgraf von Baden, die Burg und führte sie wieder in den Besitz seiner Familie zurück. Durch eine Restaurierung wurde die im Laufe der Jahrhunderte recht mitgenommene Burg im Jahr 1832 zum Schloss ausgebaut. Geprägt durch die damalige Stilrichtung der Romantik erhielt das Schlossgut seine heutige Optik.

Auf den Spuren der schönen Melusine

Auf dem Rundweg „Durbacher Weinpanorama"

19

4½ Std.
15 km
400 Hm

Festplatz Durbach – Durbachtalweg – Hummelswald – Schloss Staufenberg – St. Anton – Durbach

mittelschwere Wanderung, teilweise recht anstrengend durch viele kurze und manchmal steile An- und Abstiege

Durbachtalweg; Wein- und Heimatmuseum Durbach; Brandstetter Kapelle

Hummelswälder Hof; Schloss Staufenberg; Durbach

Der Rundweg „Durbacher Weinpanorama" macht seinem Namen alle Ehre: in stetigem Auf und Ab geht es durch die Weinberge, in denen dank der günstigen Südhanglage und der felsigen Granitverwitterungsböden weltberühmte Spitzenweine gedeihen, allen voran der hier beheimatete „Klingelberger". Auch bieten die namensgebenden Panoramen des Rundwegs Wanderfreunden unzählige Aussichtspunkte mit herrlichen Ausblicken auf das Durbachtal und die Rheinebene. Die Wegführung ist teilweise identisch mit dem neu angelegten Sagenrundweg „Melusine", er ist ungefähr halb so lang wie der Panoramaweg, bei meiner Begehung war er allerdings noch nicht fertiggestellt. Und wer weiß, vielleicht begegnen die Wanderer ja der schönen Melusine, die hier in den Wäldern und Weinbergen leben soll …

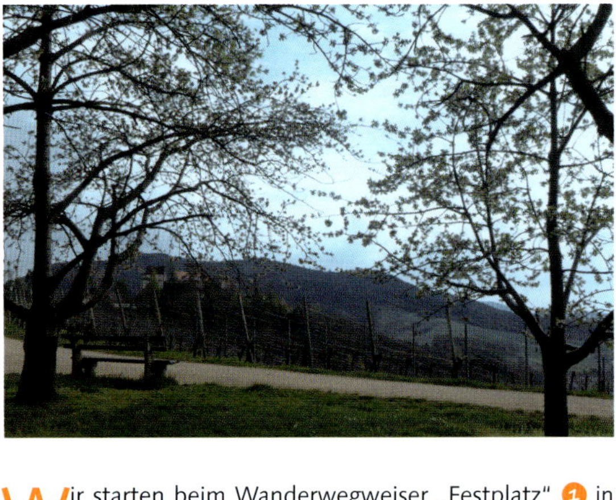

Blick von Illental auf Schloss Staufenberg

Wir starten beim Wanderwegweiser „Festplatz" 1 in unmittelbarer Nähe der Bushaltestelle und folgen nun den Wegweisern des Durbacher Weinpanoramas („Durbach Ortsmitte 0,4 km"), sie werden uns auf der gesamten Wanderung begleiten. Nun geht es ein Stück auf der Straße entlang zum Wegweiser „Durbach Grol" 2, wo wir den **Orte-**

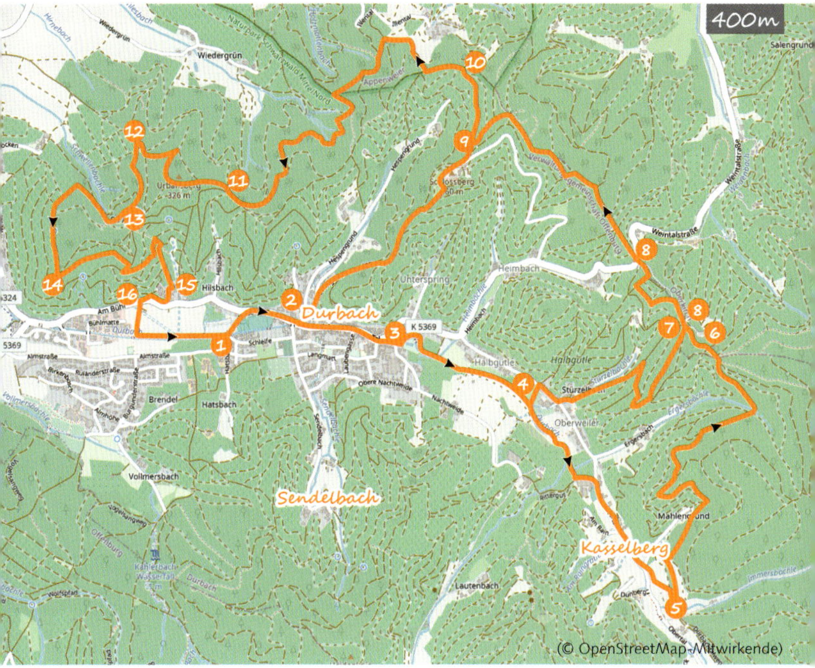

nauer Weinpfad (siehe auch Touren 3 und 4) kreuzen, nun auch den Schildern des **Sagenrundwegs „Melusine“** nach. Beim **Wein- und Heimatmuseum** 3 wechseln wir auf die andere Bachseite und wandern auf dem idyllischen **Durbachtalweg** zum Wegweiser „**Rebstock**“ 4 (Einkehrmöglichkeit). Wenn wir abkürzen wollen, folgen wir dem Sagenrundweg und der gelben Raute nach links auf direktem Weg zum Hummelswald und lesen im nächsten Absatz weiter. Im anderen Falle gehen wir geradeaus weiter durch einen Sägewerksbetrieb, queren die Straße und biegen beim nächsten Wegweiser scharf links ab 5 („Hummelswald 4 km“). Nun geht es ein Stück bergan mit schönen Ausblicken auf das Durbachtal, dann auf Forstwegen in stetigem Auf und

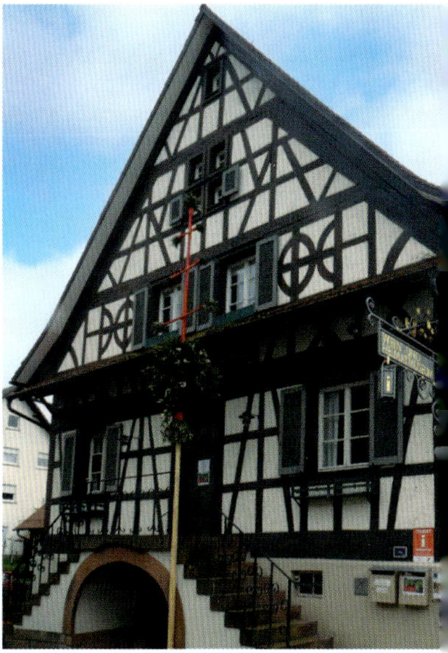

INFOS

Freizeitkarte 1:50 000 des LGL BW, Blatt F503; Wanderkarte 1:35 000 des LGL BW, Blatt „Renchtal/ Ortenau"; Wanderkarte 1:25 000 des LGL BW, Blatt „Achern"

www.durbach.de; www.hummelswaelder-hof.de; www.schloss-staufenberg.de

Anfahrt: ab Offenburg ZOB mit Bus 7142 bis Durbach Tennisplatz; mit dem Auto aus Offenburg auf der K 4369 nach Durbach, gute Parkmöglichkeit auf dem Festplatz

48.50164, 8.0284

Ab und zum Schluss steil bergan zu einer Anhöhe mit schönem Blick auf Durbach und Schloss Staufenberg und weiter zum Wegweiser „Hummelswald" 6. Hier schickt uns das Weinpanoramaschild nach links an einem hübschen Rastplatz mit Wegkreuz vorbei, dann gleich wieder rechts ab und steil bergan zu einem weiteren Aussichtspunkt und schließlich bergab zum Wegweiser **„Stürzelbacher Höhe"** 7.

Wer im **Hummelswälder Hof** 8 einkehren möchte, erreicht den Landgasthof mit einem kurzen Abstecher geradeaus. Weiter geht es, nun auch wieder den Schildern des Sagenrundweges nach, Richtung Brandstetter Kapelle auf einem Teerweg bergan. Nach 150 Metern schickt uns das Weinpanorama links durch Weinberge zur kleinen **Brandstetter Kapelle** 9, dann links weiter immer den Schildern „Schloss Staufenberg" nach, auf einem Teer- und später Schotterweg am Waldrand entlang (mit schöner Sicht auf das Schloss) und schließlich links durch Weinberge zum **Schloss Staufenberg** 10 (Einkehrmöglichkeit, siehe auch

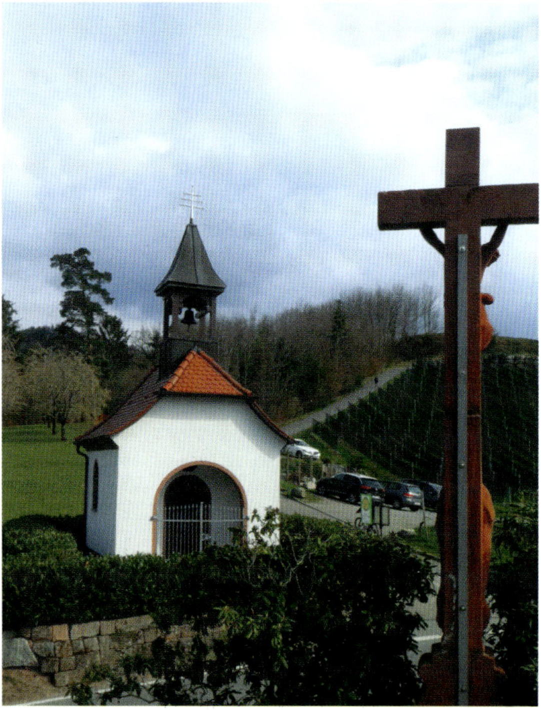

Brandstätter Kapelle

Tour 18). Auch hier können wir abkürzen und den Schildern des Sagenrundweges und des Ortenauer Weinpfades auf direktem Weg zurück nach Durbach folgen.

Wenn wir noch weiterwandern wollen, biegen wir beim Wegweiser vor dem Schloss scharf rechts ab und marschieren auf breitem Weg zu einem weiteren Aussichtspunkt beim Wegweiser „**Illental**" 11, wo uns unsere Markierung nach links schickt, beim Wegweiser „Kohlstattblick" nach

Die Sage von der schönen Melusine

Die Melusinensage entstand in jener weit zurückliegenden Zeit, in der das Schloss Staufenberg noch von den Burgherren aus dem Geschlecht der Staufenberger bewohnt wurde.
Der Legende nach soll ein Ritter namens Peter eines Tages eine junge Frau erblickt haben, die auf einem Stein saß und ihn mit ihrem lieblichen Gesang und ihrer übernatürlichen Schönheit derart betörte, dass er sich augenblicklich in sie verliebte. Die beiden fanden zueinander und begannen eine heimliche Liebschaft. Unvergänglich erschien jedoch nicht nur die Liebe zwischen den beiden: Melusine besaß mit ihrer Unsterblichkeit eine übersinnliche Fähigkeit, aus der ihr Geliebter fortan vielerlei Gewinne schlug. So profitierte Peter von Melusines Schutzkraft und galt nach kürzester Zeit als unbesiegbarer Gegner in jedem ritterlichen Wettkampf. Deswegen wurde er von seinen Mitstreitern gefürchtet und von zahlreichen Frauen begehrt.
Da Melusine jedoch keine Untreue duldete, war Peter sich dessen gewahr, dass ein Fehltritt seinerseits mit dem Tode bestraft würde. So sehr er auch um die ewige Treue bemüht war, so nahm das Schicksal seinen Lauf, als der König auf den berühmten Ritter aufmerksam wurde und ihn als Ehemann für eine seiner Verwandten auserkor. Ein derart ehrenhaftes Angebot eines mächtigen Königs auszuschlagen, das war in dieser Zeit selbst für einen hochgeachteten Ritter nur schwer möglich. Das stimmte Melusine jedoch nicht gnädig.
So verbreitete sie am Tag der Vermählung Angst und Schrecken unter den Hochzeitsgästen, als sie ein menschliches Bein durch die Decke der Räumlichkeit stoßen ließ. Der Bräutigam Peter raufte sich die Haare und beklagte sein Leid, war er sich doch darüber im Klaren, dass sein bevorstehendes Lebensende gerade besiegelt worden war. Vor seinem Tod schaffte der Bräutigam es gerade noch, eine Beichte abzulegen. Der Braut stand nun statt dem Hafen der Ehe der Weg ins Kloster bevor, die unsterbliche Melusine hingegen soll der Legende nach bis heute die Männer betören und in Gefahr bringen.

Die Kapellenruine St. Anton

Versteckt inmitten des Hardtwaldes befindet sich die Ruine der ehemaligen Kapelle St. Anton – ein verschlafenes Kleinod, das trotz seines geradezu magisch anmutenden Charmes häufig von Wandernden wie auch Einheimischen übersehen wird. Die Kapelle entstand wahrscheinlich bereits vor dem Jahr 1455 und hatte im 16. und 17. Jahrhundert eine Bedeutung als Bergarbeiterkapelle und Wallfahrtsort. Wenngleich die Truppen des Schwedenkönigs diese idyllische Eremitage während des Dreißigjährigen Krieges im Jahr 1632 zerstörten, wurde der Chorraum bis 1810 für Gottesdienste genutzt. Später verfielen und verwucherten die Trümmer der einstigen Kapelle. Bis 1994 wurde ihre Restaurierung abgeschlossen, anschließend übernahm die Familie von Urban Streif ihre weitere Pflege.

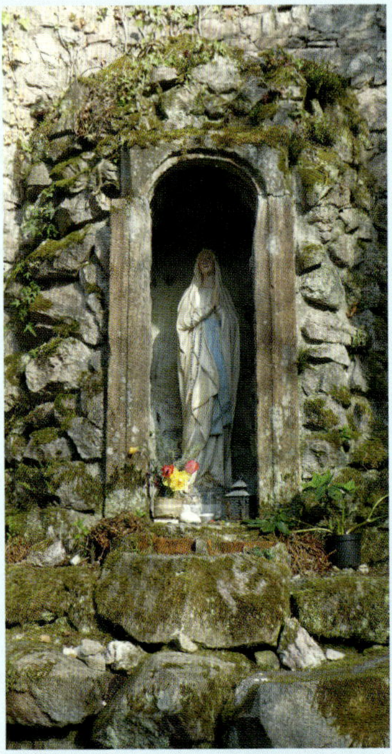

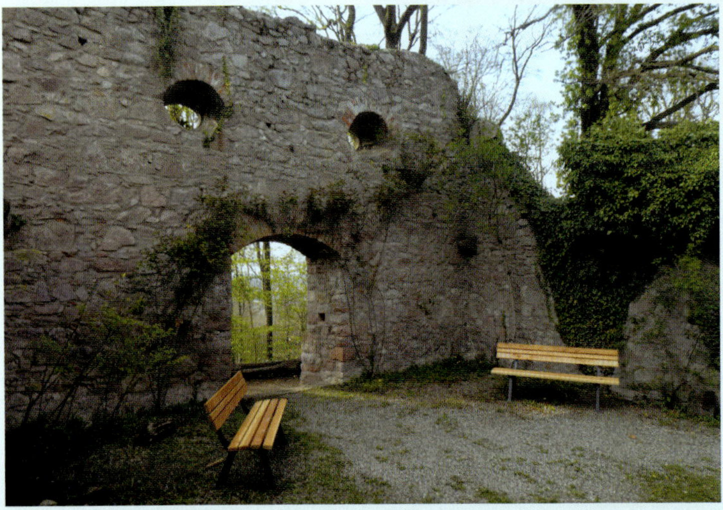

rechts bergab (mit herrlicher Aussicht) und bei der nächsten Kreuzung geradeaus, nun immer den Schildern „St. Anton“ nach. Auf Wald- und Forstwegen gelangen wir an der Sagenwegtafel „d'Schaldkärchli“ vorbei zum Aussichtspunkt „**Hilsbacher Höhe**“ 12. Auch hier kann man nochmals abkürzen und der gelben Raute nach auf direktem Weg nach Durbach wandern. Ansonsten geht es weiter auf dem Weinpanoramaweg („St. Anton 0,8 km“) bergan, beim nächsten Wegweiser rechts Richtung Maiglöckchenhütte, scharf links zu einem schönen Aussichtspunkt mit Rastplatz bei der **Maiglöckchenhütte** 13 und nochmals links auf schönem Waldpfad zur ehemaligen **Kapelle St. Anton** 14.

Nun geht es auf Fußpfaden und Wirtschaftswegen Richtung Durbach hinab zum Aussichtspunkt „**Plauelrainer Köpfle**“ 15 mit schönem Rastplatz und in der Folge, wenn unsere Markierung fehlt, der gelben Raute und der Beschilderung „Genießerpfad“ nach, bei einem Umsetzer scharf rechts und gleich wieder links durch Weinberge hinab am **Weingut Laible** 16 vorbei zur Straße, die wir etwas rechts versetzt queren, auf einem Pfad zum nächsten Wegweiser und links auf dem Durbachtalweg zum Ausgangspunkt 1.

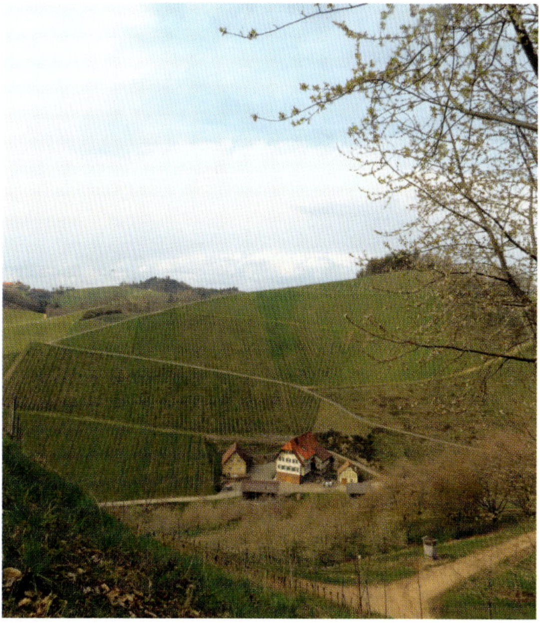

Ausblick von der Stürzelbacher Höhe

Die große Mooskopfüberschreitung

Von Ramsbach im Renchtal über den Mooskopf nach Gengenbach im Kinzigtal

20

5½ Std.

19 km

800 Hm

Ramsbach – Kalikutt – Mooskopf – Grimmelshausen-Denkmal – Scheffelweg – Gengenbach

lange und durch den langen An- und Abstieg anspruchsvolle Wanderung; einige steile und holprige Wegstücke erfordern gute Trittsicherheit und festes Schuhwerk

Ruine Bärenburg; Mooskopf mit Aussichtsturm; Grimmelshausen-Denkmal; Altstadt von Gengenbach

Kalikutt (Mo. Ruhetag im Restaurant); Gengenbach

Die Wanderung über einen der schönsten Aussichtsberge des Mittleren Schwarzwaldes zählt Dank ihrer Länge von fast 20 Kilometern und der Höhendifferenz von rund 800 Metern zu den anspruchsvollsten dieses Buches. Konditionsstarke und trittsichere Wanderer werden sicher ihre Freude an dieser Tour haben; mit einer Zwischenübernachtung im Höhenhotel „Kalikutt", das man nach etwa 5½ Kilometern erreicht, lassen sich die Tour und vor allem der lange Anstieg auch sehr gut auf 1 ½ Tage verteilen. Zielort ist die Stadt Gengenbach mit ihrem reizenden mittelalterlichen Ortskern (siehe auch *Tour 2**).*

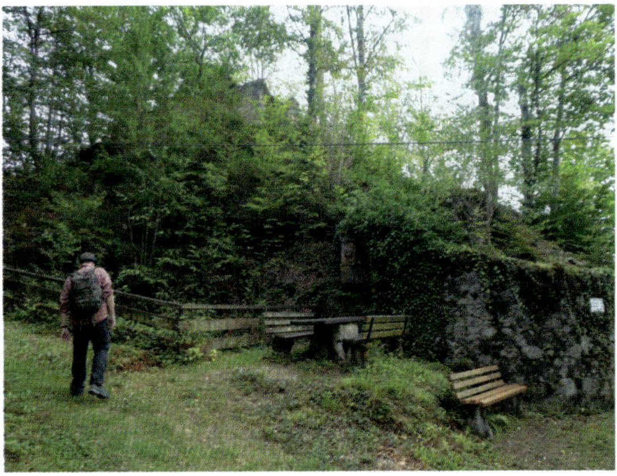

Bei der Ruine Bärenburg

Im Gipfelbereich des Mooskopfes und des benachbarten Siedigkopfes hat der Orkan Lothar am 26. Dezember 1999 schwere Verwüstungen angerichtet. Seitdem erholt sich der Wald, indem man, anstatt aufzuforsten, seine Vegetation auf natürliche Art nachwachsen lässt.

Wir laufen vom Bahnhaltepunkt 1 aus zum Bahnübergang, links durch den Ort zum Wanderwegweiser und folgen nun der gelben Raute und den Schildern „Bärenburg".

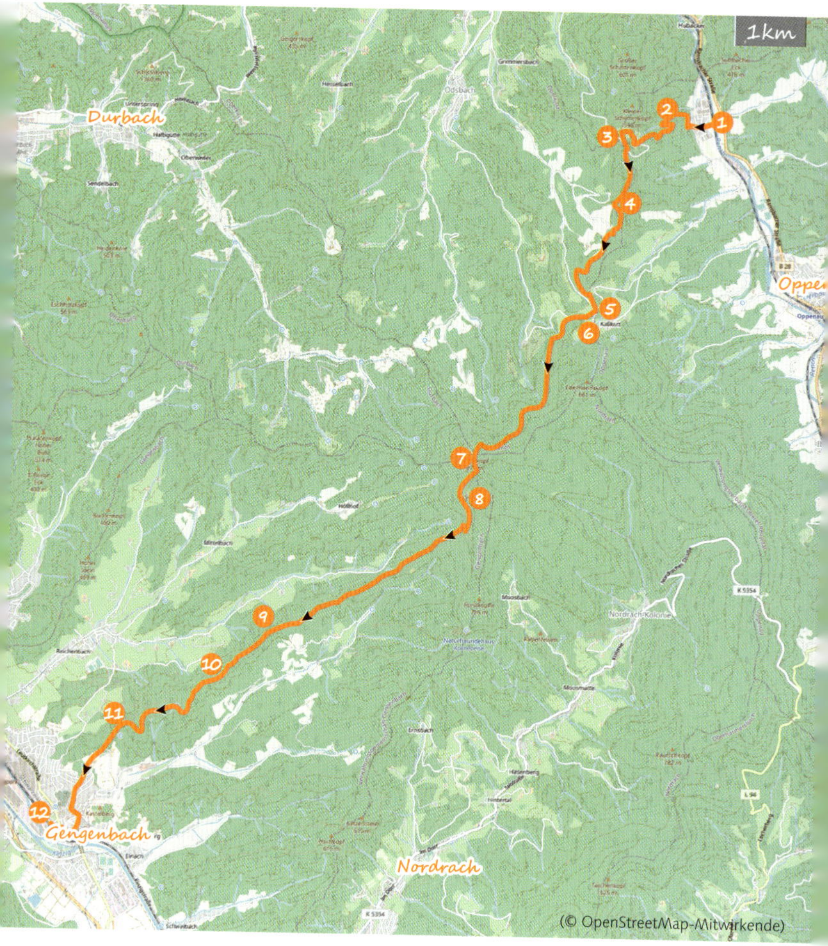

Danach wandern wir auf schönen Fußwegen steil bergan an der Wasserlecke vorbei zur Ruine **Bärenburg** 2.

Weiter geht es auf grasigem und allmählich breiterem Weg hinauf zum Otschenbauernhof und danach, immer dem Zeichen nach, zum Otschenfeld 3 auf dem Bergrücken, wo wir mit einer ansprechenden Aussicht belohnt werden. An dieser Stelle ist der erste größere Anstieg geschafft! Bei einem kleinen Rastplatz mit einem Bildstock biegen wir links ab („Kalikutt 4,0 km"), wandern auf einem abwechslungsreichen Höhenweg, queren ein Teer-

INFOS

Freizeitkarte 1:50 000 des LGL BW, Blatt F503; Wanderkarte 1:35 000 des LGL BW, Blatt „Renchtal/Ortenau"; Wanderkarte 1:25 000 des LGL BW, Blatt „Achern"

www.renchtal-tourismus.de; www.kalikutt.de; www.stadt-gengenbach.de

Anfahrt: ab Achern mit der Renchtalbahn bis Haltepunkt Ramsbach Höfle
Rückfahrt: ab Gengenbach mit dem Zug oder der S-Bahn nach Offenburg

48.49484, 8.13966

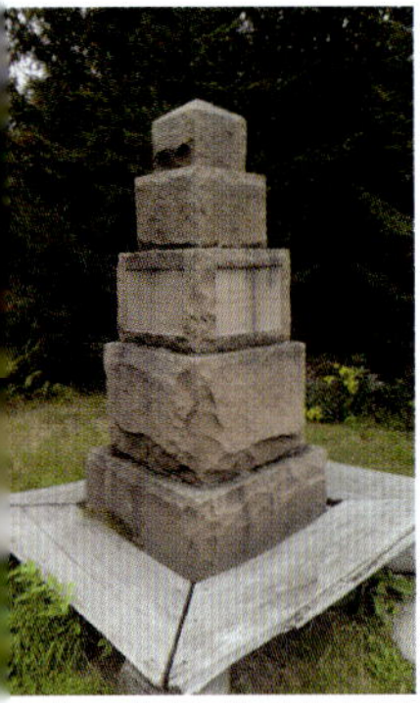

sträßchen, können 150 Meter weiter rechts vom Weg die versteckten Reste einer mittelalterlichen Schanze besichtigen und gelangen steil hinab zur Grünberghütte 4. Unser Zeichen verweist uns auf den schwach links abzweigenden, ebenen Schotterweg („Kalikutt 2,5 km"). Auf ihm marschieren wir bis zum Wegweiser „Sandbühl" 5 bei einer Schutzhütte. Von hier aus hat man die Möglichkeit, geradeaus einen Abstecher zum schön gelegenen Gasthof „**Kalikutt**" 6 (Einkehr- und Übernachtungsmöglichkeit) zu machen (Hin- und Rückweg etwa 20 Minuten).

Für den Weiterweg folgen wir den Zeichen des **Renchtalsteiges**, biegen rechts („Mooskopfturm 3,0 km") und gleich nochmals schwach rechts ab, laufen auf einem Teersträßchen zum Waldparkplatz, wenden uns nach links („Mooskopfturm 2,4 km") und steigen auf breitem Weg, vorbei am Lotharbrunnen, stetig bergan. Allmählich ändert sich die Vegetation und geht in typischen Hochwald über. Kurz vor dem Gipfel treffen wir auf die Kandelwegmarkierung (weißes K in roter Raute) und folgen ihr nach links hinauf zum Moosturm auf dem 871 Meter hohen **Mooskopf** 7. Bei klarem Wetter ist die Aussicht überwältigend und entschädigt für die Strapazen des langen Anstieges.

Auf steinigem Weg laufen wir hinunter zum Geißschleifsattel 8 mit dem **Grimmelshausen-Gedenkstein** und den Informationstafeln für das **Bannwaldgebiet Siedigkopf**. Auf dem Wegweiser sehen wir das Zeichen, das uns bis zum Ziel begleiten wird, die Markierung des Querwegs Gengenbach-Alpirsbach: blaue Raute auf gelbem Grund. Wir gehen nach rechts („Gengenbach 9,5 km"), verlassen nach 400 Metern den breiten Weg, biegen rechts ab und wandern auf holprigem und teilweise steilem, aber sehr schönem und aussichtsreichem Fußweg bergab. Ein Stück geht es auf breitem Forstweg auf dem Bergrücken weiter, dann links ab und auf schmalem Weg hinab zur Wegekreuzung „Leimlöcher" 9 mit winziger Schutzhütte. Nun marschieren wir in leichtem Auf und Ab auf Forst- und Waldwegen weiter („Gengenbach 7,5 km"). Achtung: Bei einem eisernen Masten mit Stromkabel verzweigt sich der Weg. Die Markierung ist sehr missverständlich, wir bleiben geradeaus auf dem ebenen Fußweg. Er führt uns auf einer sehr schönen und abwechslungsreichen Strecke auf dem Bergrücken über das Schwandeck 10 („Gengenbach 3 km"). Nach einem Stück schönem Waldpfad gelangen wir auf einen breiten Schotterweg. Auf ihm wandern wir bergab bis zum Waldrand und, immer unserem Zeichen folgend, an der **Scheffeleiche** 11 vorbei, nun gemeinsam mit der blauen Traube des Ortenauer Weinpfades an einer Klinik vorbei, hinab nach **Gengenbach** und beim nächsten Wegweiser rechts durch das Obertor zum Marktplatz. Beim Rathaus biegen wir rechts ab in die Hauptstraße, dann in die zweite Straße links und gelangen auf der Bahnhofstraße zum Bahnhof 12.

Links: Grimmelshausen-Denkmal

Siedigkopf, Mooskopf und Moosturm

Die Moos ist ein gleichermaßen abwechslungsreiches und sagenumwobenes Bergmassiv im Schwarzwald. Ihre höchsten Erhebungen sind der Siedigkopf (878 m) und der Mooskopf (871 m), dessen eigentlicher (wenn auch im Vergleich dazu etwas sperriger) Name „Geißschleifkopf" lautet und auf dem sich der Moosturm bestaunen lässt. Dieser Turm ist nicht zuletzt aufgrund der sich auf ihm bietenden atemberaubenden Aussicht ein beliebter Publikumsmagnet. Sein Bau wurde im Jahr 1890 nach lediglich 2 Monaten vollendet. Wer zum Moosturm gelangen möchte, läuft unterwegs am Denkmal des Schriftstellers Hans Jakob Christoffel von Grimmelshausen vorbei. Der Romanheld seines Hauptwerks „Der abenteuerliche Simplicissimus" verweilte in der Zeit des Dreißigjährigen Krieges im Gebiet der Moos – auch er schwärmte von der umwerfenden Aussicht. Einer alten Sage nach soll zudem der schelmische „Moospfaff" hier sein Unwesen treiben. Ihm wird seit jeher nachgesagt, Wanderer mit großer Freude zu erschrecken und von ihrem Weg abzubringen.

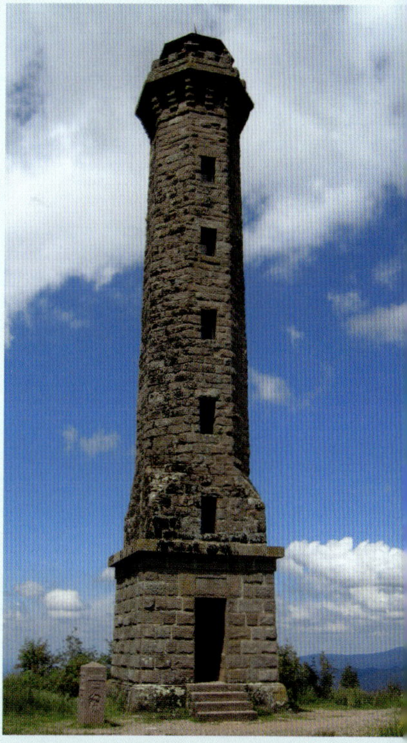

Eine „himmlische" Wanderung hoch über dem Renchtal

Von Bad Griesbach im Renchtal auf dem Himmelssteig nach Bad Peterstal

21

4 – 4½ Std.
11,5–12,5 km
550 Hm

Bad Griesbach – Haberer Turm, Mülbensattel – Holchenwasserfall – Palmspring – Himmelssteig – Bad Peterstal

anspruchsvolle Tour mit teilweise steilen An- und Abstiegen; einige steinige und holprige Pfade erfordern gute Trittsicherheit und festes Schuhwerk

Haberer Turm; zwei Wasserfälle; Paradiesfelsen; Himmelsfelsen; herrliche Waldpfade

erst in Bad Peterstal – unterwegs gibt es nur zwei Getränkebrunnen zur Selbstbedienung

Auch wenn der Bad Peterstaler Himmelssteig nicht ganz bis zum Himmel reicht, himmlisches Vergnügen kann er dem Wanderer schon bereiten: Immerhin wurde der bestens markierte Premiumwanderweg von der Zeitschrift „Wandermagazin" 2017 zum „Wanderweg des Jahres" gekürt. Herrliche verschlungene Waldpfade, zwei Wasserfälle, zwei Felsen und schöne Aussichtspunkte lassen sicher jedem Naturliebhaber das Herz höherschlagen. Unterwegs laden mehrere „Himmelsliegen" sowie zwei Getränkebrunnen mit gekühlten Getränken zur wohlverdienten Rast ein. Auch wenn die Tour mit gut 12 Kilometern nicht allzu lang ist, sollte man sie nicht unterschätzen: Einige steile und holprige Pfade erfordern ein gerütteltes Maß an Kondition und gute Trittsicherheit. Als Ausgangspunkt habe ich Bad Griesbach gewählt, um mit dem Haberer Turm und dem Wasserfallsteig noch zwei lohnenswerte Sehenswürdigkeiten mit einzubeziehen. Kurz nach dem Mülbensattel trifft man dann auf den Himmelssteig und folgt ihm bis zum Ziel.

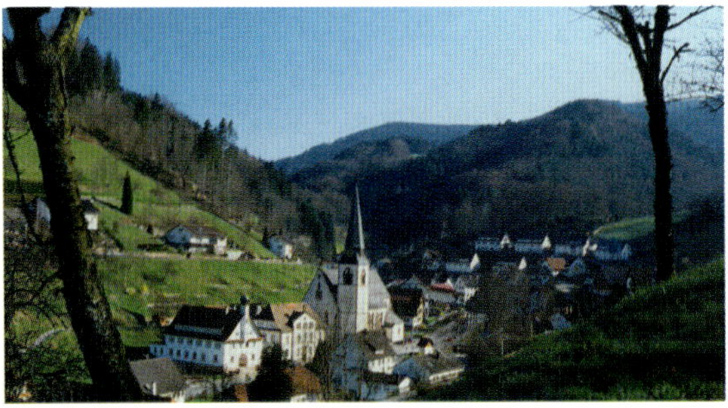

Wir gehen vom Bahnsteig **1** aus zur Straße, biegen rechts ab und folgen nun immer der gelben Raute und den Schildern „Haberer Turm": nach 150 Metern rechts ab, bergan zum Waldrand, beim Sperrschild

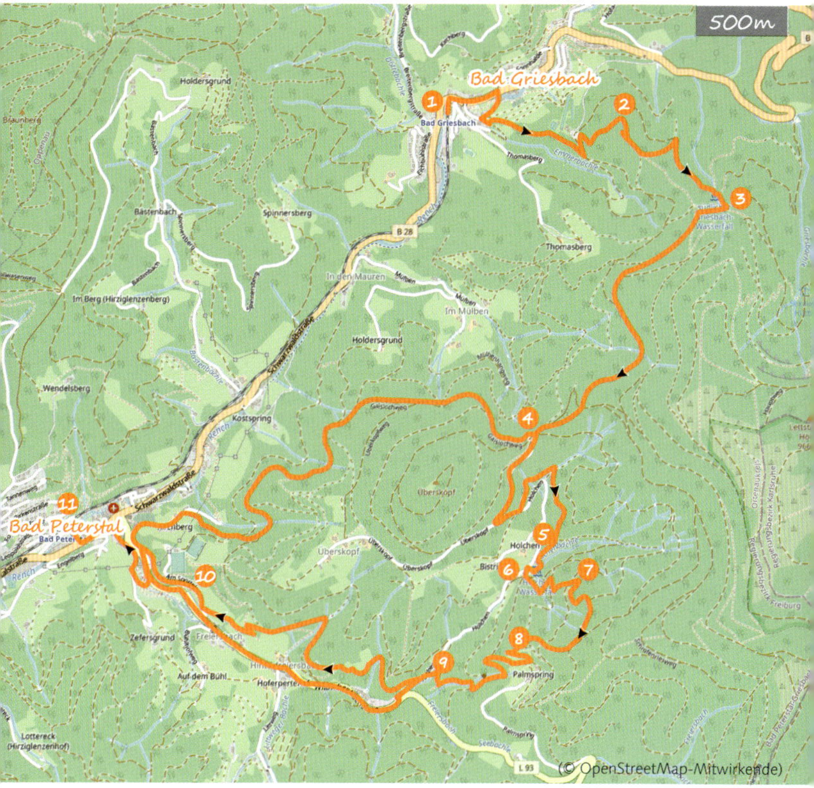

links ab (Markierung schlecht zu sehen) und ständig bergan mit schönem Blick auf Bad Griesbach und durch den Wald zum nächsten Wegweiser. Hier halten wir uns links, nach 30 Metern rechts („Haberer Turm steiler Weg") und marschieren auf schönem Weg hinauf zum **Haberer Turm** ❷.

Wir gehen wieder 40 Meter zurück, nun aber geradeaus („Wasserfall 0,8 km"), folgen der gelben Raute und den Schildern „Wasserfall" bis zu einer Brücke und steigen nun über viele Stufen parallel zum **Wasserfall** ❸ steil hinauf zum nächsten Wegweiser. Hier schwenken wir nach rechts („Rappenschliff 0,6 km") und folgen zunächst dem Renchtalsteig-Zeichen („R/S"), dann wieder der gelben Raute immer geradeaus auf einem breiten gemütlichen Forstweg zum Rappenschliff und weiter zum Wegweiser

INFOS

Freizeitkarte 1:50 000 des LGL BW, Blatt F503; Wanderkarte 1:35 000 des LGL BW, Blatt „Renchtal/Ortenau“; Wanderkarte 1:25 000 des LGL BW, Blatt „Freudenstadt“

www.bad-peterstal-griesbach.de; www.schwarzwald-tourismus.info

Anfahrt: mit dem Regionalzug nach Appenweier und weiter mit der Renchtalbahn bis Endstation Bad Griesbach;
mit dem Auto über Appenweier zum Bhf. Bad Peterstal und weiter mit der Bahn bis Bad Griesbach
Rückfahrt: ab Bad Peterstal mit der Renchtalbahn

48.44866, 8.23077

„Buche“. Nun geht es rechts auf einem Teerweg hinab zum **Mülbensattel** 4 mit Schutzhütte und kleinem Rastplatz.

Wer die Tour abkürzen möchte, bleibt hier geradeaus und folgt der blauen Raute auf direktem Weg nach Bad Peterstal 11. Wenn wir noch weiterlaufen wollen, wählen wir das Teersträßchen halblinks und marschieren der gelben Raute nach Richtung Holchenwasserfall. 150 Meter nach einer scharfen Linkskurve treffen wir auf die Zeichen des **Himmelssteiges**. Wir biegen links ab und folgen nun bis kurz vor dem Ziel der zuverlässigen Markierung des Steiges: zunächst auf schönen Waldwegen, dann steil bergab am **Paradiesfelsen** 5 vorbei – wer es sich zutraut, kann ihn mit wenigen Schritten erklettern – und am Holchenbächle entlang zum **Holchenwasserfall** 6. Mitten im Wald fällt er aus etwa 8 Metern in 2 Stufen herab. Im Bach stehen gegen einen Obolus gekühlte Getränke bereit. Frisch gestärkt nehmen wir den steilen Anstieg zum Himmelsfelsen in Angriff: Nach mehreren Serpentinen auf schönen Waldpfaden ragt die karge Felswand des **Himmelsfelsens** 7 über uns. Noch eine letzte Kurve, dann lädt ein aussichtsreicher Rastplatz mit einer Himmelsliege zur wohlverdienten Vesperpause ein.

Unser Pfad schlängelt sich noch ein Stück bergan und mündet schließlich in einen Forstweg. Nun sind die meisten Höhenmeter geschafft, wir biegen wenig später rechts ab und marschieren auf schönen Waldpfaden bergab zur nächsten Himmelsliege oberhalb von **Palmspring** 8, einst ein Höhengasthof, heute eine Gruppenunterkunft. Weiter geht es ein Stückchen auf einem bequemen Waldweg, dann links ab, auf schmalen Waldpfaden steil hinab und nach einem kleinen Stück Forstweg über Holzstufen bergab durch das wildromantische Holchenbachtal 9 zu einer Holzlagerstelle, wo wir ein Sträßchen queren. Auf ihm kann man auf direktem Weg nach Bad Peterstal gelangen, wesentlich schöner ist es aber, dem Himmelssteig treu zu bleiben: Ein wurzeliger Waldpfad, nun auch markiert mit den Zeichen des **Renchtalsteiges**, führt uns immer in leichtem Auf und Ab durch lauschigen Tannenwald, dann auf gemütlichen Wald- und Wiesenwegen oberhalb des **Freiersbachtales** entlang. Wir genießen die Talblicke, die sich immer wieder öffnen, und können uns bei einem letzten Rastplatz mit Getränkebrunnen stärken. Weiter geht es, begleitet von den Tafeln eines landwirtschaftlichen Lehrpfades, oberhalb des Freibades entlang, bis der Himmelssteig scharf rechts abzweigt 10. Hier bleiben wir geradeaus und folgen den Zeichen des Renchtalsteiges am Kurhaus vorbei durch den Kurpark, biegen beim nächsten Wegweiser rechts ab und laufen auf dem Kurhausweg nach **Bad Peterstal**, auf der Renchtalstraße links und der Bahnhofstraße rechts zum Bahnhof 11.

Bad Peterstal-Griesbach

Bad Peterstal-Griesbach wurde 2017 als „Premium-Wanderort" und 2019 erneut mit dem Zertifikat „familienferien" ausgezeichnet – dies zeigt, dass die gastfreundliche Schwarzwaldgemeinde sowohl für einen abwechslungsreichen Wander- als auch für einen entspannten Familienurlaub ein attraktives Ziel darstellt. Einerseits bieten hier die Premiumwege „Himmelssteig", „Schwarzwaldsteig" und „Wiesensteig" sowie der Premium-Spazierwanderweg „Panoramawegle" den Gästen unvergessliche Naturerlebnisse auf wildromantischen Wanderpfaden. Wer die Schönheit des oberen Renchtals kennenlernen möchte, sollte sich die Schwarzwälder Wandersinfonie nicht entgehen lassen. Diese bietet neben sagenhaften Wald- und Wiesenlandschaften, Felsen und Seen auch zu Entspannung und Rast einladende Himmelsliegen, Getränkebrunnen und Vesperstuben. Auch bietet der für seine Familienfreundlichkeit ausgezeichnete Ort neben urgemütlichen Ferienwohnungen bei zertifizierten Gastgebern ein abwechslungsreiches Kinder- und Familienprogramm und mit der „Kinder-Gästekarte" zahlreiche Vergünstigungen (z. B. Minigolf, freier Eintritt ins Freibad).

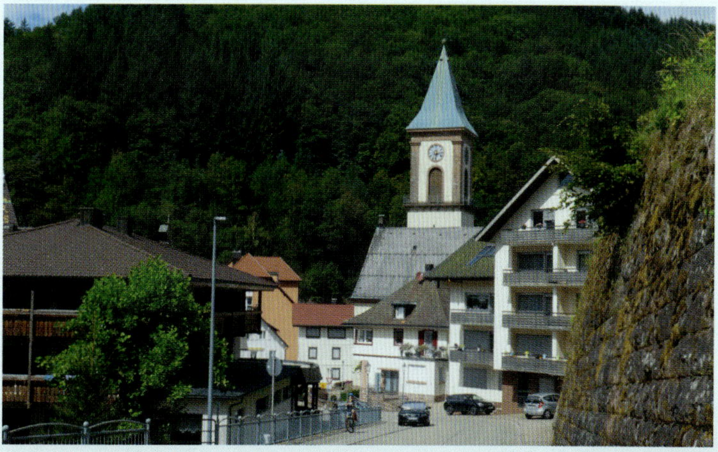

Von der Teufelskanzel zum blauen Auge

Von Bad Griesbach in 1 bis 1 ½ Tagen nach Bad Peterstal oder Haslach

22

4 – 5 ¾ Std./ 3 ¼ Std.

15 – 21 km/ 12 km

600 – 800 Hm

Bad Griesbach – Lettstädter Höhe – Littweger Höhe – Bad Peterstal – Riersbach – Brandenkopf – Haslach

lange und recht anspruchsvolle Wanderung mit einigen kurzen steilen und holprigen Passagen, die Trittsicherheit und gutes Schuhwerk erfordern

Haberer Turm; Wasserfall; Teufelskanzel; Klagstein; Lettstädter Höhe; Glaswaldsee; Hermersberger Höhe; Aussichtspunkt „Beim Kreuz"

Fortsetzung S. 119

Die heutige Wanderung im mittleren Schwarzwald ist recht anspruchsvoll, sie enthält einige steile und holprige Passagen, die etwas Trittsicherheit verlangen. Man wird aber durch einmalig schöne und vielfältige Landschaftseindrücke entschädigt. Mit einer Zwischenübernachtung im Harkhof (Tel. 07837/835), im Brandenkopfhaus (Tel. 07831/6149) oder im Gästehaus Nillhof (Tel. 07832/9743300) lässt sich die Tour auch zu einer schönen 1 ½-Tagestour mit Abstieg nach Haslach ins Kinzigtal ausdehnen.

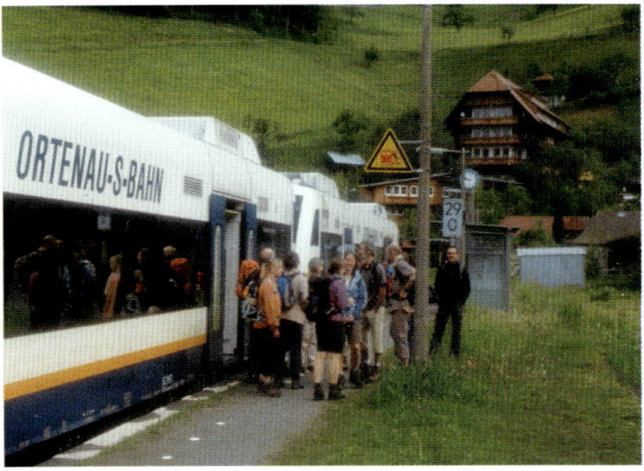

Vom Bahnhof ❶ aus gehen wir zur Straße und folgen der gelben Raute („Haberer Turm 1,6 km") 150 Meter auf der Straße nach rechts, gehen rechts über die Brücke, dann steil hinauf zum Waldrand und wandern zum nächsten Wegweiser. Wir biegen links ab, gehen nach 30 Metern rechts und folgen den Schildern „Haberer Turm steiler Weg" steil hinauf auf den 691 Meter hohen **Kreuzkopf** mit dem vor gut 100 Jahren errichteten **Haberer Turm** ❷. Weiter geht es den Schildern „Wasserfall" nach zur nächsten Kreuzung, halblinks ab und der gelben Raute nach zu einer Brücke. Nun

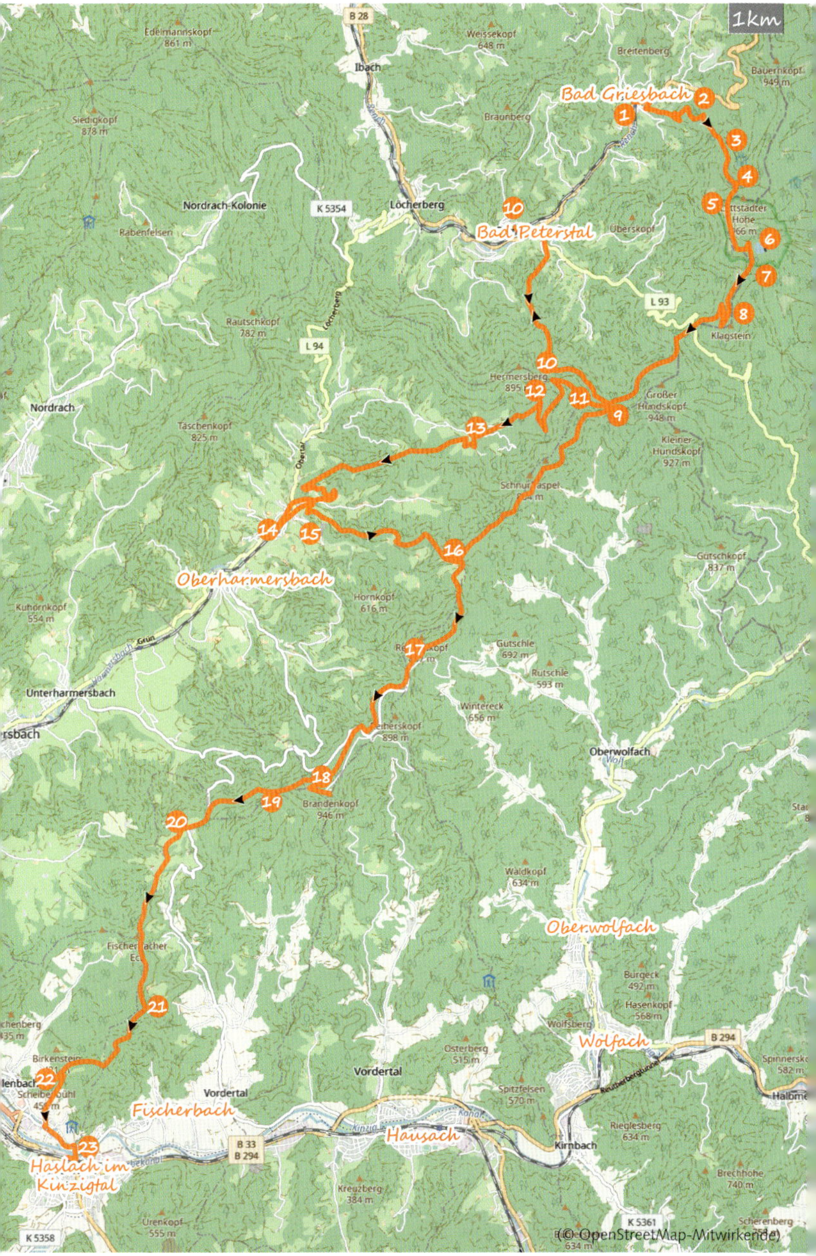
1km
Bad Griesbach
Bad Peterstal
Oberharmersbach
Oberwolfach
Wolfach
Fischerbach
Hausach
Haslach im Kinzigtal
Nordrach-Kolonie
Nordrach
Löcherberg
Ibach
Unterharmersbach
Oberwolfach
Vordertal
Kirnbach
Edelmannskopf 861 m
Weissekopf 648 m
Breitenberg
Bauernkopf 949 m
Siedigkopf 878 m
Braunberg
Rabenfelsen
Überskopf
Rautschkopf 782 m
Klagstein
Hermersberg 895 m
Großer Hundskopf 948 m
Kleiner Hundskopf 927 m
Täschenkopf 825 m
Gutschkopf 837 m
Hornkopf 616 m
Kuhornkopf 554 m
Gutschle 692 m
Rutschle 593 m
Wintereck 656 m
Brandenkopf 946 m
Waldkopf 634 m
Burgeck 492 m
Hasenkopf 568 m
Wolfsberg
Osterberg 515 m
Spitzfelsen 570 m
Rieglesberg 634 m
Brechhohe 740 m
Kreuzberg 384 m
Urenkopf 555 m
Birkenstein
Scheibenbühl
B 28
K 5354
L 94
L 93
B 294
B 33
K 5358
K 5361
Kinzig
(© OpenStreetMap-Mitwirkende)

INFOS

Freizeitkarte 1:50 000 des LGL BW, Blatt F503; Wanderkarte 1:35 000 des LGL BW, Blatt „Mittleres Kinzigtal"; Wanderkarte 1:25 000 des LGL BW, Blätter „Achern" und „Lahr"

www.bad-peterstal-griesbach.de; www.oberharmersbach.de; www.urlaub-in-oberharmersbach.de; www.harkhof.de; www.haslach.de; www.brandenkopf.net

Anfahrt: mit dem Regionalzug nach Appenweier und weiter mit der Renchtalbahn bis Endstation Bad Griesbach
Rückfahrt: ab Riersbach mit der Harmersbachtalbahn nach Biberach und weiter mit der Bahn nach Offenburg; ab Bad Peterstal mit der Renchtalbahn nach Appenweier; ab Haslach mit der Regionalbahn oder S-Bahn nach Offenburg

48.40113, 8.22403

steigen wir den **Wasserfallsteig** 3 über viele Steinstufen hinauf, laufen oberhalb des Wasserfalls links zum nächsten Wegweiser und steigen den halbrechts abzweigenden, unmarkierten Pfad („Teufelskanzel") hinauf. Nach 300 Metern überqueren wir einen breiten Weg, wandern auf holprigem Waldweg geradeaus, ab der nächsten Kreuzung vorübergehend wieder mit gelber Raute markiert, bleiben, wenn das Zeichen rechts abzweigt, geradeaus und queren auf einem urigen, teilweise schmalen Weg einen felsigen Steilhang, bis wir wieder auf die gelbe Raute treffen. Ihr folgen wir nach rechts steil über Stufen hinauf zur **Teufelskanzel** 4 (Vorsicht bei Nässe oder gar Vereisung!) und weiter durch eine großartige Felsenlandschaft auf den Bergrücken, wo wir die Aufstiegsmühen erst einmal hinter uns haben. Wir biegen nach rechts und folgen den Schildern „Glaswaldsee" auf breiter Schotterpiste zur **Lettstädter Höhe** 5 mit Schutzhütte und schönem Rastplatz. Weiter geht es der Westwegmarkierung der roten Raute nach („Seeblick 1,0 km") auf holprigem Weg. 300 Meter weiter zweigt die neue Westwegmarkierung links ab, wir bleiben geradeaus auf dem alten Höhenweg, biegen bei der nächsten Verzweigung links ab und gehen 250 Meter geradeaus zu einer Sitzgruppe mit schönem Tiefblick auf den **Glaswaldsee** 6.

Nun laufen wir wieder 50 Meter zurück, biegen links auf einen Fußweg ab (nun wieder rote Raute), gelangen 3 Minuten später zurück auf den Höhenweg und laufen auf ihm nach links zur **Seeebene** 7. Wir bleiben noch der roten Raute treu, marschieren auf breitem Weg zum nächsten Wegweiser und können nun direkt hinab zur Freiersber-

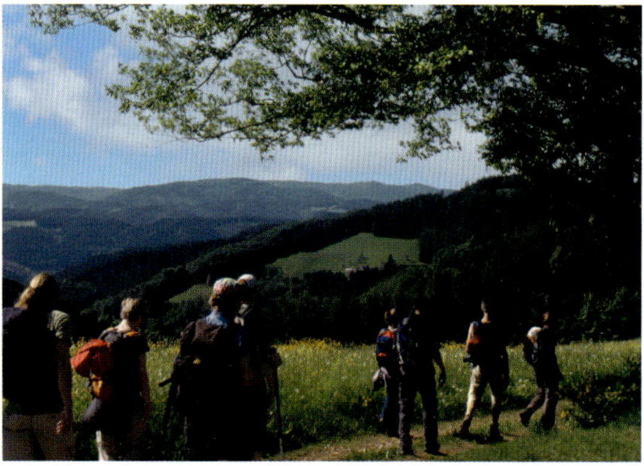

ger Hütte laufen oder – Trittsicherheit vorausgesetzt – links abbiegen und den lohnenden Umweg über den Klagstein wählen. In diesem Falle folgt man den Schildern und der gelben Raute auf außergewöhnlich schönem Weg hinauf zum imposanten **Klagstein** 8, hält sich beim Grenzstein rechts, steigt vorsichtig einen sehr holprigen Pfad hinab, geht, wenn er sich verzweigt, nach rechts zu einem breiten Weg und folgt der gelben und später wieder roten Raute zur Freiersberger Hütte. Wir überqueren die Straße und bummeln auf bequemem Weg zur **Littweger Höhe** 9.

Nun gibt es drei Möglichkeiten:

Für die **kürzeste Variante** biegt man rechts ab und folgt den Schildern „Bad Peterstal" sowie zunächst der Querwegmarkierung, dann der gelben Raute hinab zum Bahnhof **Bad Peterstal** 10, wo man mindestens alle 2 Stunden bis etwa 20 Uhr Verbindung zurück nach Appenweier hat.

Für die **mittlere Variante** wählt man den unmarkierten grasigen Weg geradeaus an der Hütte vorbei (später altes Zeichen: blaue Raute auf gelbem Grund) und wandert immer geradeaus steil hinauf zum **Hahnenkopf** 11 und jen-

Bei 1½ -Tage-Variante Brandenkopf mit Aussichtsturm; „Aussichtsbalkon" Nillhöfe; Schornfelsen; Besucherbergwerk; Schnellinger Kapelle und Altstadt von Haslach

erst in Zuwald bzw. Bad Peterstal; bei 1½-Tage-Variante Harkhof, Brandenkopfhaus, Nillhof (nur Übernachtung); Haslach

Glaswaldsee

Das „blaue Auge" im Mittleren Nordschwarzwald, wie der Glaswaldsee auch genannt wird, ist einer von zwölf erhaltenen Karseen im Schwarzwald. Der Haslacher Volksschriftsteller Heinrich Hansjakob (1837–1916) beschrieb dieses Gewässer folgendermaßen: „Er ist wohl der kleinste feinste Bergsee des ganzen Schwarzwaldes und zwar deshalb, weil er der düsterste ist und voll von der Melancholie, die es einem förmlich antut, in seinen Wassern zu sterben". Seinen Namen verdankt der Glaswaldsee einer anno 1587 errichteten Glashütte, die sich auf die Glasflaschenherstellung spezialisiert hatte – dort wurden auch die Flaschen hergestellt, in die das bekannte Rippoldsauer Heilwasser abgefüllt wurde. Die Glashütte wurde allerdings im 18. Jahrhundert geschlossen, da für die Glasproduktion so viel Brennholz benötigt wurde, dass es zu häufigem Kahlschlag im Schwarzwald gekommen war. Der Glaswaldsee wurde in früheren Zeiten für die Flößerei benutzt, weshalb sein Wasser entsprechend häufig aufgestaut und abgelassen wurde. Aus diesem Grund weist er keine Verlandungszonen auf. Im Jahr 1960 wurden der Glaswaldsee und seine Umgebung zum Naturschutzgebiet erklärt. Um ihn zu bestaunen, lohnt sich ein Ausflug zum Glaswald-Seeblick auf der Lettstädter Höhe.

seits hinab zur aussichtsreichen **Hermersberger Höhe** 12. Hier biegen wir scharf links ab (gelbe Raute, „Zuwald-Langenbach 3,5 km"), laufen zur Paulushütte, weiter nach rechts und immer geradeaus zum nächsten Wegweiser, biegen links ab („Zuwald-Langenbach 1,6 km") und wandern nun immer talabwärts am Bach entlang zur Höhensiedlung **Zuwald** 13 bis zum 2. Wegweiser. Wenn man im Gasthaus „Zuwälder Stüble" einkehren will, läuft man noch 100 Meter geradeaus weiter. Im anderen Falle biegen wir links ab („Wattereck 1,6 km"), bleiben dann aber auf dem rechts abbiegenden Teerweg, laufen an einem Bauernhof vorbei, biegen 100 Meter weiter bei einer Bank links ab und marschieren auf einem schönen, etwas ansteigenden Weg geradeaus, bis wir auf den mit blauer Raute markierten Weg treffen. Ihm folgen wir nach rechts zum Aussichtspunkt

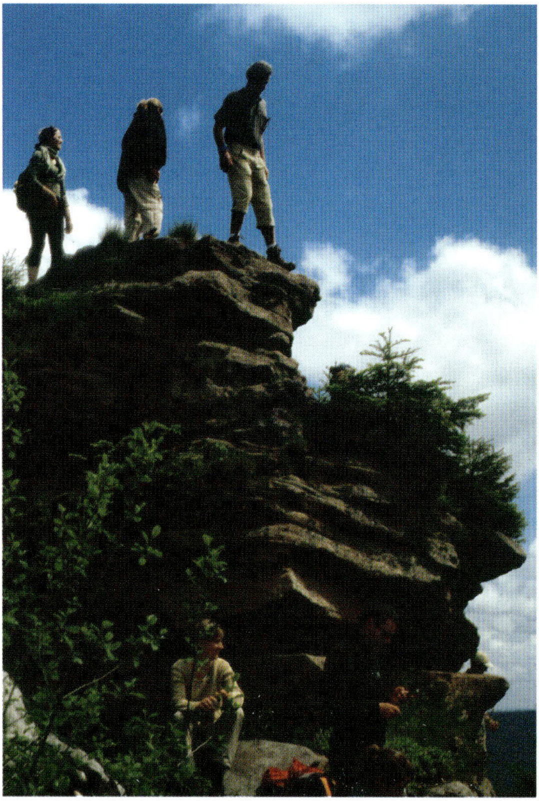

Auf dem Klagstein

„**Beim Kreuz**" 14, dann auf schönen Wegen, schließlich auf breitem Schotterweg hinab nach **Riersbach** 15 und auf der Dorfstraße links zum Bahnhof. Hier hat man bis ungefähr 19 Uhr Verbindung über Biberach nach Offenburg.

Für die **längste**, **1 ½ Tage dauernde Variante** folgen wir bis zum Tagesziel der Westwegmarkierung („Hark 4 km") auf abwechslungsreichen Wegen zunächst nach Hark. 100 Meter rechts vom Weg liegt der **Harkhof** 16 (Einkehr- und Übernachtungsmöglichkeit). Wer die Wanderung abkürzen will, kann von hier aus der gelben Raute bergab zum 4 ½ Kilometer entfernten Bahnhof Riersbach folgen und mit der Harmersbachtalbahn nach Biberach fahren. Im anderen Falle folgt man weiter der roten Raute („Brandenkopf 6 km") zur **Kreuzsattelhütte** 17 (in der Regel an Sonn- und Feiertagen bewirtschaftet). Nach einigen Mi-

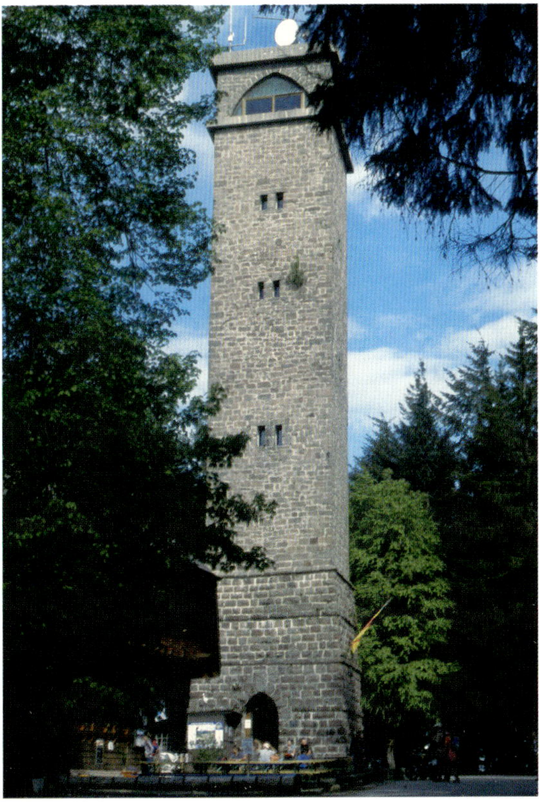

Brandenkopfturm

nuten auf einem Sträßchen verzweigt sich der Westweg, wir halten uns rechts, verlassen wenig später das Sträßchen nach rechts und marschieren auf einem Schotterweg an einer Hütte vorbei bergan zu einem Windrad und nach links zum 945 Meter hohen Gipfel des **Brandenkopfes** 18 mit Aussichtsturm und **Wanderheim** (Übernachtungs- und Einkehrmöglichkeit, siehe auch Tour 31).

Am nächsten Tag folgen wir zunächst der Markierung des **Hansjakobweges** (schwarzer Schlapphut, „Nillhöfe 3 km", siehe auch Tour 30) hinab zum **Schwarzenbachsattel** 19, dann wieder der gelben Raute nach („Nillhöfe 2 km") auf einen Naturlehrpfad und schließlich auf der Straße zu den **Nillhöfen** 20 (Übernachtungsmöglichkeit). Beim nächsten

Die historische Marktstadt Haslach

Die historische Marktstadt Haslach blickt auf eine sehr lange Geschichte zurück: Aus der römischen Straßenstation im 1. Jahrhundert n. Chr. entwickelte sich im 13. Jahrhundert mit dem Sitz des „Bergrichters" das Zentrum eines wichtigen Schwarzwälder Silberbergbaureviers und ab dem 17. Jahrhundert gar eine Marktstadt. Diesen Charakter einer Markstadt können wir bis heute spüren: Die Haslacher Altstadt mit ihren historischen Fachwerkbauten, breiten Straßen und Plätzen, alten Brunnen und Denkmalen sowie engen Wohn- und Handwerkergassen ist seit dem Jahr 1978 denkmalgeschützt. Zudem wurde die Stadt im Jahr 2001 Mitglied der „Deutschen Fachwerkstraße". Dass der Haslacher Markt und Handel auch in der heutigen Zeit florieren, lässt sich an den über 90 Markttagen pro Jahr erleben, etwa auf Jahr-, Kleintier-, Sommer-, Floh- und Antikmärkten, aber auch ganz traditionell samstags

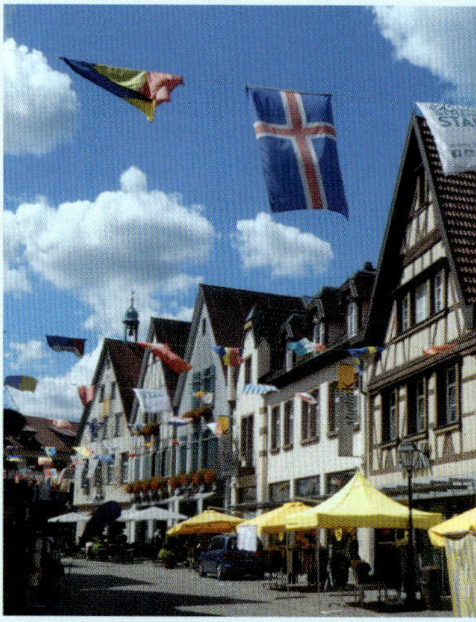

auf dem Wochenmarkt. Abgerundet wird das Haslacher Innenstadtleben durch das umfangreiche Angebot an Gastronomien und Geschäften. Weitere Auskünfte (z. B. Liste der Markttage) erhalten Interessierte an der Haslacher Tourist-Info im Alten Kapuzinerkloster (Klosterstr. 1, 77716 Haslach, Tel. 07832/706174).

Wegweiser halten wir uns links („Haslach 9 km"). Auf einem einmalig schönen und aussichtsreichen Weg wandern wir zum nächsten Wegweiser. Hier treffen wir wieder auf das Symbol des Hansjakobweges, welches uns nun wieder ein Stück begleiten wird. Auf den Informationstafeln können wir mehr über das Leben des badischen Pfarrers, Heimatschriftstellers und -dichters Heinrich Hansjakob (1837–1916) erfahren. Wir folgen den Schildern „Schornfelsen", zum Schluss mit gelber Raute markiert, und gehen ein Stück bergan zur Schutzhütte **Schornfelsen** 21. Der Felsen selbst ist hinter der Hütte auf einem Trampelpfad leicht zu ersteigen. Weiter geht es Richtung Haslach, beim Wegweiser „Saunase" rechts ab hinab zum Wegweiser „Eichwald", hier scharf links und den Schildern „Besucherbergwerk" nach zum **Silbersee** 22 mit dem benachbarten **Besucherbergwerk „Segen Gottes"**. Wir laufen das Sträßchen hinab nach Haslach und, immer den Zeichen folgend, durch den Ort, vorbei an der **Schnellinger Kapelle** (mit ihrer sehenswerten Kassettendecke) über die Murgbrücke zum **Bahnhof Haslach** 23.

Auf dem romantischen Wolftalweg

Von Bad Rippoldsau nach Wolfach

23

6½ Std.

25 km

150 Hm

Bad Rippoldsau Holzwald – Klösterle – Schapbach – Oberwolfach – Wolfach

leichte Wanderung ohne größere Steigungen

Wolftal; Wald-Kultur-Haus; Kapuzinerfelsen; Ruinen Romburg und Walkenstein; Burgbachwasserfall; Natur- und Flößerlehrpfade; Wolfach mit historischem Rathaus und Stadttor

ab Klösterle unzählige am Wegesrand

Auf unserer heutigen Wanderung lernen wir das romantische Wolftal mit seinen hübschen Dörfern und Städtchen kennen. Die Wolf entspringt bei der Alexanderschanze und mündet nach über 30 Kilometern bei Wolfach, einem über 900 Jahre alten Ort mit sehenswertem historischem Ortsbild, in die Kinzig. Die gesamte Wanderung ist zwar wenig anstrengend, da es meistens nur bergab geht, aber mit 25 Kilometern für eine Tagestour doch recht lang. Dank der guten Busverbindung (täglich bis ca. 17 Uhr) kann man aber die Tour an verschiedenen Punkten des Tales abbrechen beziehungsweise in zwei Teilabschnitte zerlegen. Am schönsten allerdings ist eine Zweitageswanderung mit Übernachtung in einem der Ortsteile von Bad Rippoldsau-Schapbach (Informationen per Telefon über 07440-913940 oder im Internet unter www.wolftal.com), dann eignet sie sich auch als Familienausflug mit älteren konditionsstarken Kindern.

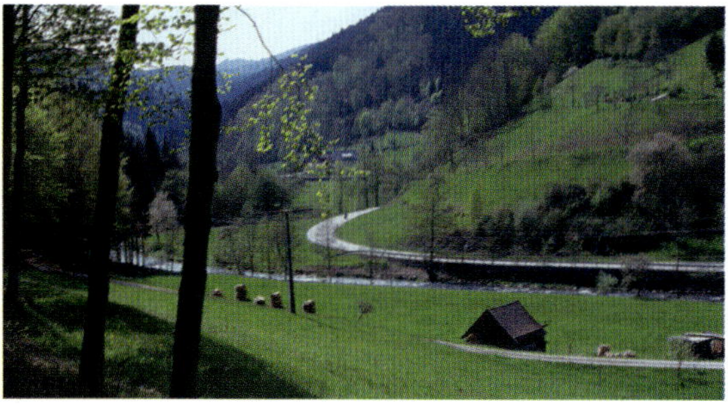

Blick auf das obere Wolftal

Von der Bushaltestelle 1 aus gehen wir zum Wald-Kultur-Haus und über die Wolfbrücke zum Wanderwegweiser am **Wolftalweg**. Nun brauchen wir eigentlich nur noch den Schildern „Wolfach“ und der gelben Raute zu folgen. Der Weg ist fast immer gut markiert, und wo einmal ein Zeichen fehlt, orientieren wir uns nach den Radwegzeichen.

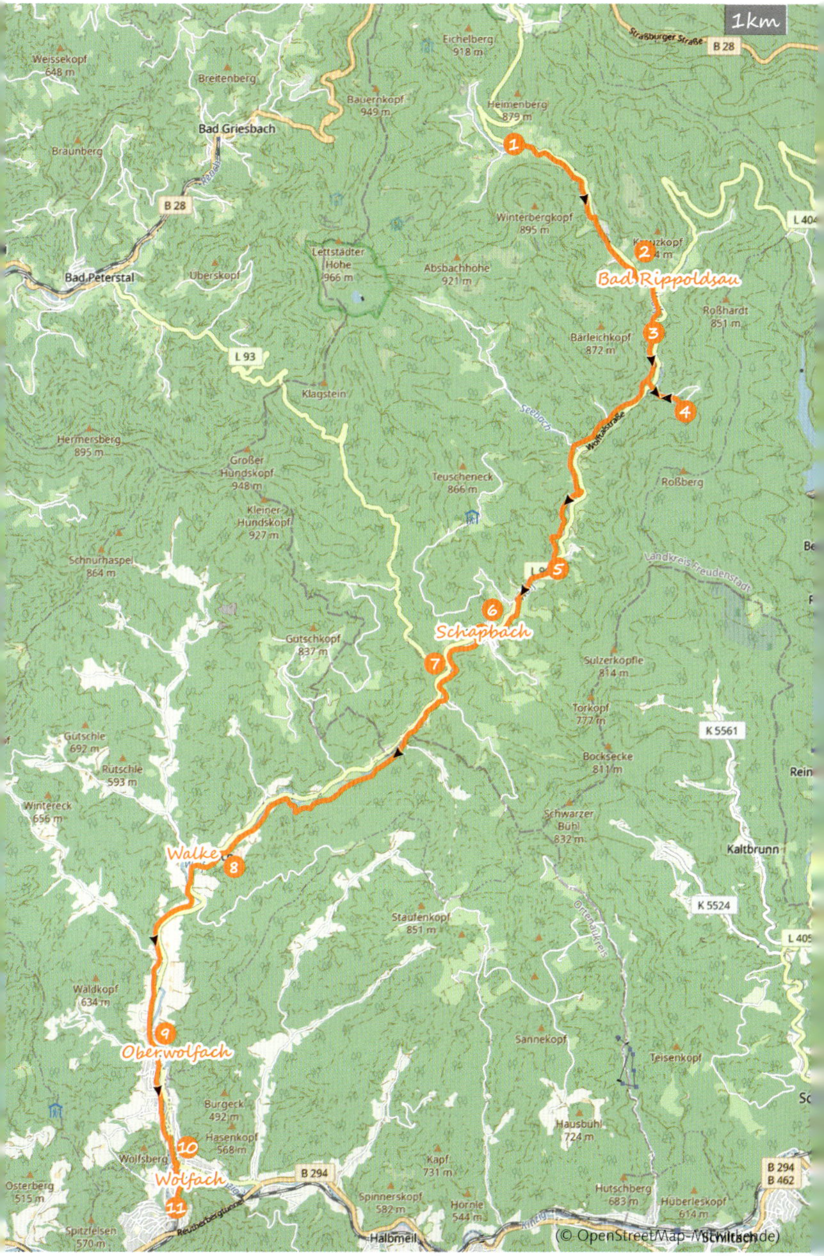
1km
Straßburger Straße
B 28
Eichelberg
918 m
Weissekopf
648 m
Breitenberg
Bauernkopf
949 m
Heimenberg
879 m
Bad Griesbach
Braunberg
1
B 28
Winterbergkopf
895 m
L 404
Lettstädter Höhe
966 m
Absbachhohe
921 m
2
Bad Peterstal
Überskopf
Bad Rippoldsau
Roßhardt
851 m
Bärleichkopf
872 m
3
L 93
Klagstein
4
Seebach
Wolftalstraße
Hermersberg
895 m
Großer Hundskopf
948 m
Teuscheneck
866 m
Roßberg
Kleiner Hundskopf
927 m
Schnurhaspel
864 m
5
Landkreis Freudenstadt
6
Schapbach
Gutschkopf
837 m
7
Sulzerkopfle
814 m
Torkopf
777 m
K 5561
Gutschle
692 m
Rutschle
593 m
Bocksecke
811 m
Wintereck
656 m
Schwarzer Bühl
832 m
Walke
8
Kaltbrunn
K 5524
Staufenkopf
851 m
Ortenaukreis
L 405
Waldkopf
634 m
9
Oberwolfach
Sannekopf
Teisenkopf
Burgeck
492 m
Hausbühl
724 m
10
Hasenkopf
568 m
Wolfsberg
Wolfach
B 294
Kapf
731 m
B 294
B 462
Osterberg
515 m
Hutschberg
683 m
Huberleskopf
614 m
Spinnerskopf
582 m
Hörnle
544 m
11
Spitzfelsen
570 m
Reutebergtunnel
Halbmeil
Schiltach
(© OpenStreetMap-Mitwirkende)

INFOS

Freizeitkarte 1:50 000 des LGL BW, Blatt F504; Wanderkarte 1:35 000 des LGL BW, Blatt „Mittleres Kinzigtal"; Wanderkarte 1:25 000 des LGL BW, Blätter „Freudenstadt" und „Oberndorf"

www.wolfach.info; www.bad-rippoldsau-schapbach.de; www.dorotheenhuette.de

Anfahrt: mit dem Zug oder dem Auto zum Bhf. Wolfach und weiter mit Bus 7266 (Mo–Fr) bzw. F13 (Sa/So) bis Holzwald Bäckerei Rückfahrt: ab Wolfach Bhf.

48.44768, 8.3004

Auf schönen Fußwegen, manchmal durch kurze Abschnitte auf der Straße unterbrochen, marschieren wir an der mächtigen spätklassizistischen Pfarr- und Wallfahrtskirche **Mater Dolorosa** 2 im Ortsteil **Klösterle** vorbei und passieren auf breiten Wegen das Naturdenkmal **Kapuzinerfelsen** 3. Beim Gasthaus „Zum Letzten G'stehr" können wir nach links einen Abstecher zum **Burgbachwasserfall** 4 machen.

Weiter geht es auf dem Wolftalweg an einer alten Stauwehr und Wildgehegen vorbei auf schönem Fußweg zum Ortsteil **Obertal** 5, ein Stück an der Straße entlang, nach dem Campingplatz über die Brücke und auf schönem Weg parallel zur Wolf, gleichzeitig Naturlehrpfad, zur Ortsmitte von **Schapbach** 6 mit guten Einkehr- und Übernachtungsmöglichkeiten. Die Hälfte des Weges ist geschafft!

Nach dem Ort folgt ein schöner Fußweg (gleichzeitig **Flößerlehrpfad**) an der Wolf entlang mit Blick auf die Ruine **Romburg** 7, dann ein breiter Forstweg etwas oberhalb des Tales mit schönen Ausblicken, bis es über eine Wiese und ein Wäldchen hinab nach Obertal geht. Durch eine Sägewerksanlage, dann wieder am Fluss entlang, gelangen wir zum Ortsteil **Walke** 8. Wir gehen nach links auf dem Teerweg parallel zur Straße mit Blick auf die Ruine **Walkenstein**, beim Jungbauernhof über die Brücke, und wandern auf etwas eintönigem Weg (gleichzeitig Vogellehrpfad) nach **Oberwolfach** 9. Achtung: Bei der Pizzeria „Stern" geht es halbrechts von der Straße ab, hier fehlt das Zeichen. Bald wechseln wir auf die andere Flussseite, biegen wenig später rechts ab in die Kirchstraße und wandern über die Wolfbrücke ins Zentrum von **Wolfach** 10. Beim Rathaus biegen wir rechts ab und laufen durch das Stadttor immer geradeaus zum Bahnhof 11.

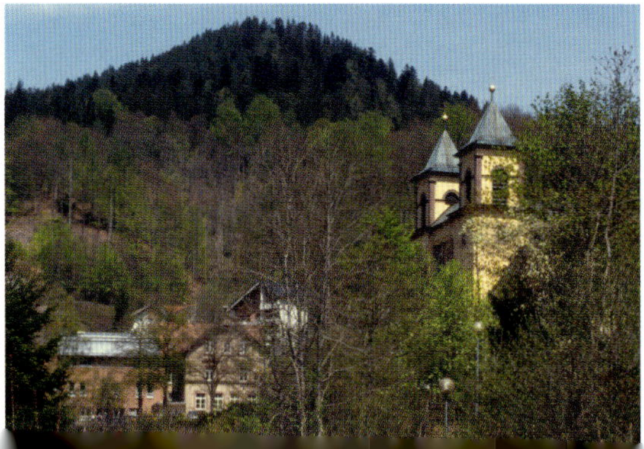

Blick auf die Wallfahrtskirche Mater Dolorosa

Das Wald-Kultur-Haus

Das Wald-Kultur-Haus im Bad Rippoldsauer Ortsteil Holzwald hat verschiedene waldpädagogische Angebote für Kinder, Jugendliche und Erwachsene im Programm. Zielgruppengerecht werden Themen wie das Ökosystem, die Geschichte und frühere Bewirtschaftung des einheimischen Waldes, die Geologie des Wolftals oder die Ökologie der Gewässer vermittelt. Beispielsweise lernen die Teilnehmenden, wie man die Zusammensetzung einer Baumrinde unter dem Stereomikroskop erkennen oder verschiedene Baumarten anhand ihrer Baumscheiben unterscheiden kann. Das Wald-Kultur-Haus befindet sich in der Fürstenbergstraße 59, 77776 Bad Rippoldsau-Schapbach (Tel. 07440/913940).

Wolfach

Vermutlich im frühen Mittelalter gründeten die Herren von Wolva eine Siedlung, die sich später recht schnell zur Stadt Wolfach entwickelte. Für die Stadt spielte nicht nur die Flößerei eine große Rolle, sondern auch das Geschlecht derer von Fürstenberg. Maximilian Franz von Fürstenberg begann Ende des 17. Jahrhunderts mit dem Um- und Ausbau des bereits bestehenden Schlosses, es zählt heute zu den Sehenswürdigkeiten und Wahrzeichen der Stadt. Eine weitere Sehenswürdigkeit ist das Rathaus, das 1893 nach einem Feuer wieder aufgebaut wurde. Von der früheren Stadtbefestigung ist nur noch das „Untere Tor“ erhalten. Des Weiteren gibt es in Wolfach noch zahlreiche andere Traditionen zu entdecken, wie z. B. im Flößer- und Heimatmuseum oder in der Dorotheenhütte, der letzten Glasmanufaktur und -bläserei im Schwarzwald.

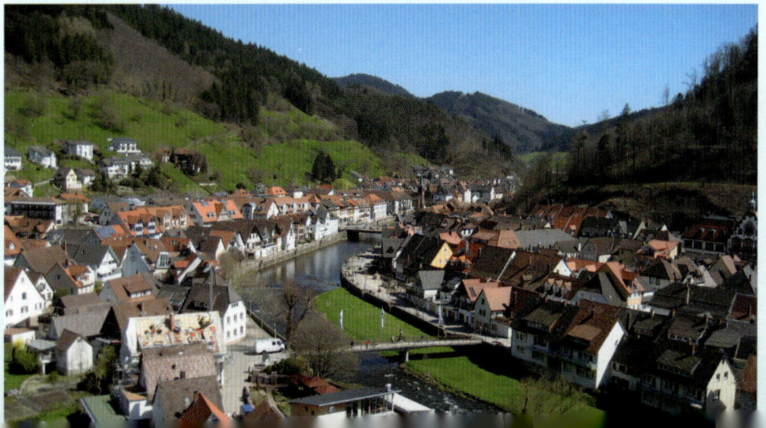

Hahn und Henne auf dem Hansjakobweg

Von Oberharmersbach über Mühlstein und Kuhhornkopf nach Zell am Harmersbach

24

3¾ Std.
13 km
450 Hm

Bad Rippoldsau Holzwald – Klösterle – Schapbach – Oberwolfach – Wolfach

anspruchsvolle Tour mit langem Anstieg und mehreren steilen Passagen im An- und Abstieg; festes Schuhwerk unbedingt erforderlich

Naturerlebnispfad; mehrere Stationen des Hansjakobweges; herrliche aussichtsreiche Wege und Pfade; Kuhhornkopf; historischer Ortskern von Zell am Harmersbach

Wer kennt es nicht, das leuchtend grün-gelbe Keramikgeschirr mit Schwarzwaldhahn und Schwarzwaldhenne? Das berühmte Hühnerpaar der Zeller Keramik-Manufaktur wird uns auf einem Großteil unserer Wanderung begleiten, ebenso die „Schlapphut"-Markierung des Hansjakobweges mit mehreren Infotafeln (siehe auch Tour 30). Den steilen Aufstieg zu Beginn versüßen einige der liebevoll gestalteten Stationen des Naturerlebnispfades „Hademar Waldwichtel", an dem insbesondere Kinder sicher ihre Freude haben; dabei gilt es allerdings zu bedenken, dass die gesamte recht anspruchsvolle Tour mit ihren teilweise steilen Passagen nur etwas für ältere Kinder mit guter Kondition und entsprechender Ausdauer ist. Im Höhengasthaus „Vogt auf Mühlstein" kann man nach dem langen Anstieg wieder neue Kräfte sammeln, und im Zielort Zell am Harmersbach sollte man unbedingt etwas Zeit für einen Bummel durch den wunderschönen historischen Ortskern einplanen.

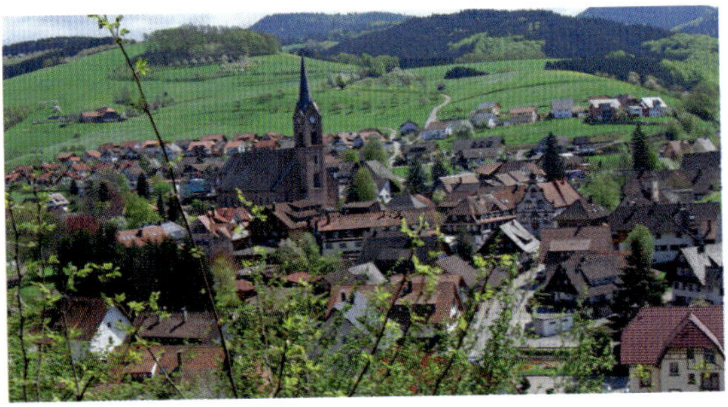

Vom Bahnhaltepunkt 1 aus gehen wir links zum Bahnübergang, biegen rechts ab und folgen dem Verlauf der Dorfstraße links an der Kirche vorbei. Kurz nach einem weiteren Bahnübergang schwenken wir nach links und folgen nun den Wichtelzeichen des Naturerlebnis-

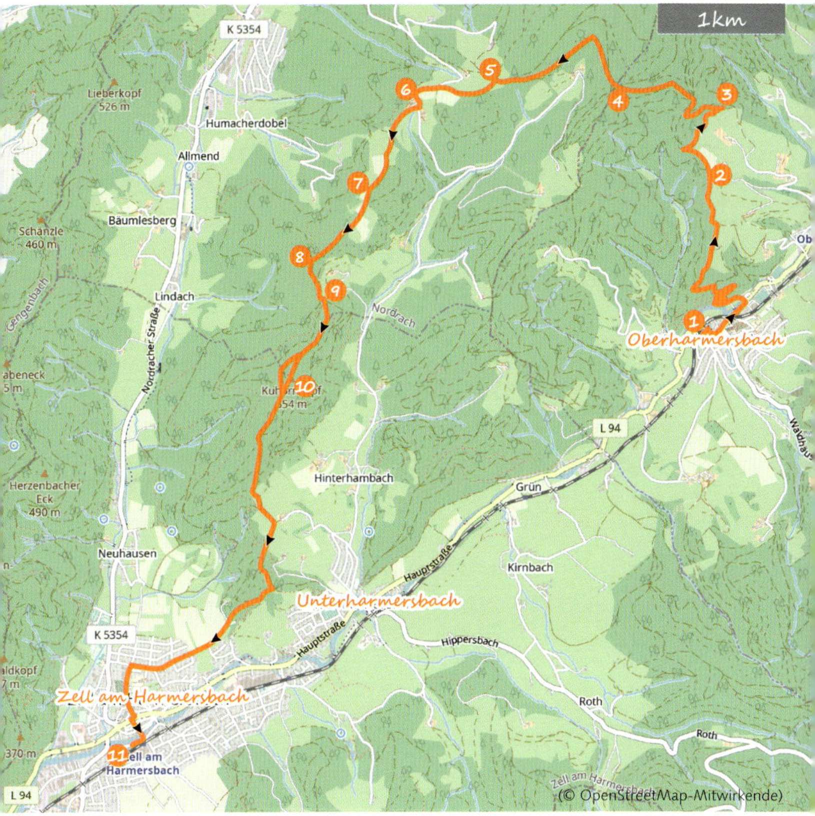

pfades hinab zum Harmersbach, halten uns nach der Station „Wasserkraft" scharf rechts und marschieren auf schönen Waldpfaden, immer den Wichtelzeichen nach, an der Station „Fotovoltaik" vorbei bergan. Nach der Station „Pirschroute" biegen wir scharf rechts, bei der nächsten Kreuzung nach einem Hochstand scharf links ab, kommen am „Baumtelefon" und an der „Spinnenstation" vorbei und treffen wenig später auf einen Querweg. Hier halten wir uns links und folgen nun immer den Wegweisern „Hasegallis Besenwirtschaft" bergan. Wenig später gesellt sich die gelbe Raute zu uns und wir gelangen zum Waldrand. Nun geht es auf aussichtsreichem Wiesen- und Feldweg, einem alten Grenzweg, immer am Waldrand entlang. Bei der nächsten Kreuzung können wir nach rechts

Hasegallis Besenwirtschaft am Hermersberg (Sa–So); Vogt auf Mühlstein (Mi–So); Kuhhornkopfhütte (Sonn- und Feiertage, außer im August); Zell am Harmersbach

INFOS

Freizeitkarte 1:50 000 des LGL BW, Blatt F503; Wanderkarte 1:35 000 des LGL BW, Blatt „Mittleres Kinzigtal“; Wanderkarte 1:25 000 des LGL BW, Blatt „Lahr“

www.oberharmersbach.de; www.vogt-auf-muehlstein.de; www.wuf-uh.de/vereinshuette.html; www.zell.de

Anfahrt: mit dem Auto oder Zug nach Biberach und weiter mit der Harmersbachtalbahn bis Oberharmersbach Dorf
Rückfahrt: ab Zell am Harmersbach mit der Bahn nach Biberach

48.37334, 8.12466

einen kurzen Abstecher zur Gaststätte „**Hasegallis Besenwirtschaft**“ 2 (während der Saison geöffnet Mi–Fr ab 16 Uhr, Sa Und So ab 11 Uhr) machen. Ansonsten geht es der gelben Raute nach geradeaus weiter in den Wald, dann rechts ab und auf einmalig schönem Pfad an der Hermersberghütte vorbei zum nächsten Wanderwegweiser bei der **Panoramatafel „AugenBlicke“** 3.

Wir schwenken nach links und folgen für die nächste Zeit dem „Schlapphut“-Zeichen des **Hansjakobweges** („Mühlstein 3,5 km“) auf Schotter- und Waldweg stetig bergan zum Wegweiser „**Täschenwasen**“ 4, mit 640 Metern dem höchsten Punkt unserer Wanderung, dann sanft bergab, bald mit den Zeichen des „**Hahn-und-Henne**“- Rundweges (den berühmten Symbolen der Zeller Keramik) vereint, zum **Haldeneck** 5 und auf herrlichem Panoramaweg durch Streuobstwiesen zum **Mühlsteineck** 6 mit zünftiger Einkehrmöglichkeit im Gasthaus „Vogt auf Mühlstein“. Wir bleiben noch ein Weilchen den „Schlapphut“-Zeichen treu, biegen rechts ab („Kuhhornkopf 2,5 km“) und marschieren auf schönem Panoramaweg am **Mostbänkle** 7 vorbei, dann bergab zum **Heugrabeneck** 8.

Hier halten wir uns halblinks und folgen nun der gelben Raute („Kuhhornkopf 0,6 km“) auf steilem Pfad bergan. Bei der nächsten Verzweigung 9 wählen wir den linken Weg, wenn wir in der **Kuhhornkopfhütte** 10 einkehren wollen (sie ist sonn- und feiertags, außer im August, bewirtschaf-

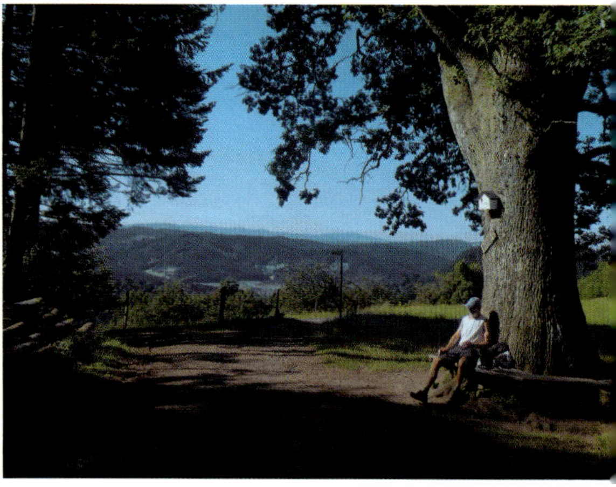

Aussichtspunkt Mostbänkle

tet), andernfalls den rechten Weg; beide Wege vereinigen sich wenig später. Beim nächsten Wegweiser biegen wir links ab, folgen nun den Schildern „Zell am Harmersbach" und steigen vorsichtig einen sehr steilen Weg hinab zur Kreuzung „Auf Eck", gehen weiter über Wiesen und Felder zum Wegweiser „Eckwald-Pavillon" und rechts ab auf Wald- und Teerwegen nach **Zell am Harmersbach**. Wir laufen auf der Kirchstraße zum nächsten Wegweiser, halten uns links („Bahnhof 0,8 km") und laufen am Rathaus vorbei und durch das **Storchentor** zum **Bahnhof** 11.

Zell am Harmersbach

Das Städtchen Zell wurde im Jahr 1330 gegründet. Im Stadtbild lassen sich zahlreiche Spuren vergangener Zeiten finden. Dazu zählen etwa der prägnante Storchenturm in der Ortsmitte, der Hirschturm (früher Bastionsturm), das Alte Waschhaus (genannt „alte Wäschkuchi") am Gewerbekanal an der ehemaligen Stadtmauer oder die Zeller Hauptstraße, deren Architektur einen charmanten Kontrast aus traditionellen Fachwerkhäusern und Jugendstilbauten mit verspielten Fassadenornamenten aufweist. Ganze drei Museen hat der Ort seinen geschichtsinteressierten Gästen zu bieten: Das Storchenturmmuseum, das Bauernhofmuseum Fürstenberger Hof und das Museum der Zeller Keramik. Hinzu kommt mit „Breig's Motorrad- und Spielzeugmuseum" eine originelle Ausstellung privater Sammlungsstücke, die neben einer großen Menge an Blechspielzeug über 80 Zweiräder aus 90 Jahren präsentiert.

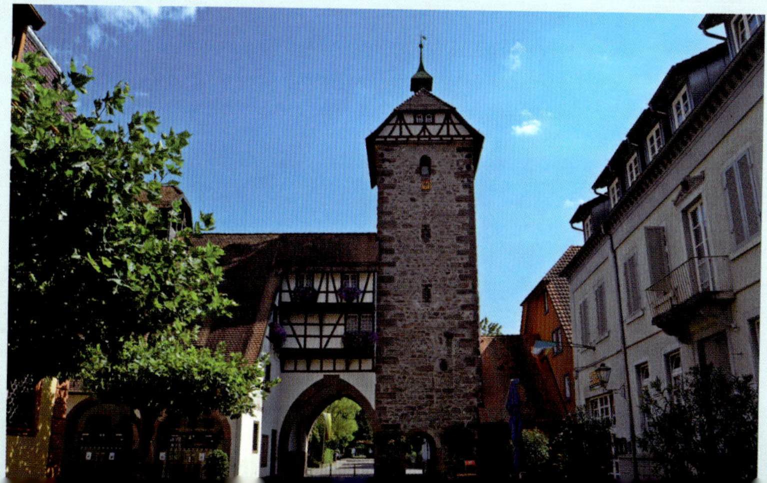

Von der Teufelskanzel zur Berglekapelle

Rundweg um Gengenbach auf dem Gengenbacher Sagenweg

25

2½ Std.

8 km

250 Hm

Gengenbach – Portiunkula-Kapelle – Satteleck – Teufelskanzel – Jakobuskapelle – Gengenbach

bis auf kurze steile und etwas holprige Abschnitte leichte Wanderung

Gengenbacher Kunstpfad; Portiunkulakapelle; Teufelskanzel; Jakobuskapelle auf dem Bergle; historische Altstadt von Gengenbach

Gengenbach

Der Sagenrundweg Bergle in Gengenbach gehört zu einem Netz neu angelegter Rundwege im Ortenaukreis, die die Erinnerung an die vielfältigen Sagen und Geschichten der Landschaft wachhalten und bewahren sollen, so z. B. bei der Teufelskanzel die Sage vom Teufel, der als Klosterbruder verkleidet eine Bittprozession zur Jakobuskapelle auf dem Bergle anführte und dabei stolperte, sodass die Menschen seine Pferdefüße sehen konnten. Voller Wut soll er zum nächsten Berggipfel geflohen sein und die Pferdefüße in den Felsen gehauen haben. Aber auch sonst ist auf der kleinen, hervorragend für einen Familienausflug mit Kindern geeigneten Rundwanderung für Abwechslung gesorgt: Zwei herrlich gelegene Bergkapellen bieten die Möglichkeit zur stillen Einkehr und auf dem Kunstpfad des Philosophenweges kann man die Objekte der Künstlerinnen und Künstler von ARTist Gengenbach-Obernai e.V., die sie gemeinsam mit Kolleginnen und Kollegen aus der elsässischen Partnerstadt Obernai geschaffen haben, bewundern. Ein Bummel durch die schmucke Gengenbacher Altstadt (siehe auch Tour 2) könnte die Krönung der kleinen Wanderung bilden. Sie ist zu jeder Jahreszeit zu empfehlen, außer an heißen Sommertagen, da der Anstieg durch die Weinberge keinen Schatten bietet.

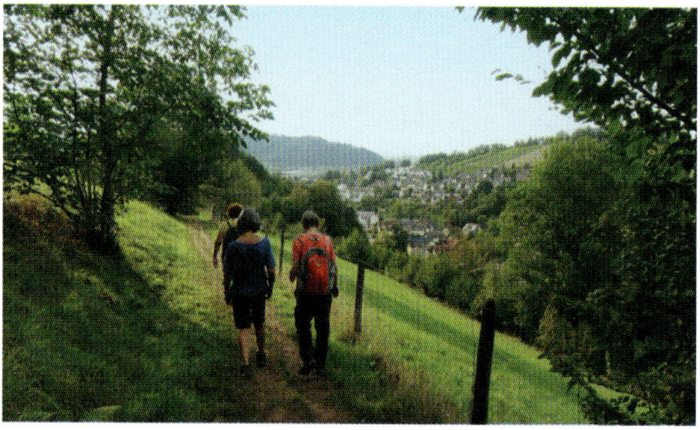

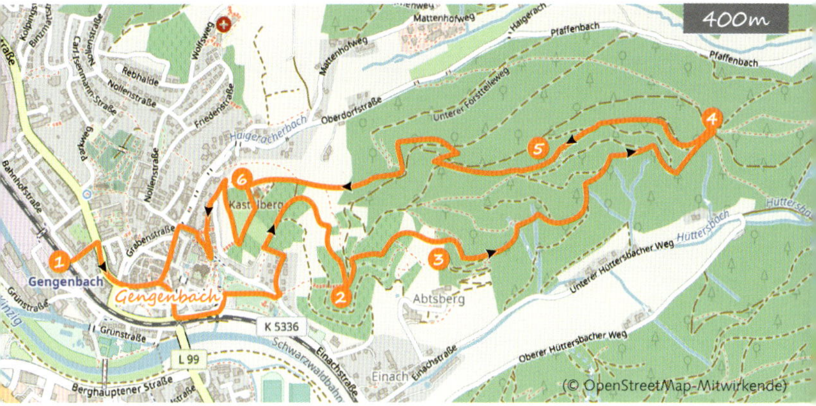

Vor dem Bahnhof 1 gehen wir auf der Bahnhofstraße geradeaus, dann rechts auf der Leutkirch- und Hauptstraße zum Marktplatz beim Rathaus, rechts durch das untere Tor und vor dem Bahnübergang links („Schneckenmatt 0,2 km"), nun immer der gelben Raute nach an der Straße entlang, schwach links in die Benedikt-von-Nursia-Straße, beim nächsten Wegweiser links („An der Stirn 0,6 km") und gleich wieder rechts an einer schönen Sonnenuhr vorbei durch eine Parkanlage. Bei deren Ende links ein paar Treppen hinauf und auf dem Otto-Ernst-Sutter-Weg aus dem Ort und nun auf Wirtschaftswegen stetig bergan durch die Weinberge, immer den Wegweisern „Abtsberg" und „Portiunkula-Kapelle" nach. Bald treffen wir auf die ersten Weg-

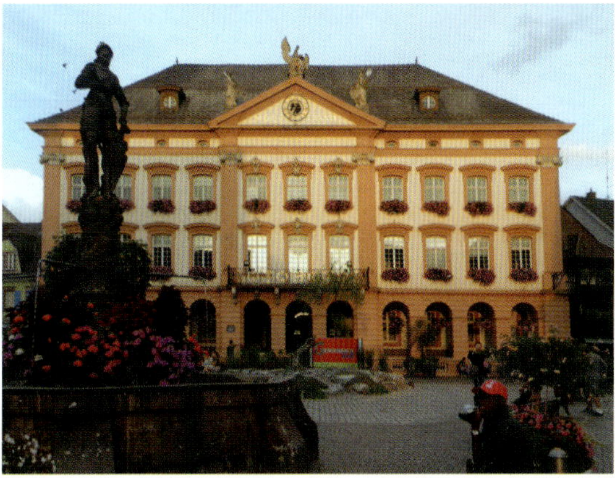

Marktplatz und Rathaus in Gengenbach im Abendlicht

INFOS

Freizeitkarte 1:50 000 des LGL BW, Blatt 503; Wanderkarte 1:35 000 des LGL BW, Blatt „Renchtal/Ortenau" oder „Schuttertal"; Wanderkarte 1:25 000 des LGL BW, Blatt „Achern"

www.gengenbach.info

Anfahrt: mit der Schwarzwaldbahn oder S-Bahn bis Gengenbach
mit dem Auto auf der B33 nach Gengenbach

48.40469, 8.01067

weiser des Sagenweges, sie sind teilweise handgemalt und werden uns bis zum Ziel begleiten. Auf aussichtsreichen Wegen gehen wir weiter, vorbei an den Objekten des **Gengenbacher Kunstpfades**, und halten uns bei einem Pavillon 2 scharf links. Nach einem Stück ebenen Weg fehlen bei einer Verzweigung die Zeichen, wir wählen den ansteigenden Weg schwach links. Nach einem Links-Rechts-Knick gelangen wir zur **Portiunkula-Kapelle** 3. „Portiunkula" bedeutet wörtlich übersetzt „mein kleines Erbteil" („Portiönchen") – gemeint ist damit das Einzige, was der heilige Franziskus als Asket sein Eigen nannte.

Beim nächsten Wegweiser halten wir uns geradeaus und marschieren auf gemütlichem Forstweg zum **Satteleck** 4, wo wir auf den Kandelweg treffen. Sein Zeichen (weißes „K" in roter Raute) wird uns bis zum Ziel begleiten. Wir biegen scharf links ab („Teufelskanzel 0,8 km") und marschieren auf schönem Waldpfad zum Aussichtspunkt **„Teufelskanzel"** 5 mit reizendem Blick auf die Rheinebene. Nun geht es stetig bergab zum Waldrand, dann auf einem Teerweg hinauf zur **Jakobuskapelle** 6 – hier können wir die Aussicht auf das Kinzigtal und die Gengenbacher Altstadt genießen.

Immer den Kandelwegzeichen nach geht es ein paar Treppen hinab und auf Wirtschaftswegen zurück nach Gengenbach. Beim nächsten Wegweiser biegen wir links ab („Bahnhof 0,6 km") und laufen durch das **Obere Tor** zum Marktplatz, biegen rechts ab und folgen den Wegweisern zurück zum **Bahnhof** 1.

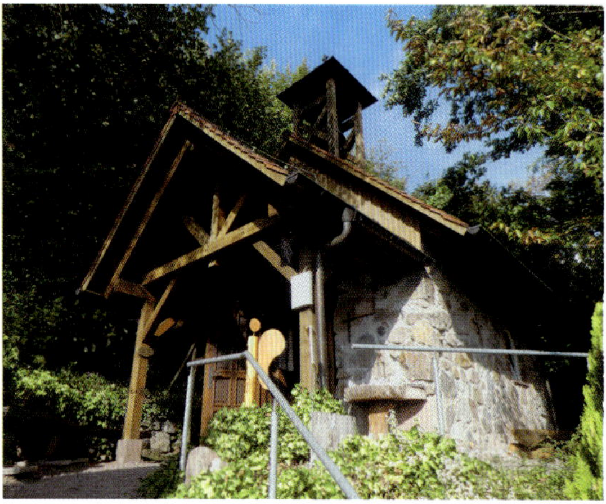

Portiunkula-Kapelle

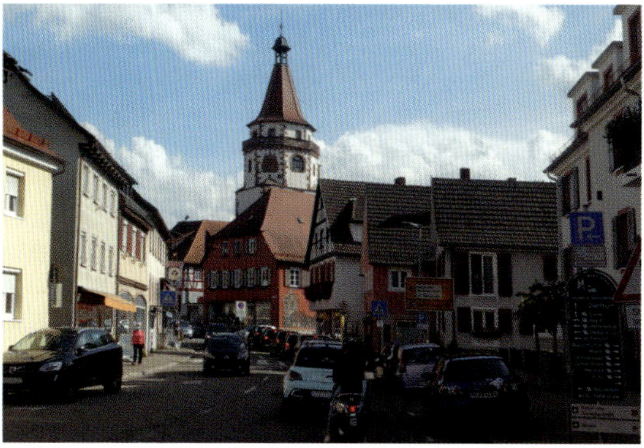

Auf der Gengenbacher Hauptstraße

Jakobuskapelle auf dem Bergle

Ein sehenswertes Wahrzeichen der Stadt Gengenbach ist die Jakobuskapelle auf dem Bergle, auch „Berglekapelle" genannt. Sie wurde 1681 errichtet und über einen langen Zeitraum von Pilgern als Station der Jakobuswallfahrten nach Spanien besucht. Münzfunde belegen sogar, dass bereits die Römer diesen Ort (mit herrlicher Aussicht auf die Rheinebene) als Kultstätte genutzt haben.
Zu bestaunen ist neben der steinernen Außenkanzel auch der Innenraum der Kapelle, der von sieben Malereien von Ruth Schaumann geschmückt wird; darauf sind die Seligpreisungen aus der Bergpredigt abgebildet. Nebenan befindet sich zudem die Heiliggrabkapelle.

Gengenbacher Adventskalender

Seit über 20 Jahren öffnet Gengenbach in der Adventszeit vom 30. November bis zum 23. Dezember jeden Abend eines der 24 Fenster des weltgrößten Adventskalenderhauses. Hinter jedem dieser Fenster befindet sich ein Kunstwerk: Zu sehen sind sowohl Werke bekannter Persönlichkeiten, z. B. Andy Warhol, Marc Chagall oder Tomi Ungerer, als auch Bilder beliebter Kinderbuchfiguren, z. B. aus „Jim Knopf" und „Räuber Hotzenplotz". Jährlich wird dieses einzigartige Weihnachtsspektakel an der Fassade des Gengenbacher Rathauses von bis zu 100 000 Menschen bewundert. Das Rathaus befindet sich inmitten der historischen Altstadt, die gerade in der Weihnachtszeit mit ihren warmen Lichtern, dem Adventsmarkt sowie unzähligen weiteren Veranstaltungen zu einem gemütlichen Besuch einlädt.

Vom Namensgeber der Ortenau auf den Offenburger Hausberg

Von Ortenberg über Hohes Horn und Brandeckkopf nach Gengenbach

26

4½ / 5 Std.

17 / 18,5 km

500 / 650 Hm

Ortenberg – Schloss Ortenberg – Hohes Horn – Brandeckkopf – Reichenbach – Gengenbach

recht lange, mittelschwere Wanderung mit nur kurzzeitig steilem Anstieg; festes Schuhwerk erforderlich

Schloss Ortenberg; Hohes Horn und Brandeckkopf mit Aussichtstürmen; Gengenbach

Gasthaus Brandeck-Lindle (Fr– So); Reichenbach; Gengenbach

Ausgangspunkt dieser Wanderstrecke ist der beschauliche Winzerort Ortenberg, der Namensgeber der Ortenau, mit dem berühmten und imposanten Schloss Ortenberg, welches heute als Jugendherberge dient. Auf der zu jeder Jahreszeit schönen Wanderung überschreiten wir zwei Schwarzwaldgipfel mit Aussichtstürmen; insbesondere der Turm auf dem Brandeckkopf, dem Offenburger Hausberg, bietet eine umfassende Aussicht auf den westlichen Schwarzwald, die Rheinebene und bei klarer Sicht auf die Vogesen. Im Zielort Gengenbach (siehe auch *Tour 2**) sollte man sich unbedingt ein bisschen Zeit für einen Bummel durch die schmucke Altstadt gönnen.*

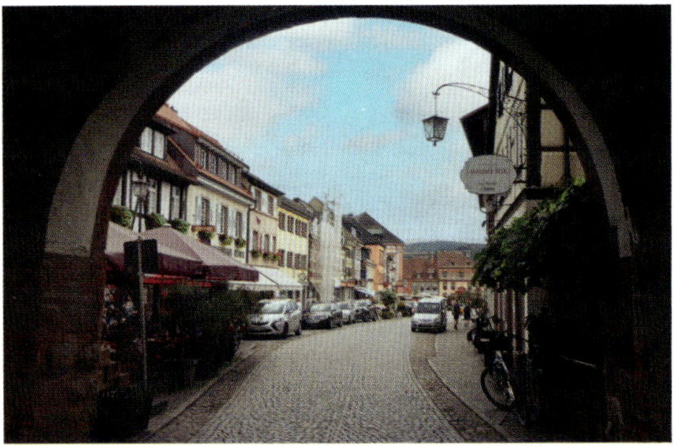

Blick durch den Bogen des oberen Turms in Gengenbach

Von der Bushaltestelle 1 aus laufen wir auf der Straße in Fahrtrichtung (bzw. wenn wir von Gengenbach kommen entgegen der Fahrtrichtung), biegen nach 150 Metern links ab in den Burgweg und marschieren auf einem Teersträßchen hinauf zum herrlich gelegenen **Schloss Ortenberg** 2. Hier treffen wir auf den ersten Wegweiser des Schwarzwaldvereins. Wir biegen links ab und folgen nun immer den Schildern „Hohes Horn“ und der gelben Raute. Auf einem Teerweg gelangen wir durch Weinberge mit

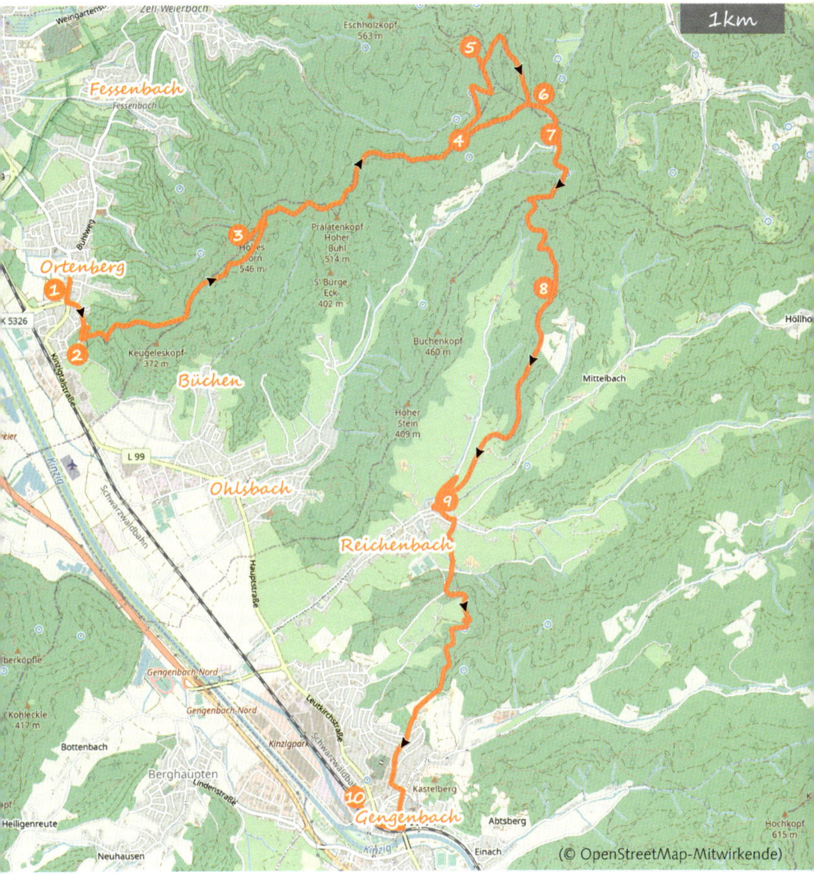

schöner Aussicht auf die Ortenau und das Kinzigtal zum Waldrand, wandern auf breitem Forstweg zum Freudentaler Eck mit kleiner Schutzhütte, biegen links ab und gelangen auf schönen und abwechslungsreichen Pfaden, teilweise steil bergan, zum nächsten Wegweiser. Bei klarer Sicht empfiehlt sich nach links ein kurzer Abstecher zum 200 Meter entfernten luftigen Aussichtsturm auf dem **Hohen Horn** 3, bevor es nach rechts („Brandeck 3,5 km") weitergeht.

Nun wandern wir immer den Schildern „Brandeck" und der gelben Raute folgend auf schönen Wegen über „Bühlhof" zum „Fritscheneck" 4. Wenn man sich den – allerdings sehr lohnenden – Umweg von 1,5 Kilometern über

INFOS

Freizeitkarte 1:50 000 des LGL BW, Blatt F503; Wanderkarte 1:35 000 des LGL BW, Blatt „Renchtal/ Ortenau“; Wanderkarte 1:25 000 des LGL BW, Blatt „Achern“

www.brandeck-lindle.de; www.stadt-gengenbach.de, www.ortenberg.de

Anfahrt: ab Offenburg Bhf. mit Bus 7134 oder 7160 bis Ortenberg Schloss/ Freudental; mit dem Auto fährt man bis Gengenbach und dann mit dem Bus 7134 oder 7160 bis Ortenberg Schloss/Freudental
Rückfahrt: ab Gengenbach mit dem Zug oder der S-Bahn nach Offenburg

48.44915, 7.97173

den Brandeckkopf sparen will, biegt man hier rechts ab und folgt der blauen Raute direkt zum Brandeck-Lindle 6. Im anderen Falle bleibt man geradeaus („Brandeck 1,2 km“) und folgt der gelben Raute auf breitem Weg bis zu einem Querweg, biegt rechts und 200 Meter weiter links ab und gelangt zum Aussichtsturm auf dem **Brandeckkopf** 5, dem höchsten Punkt unserer heutigen Wanderung. Weiter geht es der Markierung nach („Brandeck-Lindle 1,6 km“) auf holprigem Weg bergab, dann nach rechts und immer den Zeichen und Schildern nach auf schönem Pfad und Forstweg zur Wegspinne beim **Brandeck-Lindle** 6, wo wir die Hälfte des Weges geschafft haben.

Wir biegen halbrechts ab („Gengenbach 8,5 km“), gehen auf einem Teerweg am **Gasthaus „Brandeck-Lindle“** 7 vorbei (Fr–So Einkehrmöglichkeit) und folgen der gelben Raute geradeaus weiter auf breitem Höhenweg, biegen beim nächsten Wegweiser links ab („Gengenbach 7 km“) und laufen auf steilem Pfad bergab zu einem Querweg. Nun geht es nach links weiter („Jakobsruhe 1 km“), auf gemütlichem Forstweg gelangen wir zur **Jakobsruhe** 8. Hier bleiben wir zweimal geradeaus („Reichenbach 3,5 km“) und wandern auf aussichtsreichem Weg mit schönem Blick auf Mooskopf, Brandenkopf und Reichenbach immer sanft bergab, zum Schluss in einer Doppelschleife nach **Reichenbach** 9. Wir folgen den Schildern „Gengenbach“ durch den Ort am Sondersbach entlang, biegen bei der Bushaltestelle (ab hier Busverbindung nach Gengenbach bzw. Offenburg bis ca. 17 Uhr) rechts ab, bleiben beim nächsten Wegweiser beim Waldparkplatz geradeaus und treffen 100 Meter weiter auf den **Ortenauer Weinpfad**. Seine Markierung (rote Raute mit blauer Traube) wird uns bis zum Ziel begleiten. Wir biegen links ab („Gengenbach 3 km“), wandern

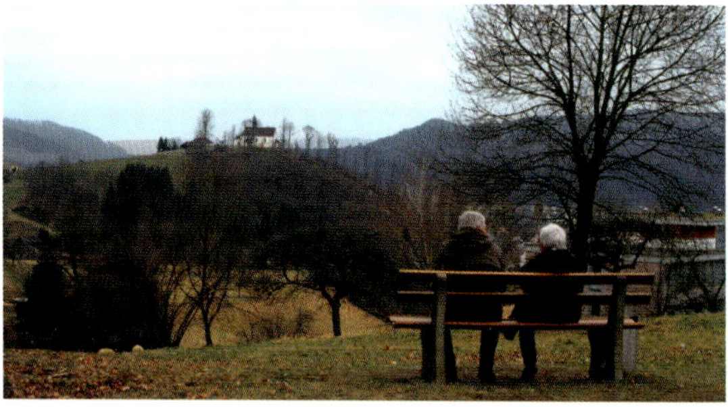

Blick auf die Jakobuskapelle bei Gengenbach

auf schönen Fuß- und Waldwegen, bald mit der Querwegmarkierung (blaue Raute auf gelbem Grund) vereint, zum Waldrand und durch die Außenbezirke von **Gengenbach** hinab durch das Stadttor zum Marktplatz. Beim Rathaus halten wir uns links, laufen durch den Kinzigturm, biegen vor den Gleisen rechts ab und gehen parallel zur Bahnlinie bis zum Bahnhof 10.

Schloss Ortenberg

Das heutige Schloss Ortenberg befindet sich am Tor zum Kinzigtal auf einer Erhöhung inmitten von Weinbergen. Zu Beginn stand hier eine Burg, die im 11. oder 12. Jahrhundert von den Zähringern zur Verteidigung der Region erbaut und im 15. Jahrhundert um 2 Verteidigungstürme erweitert wurde. Unter den Hohenstaufern war hier der Sitz der Ortenauer Landvögte, der allerdings später nach Offenburg verlegt werden musste. Zuvor war die Burg im Jahr 1678 im Auftrag des französischen Königs Ludwig XIV. gesprengt und 1697 noch weiter zerstört worden. Geblieben sind bis heute noch mittelalterliche Reste der Burg (z. B. der Unterbau des Bergfrieds), das heutige Schloss Ortenberg selbst wurde in der ersten Hälfte des 19. Jahrhunderts vom Kaufmann Gabriel Leonhard von Berckholtz aus Livland im englischen Stil gebaut. Das Schloss wurde 1942 vom Deutschen Jugendherbergswerk übernommen, mittlerweile befinden sich hier eine Jugendherberge und ein Weinbauversuchsgut.

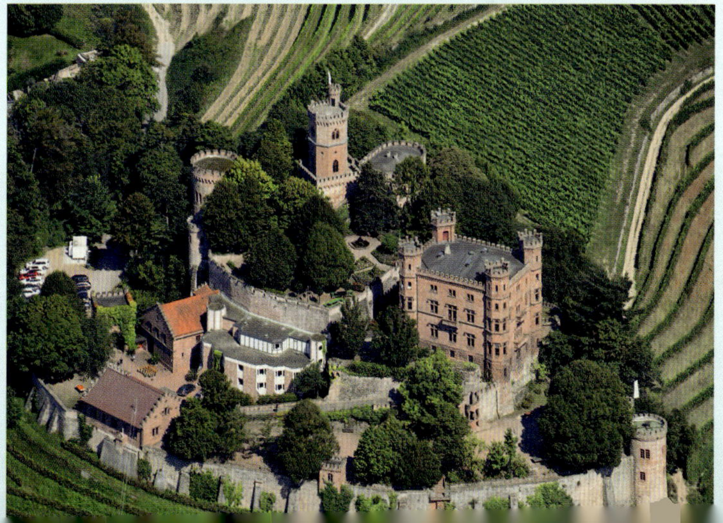

Wo die Waffen geschmiedet wurden

Von Seelbach im Schuttertal über Schwert, Langenhard und Burghard nach Lahr

27

2¾ / 3¼ Std.
13 / 15 km
240 Hm

Seelbach – Litschental – Gasthaus Schwert – Langenhard – Burghard – Lahr

bis auf den steilen holprigen Anstieg zum Gasthaus zum Sternen leichte Wanderung

Wasserschloss Dautenstein; Naturschutzgebiet Litschental; Hammerschmiede; schöne Aussichtspunkte; Ringwallanlage Burghard; Lahr (Altstadt, Storchenturm, Stadtpark)

Gasthaus Schwert (Do–Mo); Gasthaus zum Sternen (Mi–So); Gasthaus Eiche in Langenhard (Mi–So); Lahr

Ein besonderes Highlight der Wandertour vom unteren Schuttertal in die Rheinebene ist der teilweise als Bohlenweg angelegte Naturlehrpfad durch das Naturschutzgebiet Litschental. Der Lehrpfad ist mit 11 Tafeln ausgestattet, auf denen die heimische Tier- und Pflanzenwelt kindgerecht erklärt wird. Wenn Kinder mitwandern, sollten diese schon etwas älter sein und über genügend Kondition verfügen: Der recht steile Anstieg zum Gasthaus „zum Sternen" ist nicht zu unterschätzen! Weitere Sehenswürdigkeiten der ansonsten leichten Tour sind das Wasserschloss Dautenstein, die Hammerschmiede beim Gasthaus „Schwert" (sie kann Sa/So nachmittags besichtigt werden; telefonische Voranmeldung unter 07823/2270 notwendig), die Ringwallanlage Burghard (mit einem Abstecher zu erreichen) sowie die schöne Altstadt im Zielort Lahr.

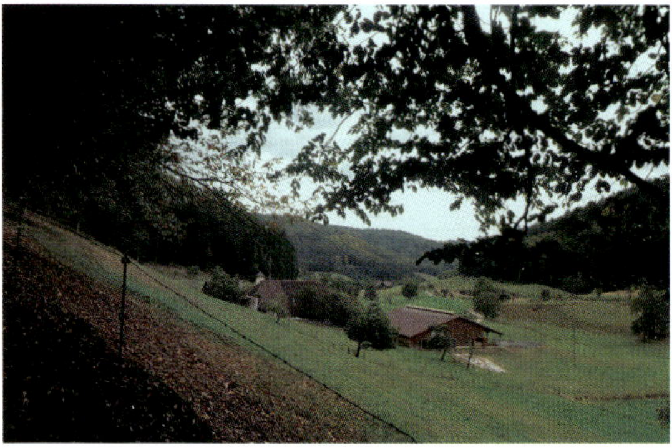

Wir laufen von der Bushaltestelle 1 aus in Fahrtrichtung zur Kirche, rechts in die Marktstraße, links in die Ludwig-Auerbach-Straße und halblinks auf dem Schloßweg aus dem Ort und vorbei am **Wasserschloss Dautenheim** 2 zum nächsten Wanderwegweiser. Nun geht es immer der gelben Raute und den Schildern „Schwert" nach

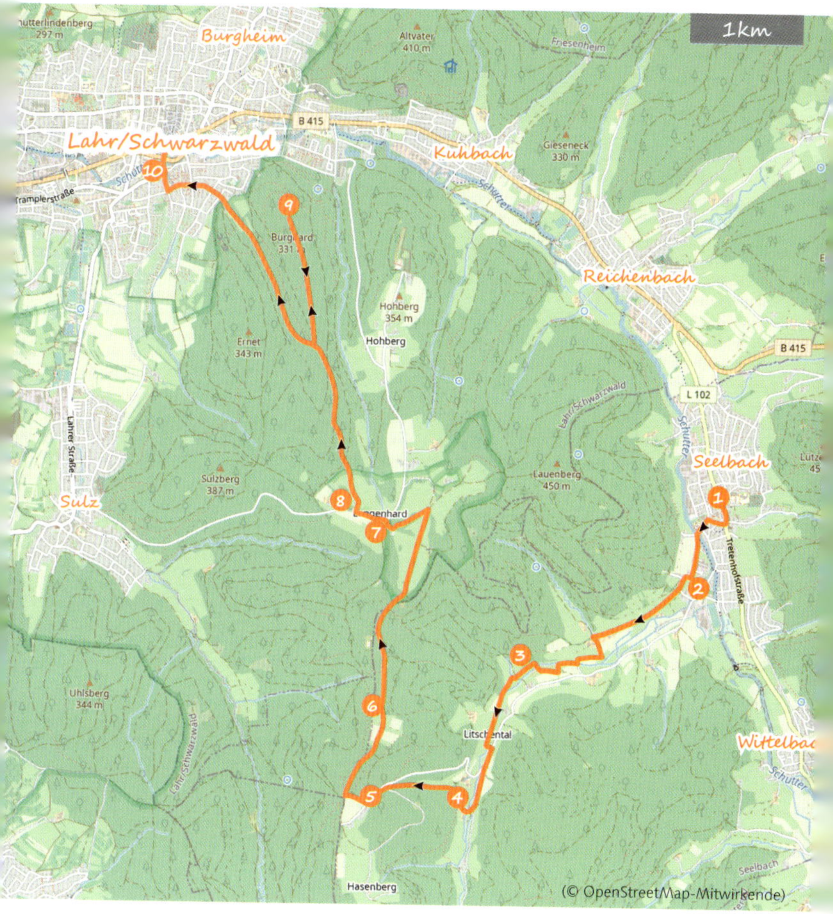

auf einem Sträßchen durch das Litschental an mehreren Bauernhöfen vorbei, bei einer großen Scheune links ab und weiter auf einem Schotterweg zum **Naturschutzgebiet Litschental** 3, das wir auf einem eindrucksvollem Bohlenweg durchqueren. Auf schönem Fußweg gelangen wir schließlich zum **Gasthaus „Schwert"** 4 bei der alten **Hammerschmiede**.

Wir gehen rechts hinter dem Haus entlang zum Waldrand, biegen rechts ab („Sternen 1,0 km") und steigen nun ziemlich steil auf holprigem Waldsaumpfad bergan in den Wald, queren einen Forstweg und folgen schließlich der gelben Raute

INFOS

Freizeitkarte 1:50 000 des LGL BW, Blatt F503; Wanderkarte 1:35 000 des LGL BW, Blatt „Schuttertal"; Wanderkarte 1:25 000 des LGL BW, Blatt „Lahr/ Schwarzwald"

www.seelbach-online.de; www.schwert-seelbach.de; www.gasthaus-sternen.de; www.gasthaus-eiche.de; www.lahr.de

Anfahrt: mit der Bahn nach Lahr/ Schwarzwald und weiter mit Bus 106 bis Seelbach Rathaus Rückfahrt: ab Lahr Rathausplatz mit dem Stadtbus zum Bhf. Lahr

48.31125, 7.94036

auf einem Sträßchen zum **Gasthaus „zum Sternen"** 5. Hier biegen wir rechts, beim Wegweiser „Karlsbänkle" nochmals rechts ab und folgen nun immer der blauen Raute („Lahr 8 km") auf etwas holprigem Waldweg zu einem Windrad 6 und weiter auf dem breiten „Windradweg" am Bildstöckle vorbei aus dem Wald und aussichtsreich über eine Hochalm zum nächsten Wegweiser. Hier geht es links weiter („Lahr Schüssel 4,5 km"), durch den Wald bergab und nochmals links zum **Gasthaus „Eiche"** 7. Nach 100 Metern, kurz vor der **Kapelle Langenhard** 8, schwenken wir nach rechts und wandern auf schönem Gras- und Waldpfad, dann auf breitem Schotterweg stetig bergab zum Wegweiser „Grüner Platz". 200 Meter weiter (beim Bannwaldschild) können wir, bevor wir weiter der blauen Raute folgen, noch einen Abstecher zur ca. 1 Kilometer entfernten **Ringwallanlage Burghard** 9 machen: Hierzu biegen wir rechts ab und laufen auf unmarkiertem Waldweg immer geradeaus, bis der Weg bei den noch gut sichtbaren Wallresten endet, und anschließend wieder zurück zum Blaue-Raute-Weg.

Nun geht es auf gemütlichem Schotterweg stetig bergab zu den ersten Häusern von **Lahr** und geradeaus zum nächsten Wegweiser. Hier nehmen wir die gelbe Raute auf („Rathaus 0,6 km") und laufen geradeaus auf der Heidenburg-

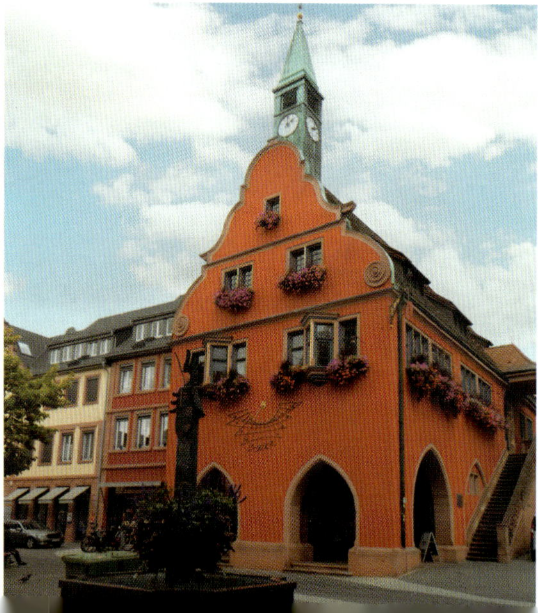

Rathaus in Lahr

straße und Moltkestraße, dann rechts auf der Weiherstraße zum Werderplatz, queren die Tiergartenstraße und gelangen nach wenigen Schritten zur **Bushaltestelle „Rathausplatz“** 10.

Gasthaus „Schwert“ und die Hammerschmiede

Bei einer Einkehr in den Landgasthof „Schwert“ bietet sich ein Besuch in der ehemaligen Hammerschmiede an. Dort wurden ab 1280 jahrhundertelang Waffen geschmiedet, auch heute lassen sich dort beeindruckende Hämmer bestaunen. Die rund 30-minütigen Führungen finden nur nach Vereinbarung zwischen April und Oktober am Wochenende und an Feiertagen jeweils ab 15.30 Uhr statt.

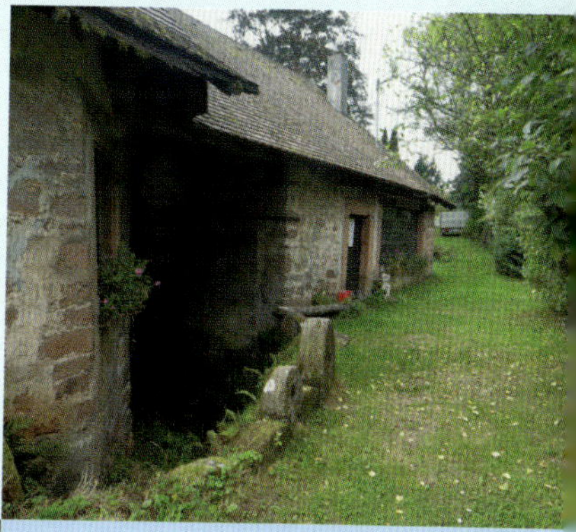

Vom ältesten Gasthaus Deutschlands zur Burg Hohengeroldseck

Rundwanderung von Biberach im Kinzigtal über Burg Hohengeroldseck zurück nach Biberach

28

2¾ / 3¼ Std.

13 / 15 km

240 Hm

Biberach – Karl-Knauer-Pavillon – Schönberg – Burg Hohengeroldseck – Konradskapelle – Biberach

mittelschwere Wanderung mit einigen (meist kurzen) steilen An- und Abstiegen, etwas Trittsicherheit erforderlich

Geroldsecker Sagenrundweg; Burg Hohengeroldseck; Konradskapelle; Altstadt von Gengenbach

Beck's Vesperstube (Do–Mo); Schloßberg Ranch (Do–Sa); Biberach

Sowohl mit herrlichen Landschaftsbildern als auch mit sehenswerten kulturhistorischen Sehenswürdigkeiten kann die heutige, zu jeder Jahreszeit empfehlenswerte Wanderung aufwarten. Zu nennen sind hierbei die Ruine der im 13. Jahrhundert gebauten und 1689 von den Truppen Ludwigs XIV. zerstörten Burg Hohengeroldseck, die Konradskapelle hoch über Biberach oder das älteste Gasthaus Deutschlands (leider seit einigen Jahren geschlossen). Auch wenn die Tour nicht allzu lang ist, sollte man sie nicht unterschätzen: Auf einigen recht steilen Passagen wird dem Wanderer einige Kondition abverlangt. An Sonntagen in den Sommermonaten gibt es aber die Möglichkeit, dem Wanderbus die meisten Anstiegs- und Höhenmeter zu überlassen: In diesem Falle startet man bei der Bushaltestelle „Schönberg" und hat nur noch den kurzen Anstieg bis zur Burg zu bewältigen – diese Version eignet sich auch bestens als Familienausflug mit älteren Kindern, bei dem auch der Sagenrundweg Geroldseck erkundet werden kann.

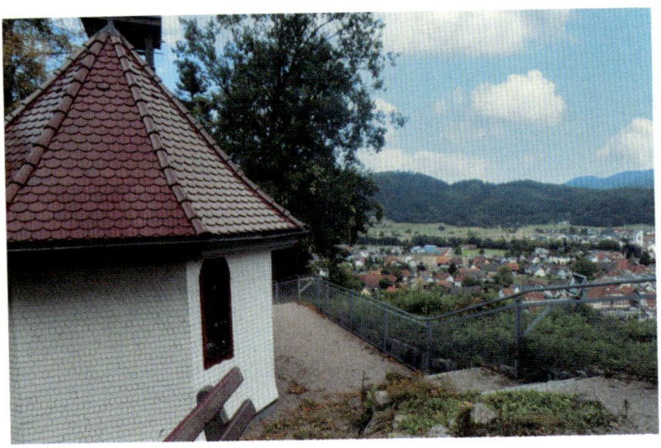

Konradskapelle bei Biberach

Vom **Bahnhof Biberach** (1) aus gehen wir nach links, wo wir schon unsere Markierung, die gelbe Raute, sehen. Wir laufen links durch die Unterführung, auf der Bahnhof-

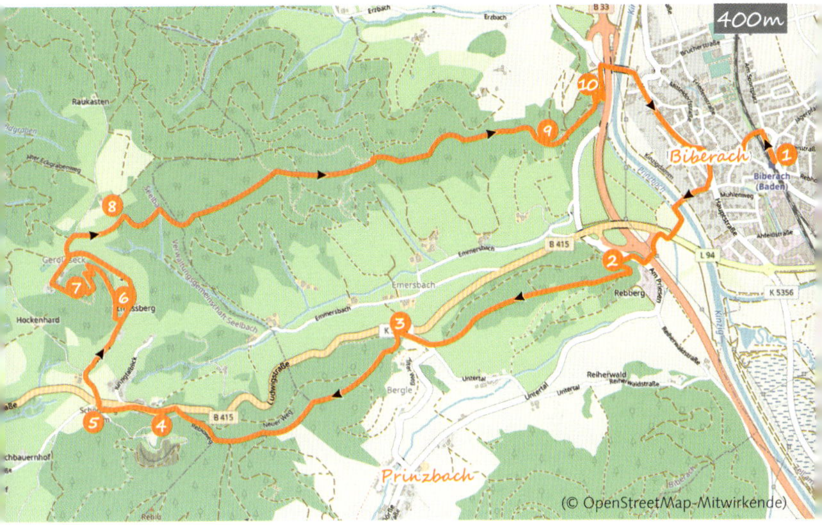

straße am Narrenbrunnen vorbei, beim Stoppschild links („Burg Hohengeroldseck 6,5 km") und 100 Meter weiter rechts auf dem Strandbadweg über die Kinzigbrücke, durch eine Straßenunterführung, halten uns zweimal rechts und gelangen über die Bundesstraße zu einem Steinbruch. Nun geht es nach rechts und gleich wieder links weiter, wir folgen immer der gelben Raute und den Wegweisern Richtung Hohengeroldseck auf schönem Weg steil bergan, dann links ab auf einem Stück Forstweg und in einer Rechtskurve beim **Karl-Knauer-Pavillon** 2 rechts ab auf einen Fußweg,

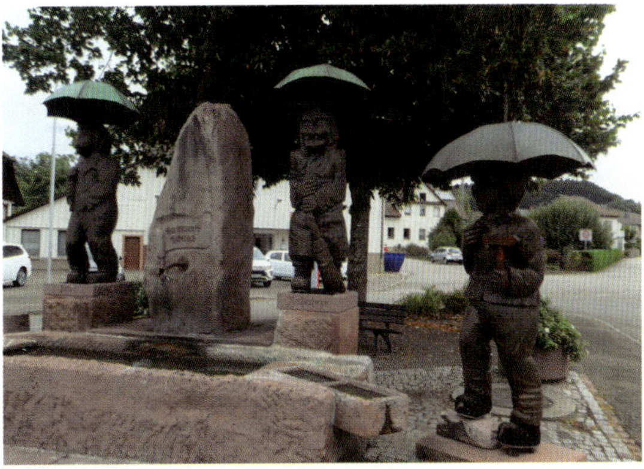

Narrenbrunnen in Biberach

INFOS

Freizeitkarte 1:50 000 des LGL BW, Blatt F503; Wanderkarte 1:35 000 des LGL BW, Blatt „Schuttertal"; Wanderkarte 1:25 000 des LGL BW, Blatt „Lahr/Schwarzwald"

www.biberach-baden.de; www.burgruine-hohengeroldseck.de

Anfahrt: ab Offenburg Hbf. mit der Regionalbahn oder S-Bahn nach Biberach (Baden); für die kürzere Variante (So, Mai–Oktober) weiter mit Buslinie SL bis Schönberg (Seelbach);
mit dem Auto auf der B33 nach Biberach, Parkmöglichkeit in Bahnhofsnähe

48.33836, 8.03297

genießen wenig später den Ausblick auf das Prinzbachtal und gelangen bergab zu einem Sattel 3. Wir laufen ein paar Meter auf der Straße, dann halblinks auf einem Teerweg, biegen scharf links ab, steigen auf einem ziemlich steilen Fußweg bergan und können bald einen Blick auf unser nächstes Ziel, die Burg Hohengeroldseck, werfen.

Immer den Schildern und der Markierung folgend kommen wir bald zur Straße und laufen auf ihr vorbei am ehemaligen **Gasthaus „Löwen"** 4, das seit dem Jahre 1231 existierte und bis zu seiner Schließung das älteste Gasthaus Deutschlands war, bis zur nächsten Kreuzung bei der **Ludwigssäule** 5. Hier treffen wir auf die Markierung des **Kandelweges** (weißes K in roter Raute), folgen ihr ein Stückchen nach rechts, biegen kurz nach „Beck's Vesperstube" 6 (Einkehrmöglichkeit) links ab (wer abkürzen will, bleibt geradeaus) und steigen, nun wieder der gelben Raute nach, auf einem Fußweg im Zickzack, vorbei an mehreren Stationen des **Geroldsecker Sagenrundweges**, hinauf zur **Burg Hohengeroldseck** 7.

Hier sollten wir uns ein wenig Zeit nehmen, um die imposante und gut restaurierte Burganlage zu besichtigen und um auf dem Bergfried die schöne Aussicht zu genießen, bevor wir uns auf den Weiterweg machen. Wir laufen auf dem breiten Weg um die Burg herum, biegen rechts ab und folgen der gelben Raute zum **Geroldseck** 8 (Einkehrmöglichkeit in der „Schloßberg Ranch"). Wir bleiben geradeaus („Biberach 4,5 km"), biegen beim nächsten Wegweiser

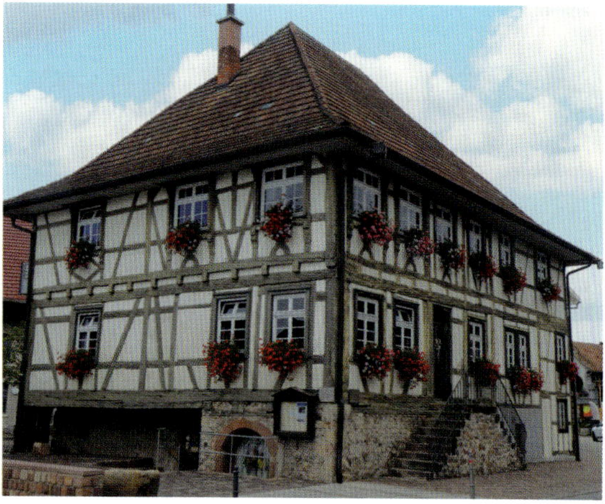

Rathaus in Biberach

rechts ab und folgen nun bis zum Ziel der gelben Raute („Biberach 4,5 km"): zunächst auf gemütlichem Forstweg, dann schwach rechts auf einen schönen Waldweg. Wir wählen, wenn einmal das Zeichen fehlt, den ebenen Weg geradeaus, kommen an der „Eng" 9, einem ehemaligen Silberbergbaugebiet, vorbei, steigen einen Hohlweg steil bergab und gelangen auf schönem Pfad über der Eichenhalde zur aussichtsreich gelegenen **Konradskapelle** 10. Nun geht es steil im Zickzack hinab zum Bruder-Konrad-Brunnen, beim nächsten Wegweiser rechts („Biberach 1,6 km") durch die Straßenunterführung und über die Kinzigbrücke neben der Straße nach **Biberach**, am Rathaus vorbei und beim Gasthaus „Kreuz Biberach" links ab zurück zum Bahnhof 1.

Burgruine Hohengeroldseck

Zwischen Biberach und Seelbach kann die Burgruine Hohengeroldseck auf einem 525 Meter hohen Berg besichtigt werden. Sie wurde 1250 von den Herren von Geroldseck erbaut und ist seit ihrer Zerstörung im Jahr 1689 eine Ruine; noch erhalten sind einige Mauerreste sowie die frühgotischen Spitzbogenfenster. Über die Seelbacher Kultur- und Tourist-Information können Führungen von April bis Oktober gebucht werden, etwa telefonisch (07823/9494-52) oder per E-Mail (tourismus@seelbach-online.de).

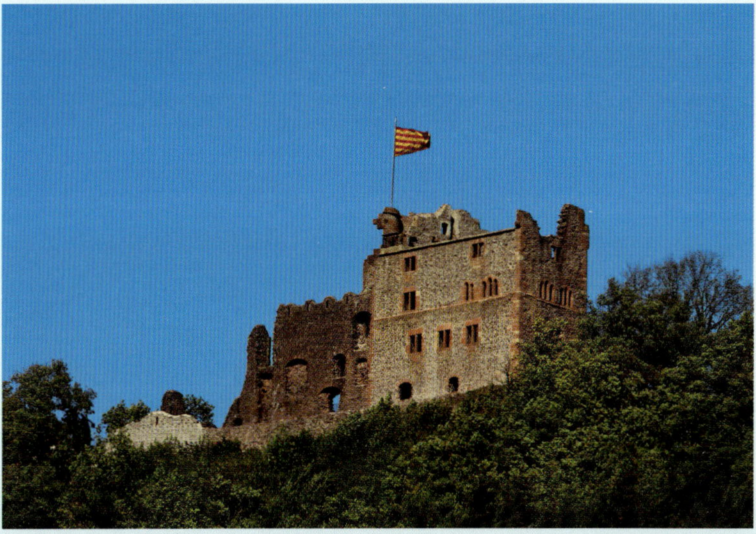

Vom Rotweinbänkle zur Teufelskanzel

Rundtour um Haslach im Kinzigtal auf dem Haslacher Sagenrundweg über den Urenkopf

29

3 ¼ Std.
11 km
400 Hm

Haslach – Kapuzinerkloster – Heiliger Brunnen – Urenkopf – Rotweinbänkle – Teufelskanzel – Haslach

mittelschwere Wanderung mit einem langen und teilweise steilen Anstieg im ersten Abschnitt; einige schmale und holprige Wegstücke erfordern etwas Trittsicherheit

Sagenweg und Hansjakobweg mit Infotafeln; Heiliger Brunnen; Urenkopfturm; Rotweinbänkle; Teufelskanzel; Haslach (Altstadt, Kapuzinerkloster, Hansjakob-Museum)

erst im Zielort Haslach

Bei dieser Wanderung über den Haslacher Hausberg steht das Naturerlebnis im Vordergrund: Wanderer können sich an den abwechslungsreichen Waldpfaden und herrlichen Aussichtspunkten erfreuen. Allerdings sollte man die Tour nicht unterschätzen. Der lange und teilweise steile Anstieg des Weges zum Urenkopf erfordert ein gerütteltes Maß an Kondition! Viele Sehenswürdigkeiten am Wegesrand sorgen für zusätzliche Abwechslung: etwa die Infotafeln des Hansjakobweges am Rand der ersten Weghälfte, der Aussichtsturm auf dem Urenkopf sowie die liebevoll gestalteten Stationen des Sagenweges, z. B. bei der Teufelskanzel. Zum Abschluss der Wanderung sollte man sich einen Bummel durch die wunderschöne Altstadt von Haslach (siehe auch *Tour 22**) gönnen.*

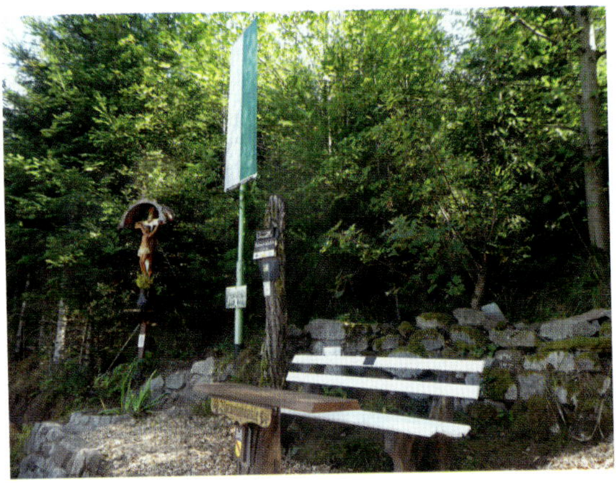

Wir folgen vom Bahnhof 1 aus der gelben Raute geradeaus („Historische Altstadt 0,4 km"), bleiben beim nächsten Wegweiser geradeaus und folgen dem Zeichen Richtung „Tourist-Information" durch die schöne Altstadt: auf dem **Marktplatz** rechts ab, beim nächsten Wegweiser

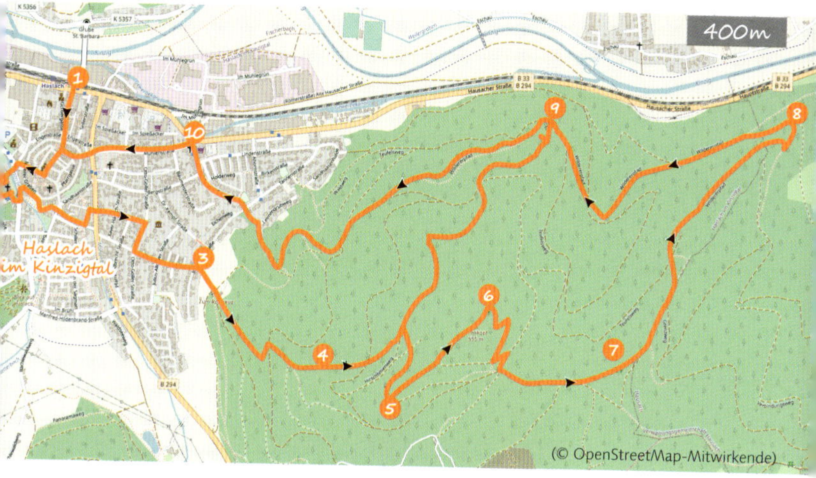

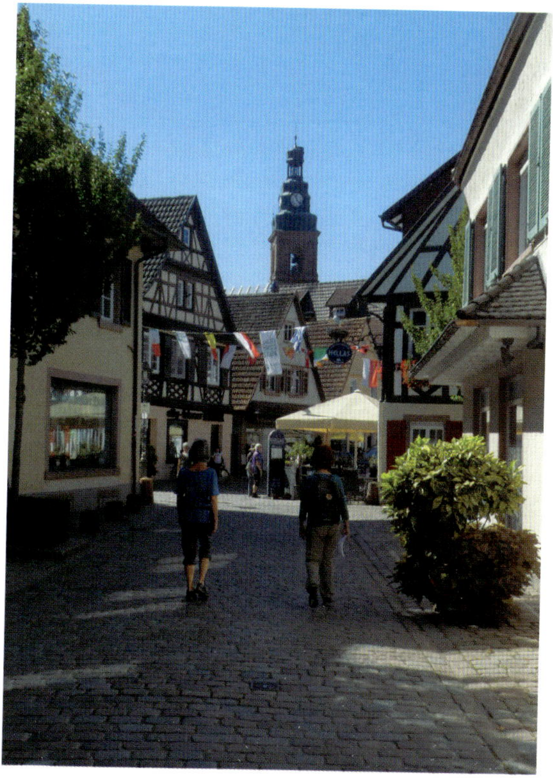

Haslacher Altstadt-impression

INFOS

Freizeitkarte 1:50 000 des LGL BW, Blatt F503; Wanderkarte 1:35 000 des LGL BW, Blatt „Mittleres Kinzigtal"; Wanderkarte 1:25 000 des LGL BW, Blatt „Lahr/ Schwarzwald"

www.haslach.de

Anfahrt: mit der Schwarzwaldbahn bis Haslach; mit dem Auto auf der B33 nach Haslach, Parkmöglichkeit in Bahnhofsnähe

48.27129, 8.10749

schwach links und nun den Schildern des „Sagenrundweges Teufelskanzel" nach zur **Klosterkiche** 2.

Wir halten uns links, nach der Tourist-Information nochmals links und folgen nun für die nächsten 1 ½ Stunden dem „Schlapphut"-Symbol des **Hansjakobweges**: durch einen Torbogen, links über eine Brücke, gleich wieder rechts durch den Stadtgarten an einem Spielplatz vorbei, bleiben beim nächsten Wegweiser geradeaus („Urenkopfturm 3 km"), biegen nach 100 Metern links, dann gleich wieder rechts ab, beim Hansjakob-Museum rechts in die Otto-Göller-Straße, rechts in die Rotkreuzstraße und laufen, nun immer steiler bergan, aus dem Ort zum **Rotkreuz** 3 am Waldrand. Hier können wir eine Verschnaufpause für einen schönen Blick zurück auf Haslach nutzen, bevor es weiter

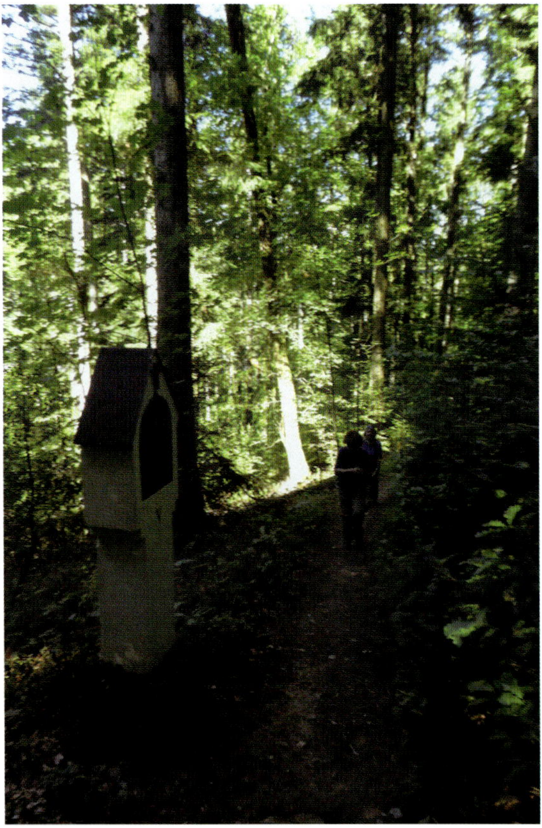

Auf dem Kreuzweg zum Heiligen Brunnen

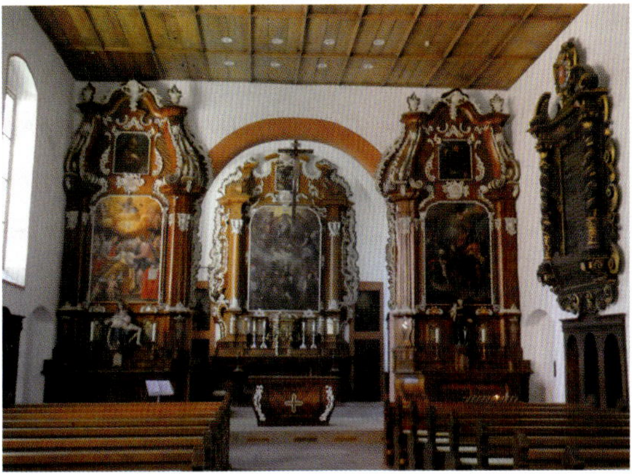

Klosterkirche Haslach

Kapuzinerkloster Haslach

Das zwischen 1630 und 1632 errichtete Kapuzinerkloster Haslach ist die einzige vollständig erhaltene Anlage des Kapuzinerordens, denn im Laufe der Jahrhunderte fanden nur geringfügige Veränderungen statt. Mittlerweile sind die barocken Innenräume des Klostergebäudes der Standort der Haslacher Tourist-Information.

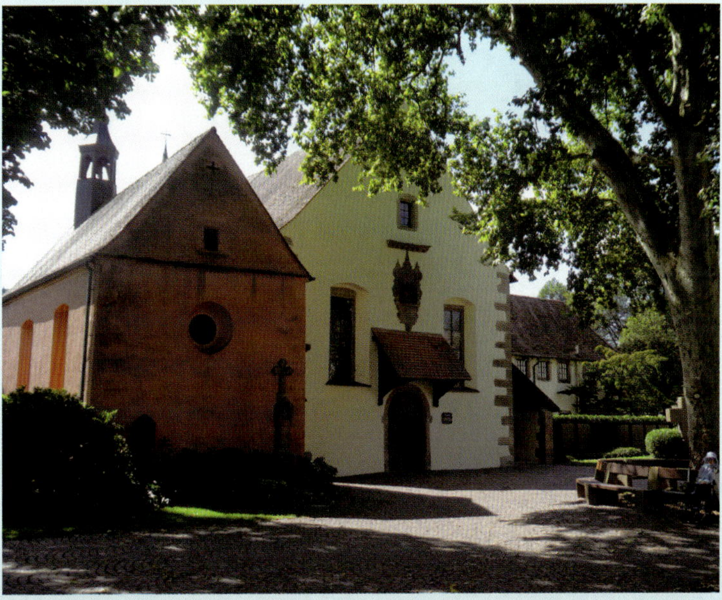

steil bergan geht: bei der Station „Waldteufel" schwach links auf schönem Fußpfad mit alten Kreuzwegstationen zu einer kleinen Kapelle mit einer Mariengrotte und drei hübschen kleinen Wassermühlen beim **Heiligen Brunnen** 4. Beim nächsten Wegweiser halten wir uns rechts („Urenkopfturm 0,9 km") bzw., wenn wir abkürzen wollen, links ab auf direktem Weg zur Teufelskanzel. Im anderen Falle geht es weiter bergan an der **Sandhasenhütte** 5 vorbei zum mächtigen Aussichtsturm auf dem **Urenkopf** 6.

Nach wohlverdienter Rast geht es weiter der Markierung nach, zunächst im Zickzack steil bergab, dann auf breitem Weg zum nächsten Wegweiser. Hier zweigt der Hansjakobweg links ab, wir folgen nun der gelben Raute Richtung „Teufelskanzel" geradeaus am hübsch gestalteten **Rotweinbänkle** 7 vorbei, dann links ab auf schmalem Pfad bergab und nach einem scharfen Linksknick 8 (Achtung, nicht verpassen!) nun immer in leichtem Auf und Ab, abwechselnd auf Waldpfaden und Forstwegen, zum Wegweiser „**Teufelskanzel**" 9. Die Station des Sagenweges (mit einem herrlichen Aussichtspunkt mit Blick aufs Kinzigtal und kleiner Schutzhütte) erreicht man mit einem kurzen Abstecher. Weiter geht es Richtung Haslach noch ein Stück auf schmalem Pfad, dann auf breitem Schotterweg sanft bergab nach **Haslach**, geradeaus weiter auf der Buchenstraße und bei der Mühlenkapelle 10 links ab („Tourist-Information 1 km"). Wir bleiben geradeaus auf der Mühlenstraße, kreuzen die Grafenstraße, biegen beim nächsten Wegweiser beim Geburtshaus Hansjakobs rechts ab und gelangen zurück zum **Bahnhof** 1.

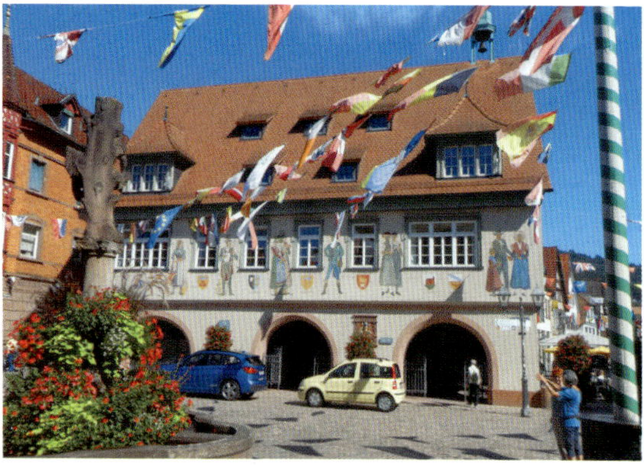

Haslacher Altstadtimpression

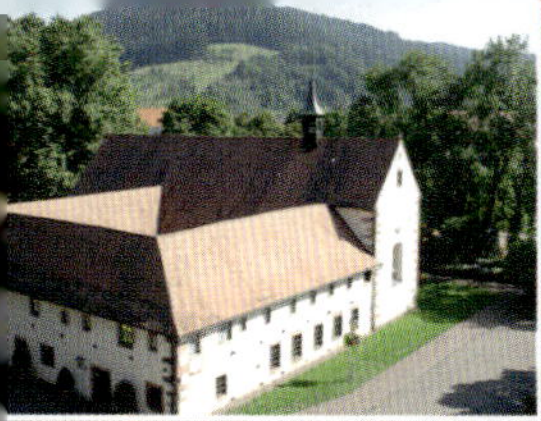
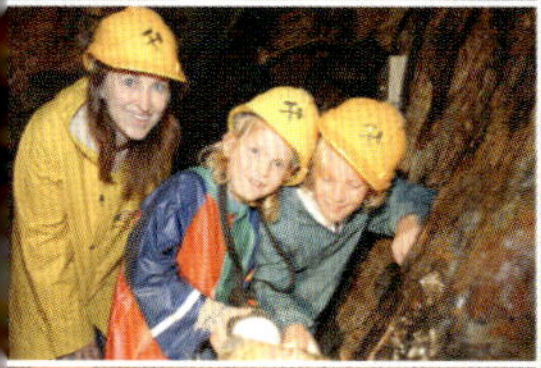
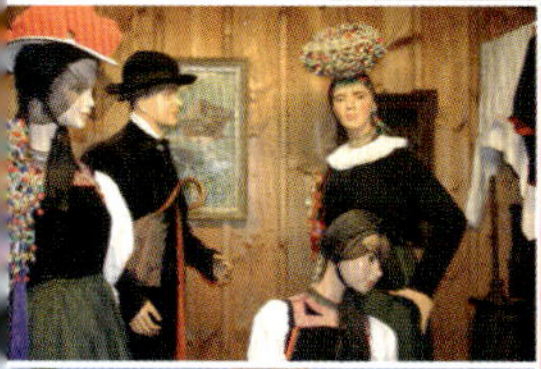
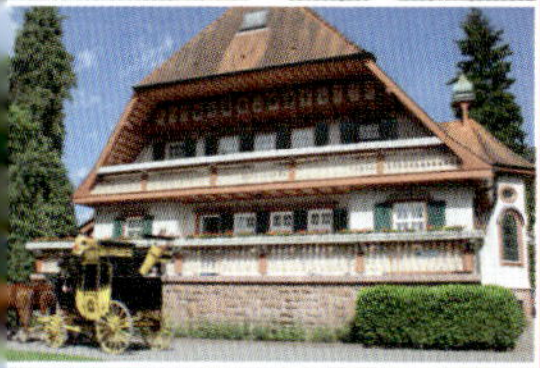
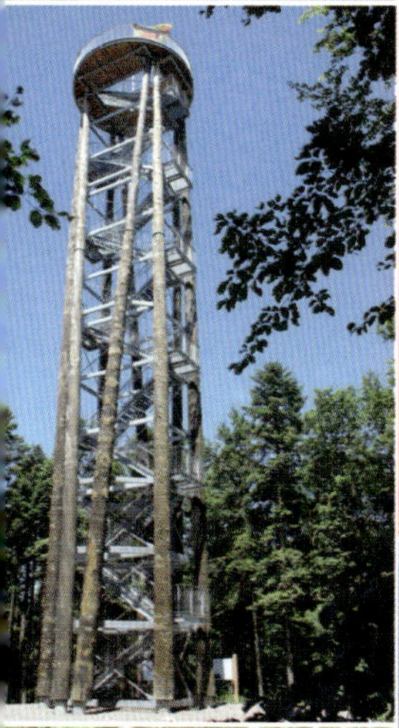
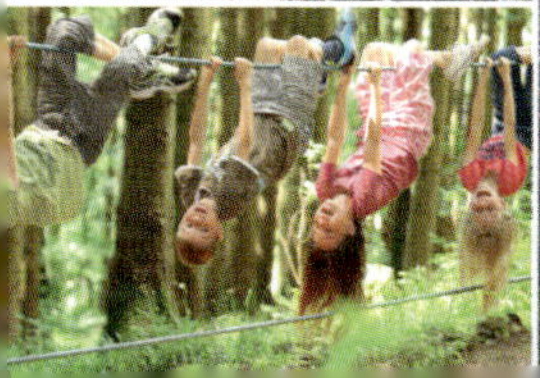
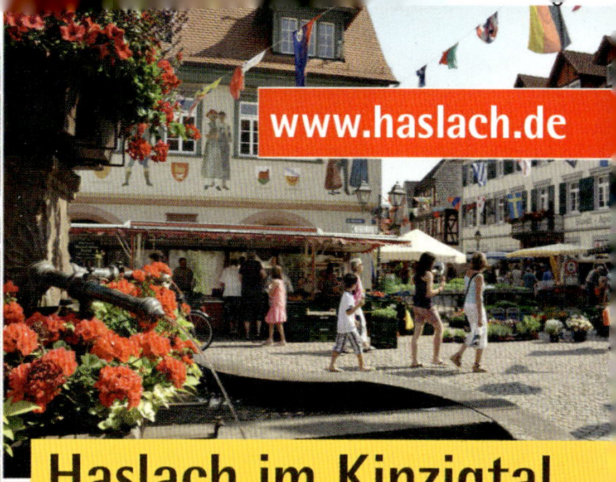
www.haslach.de

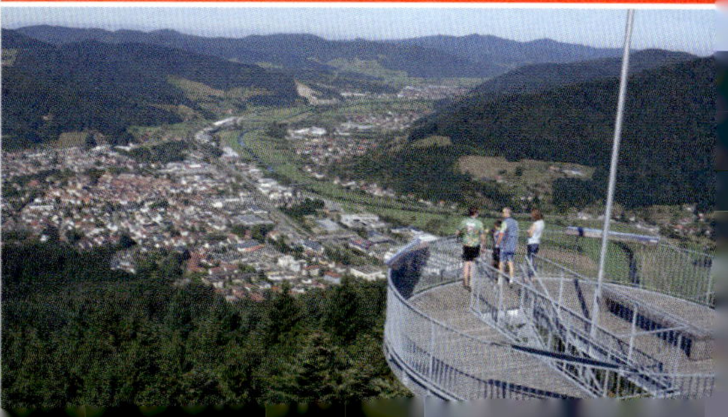

Auf den Spuren von Heinrich Hansjakob

Von Schweighausen im obersten Schuttertal nach Haslach im Kinzigtal

30

4½ / 5½ Std.

14,5 / 20 km

400 Hm

Schweighausen – Höhenhäuser – Biereck – Flachenberg – Hofstetten – Haslach

mittelschwere, recht lange Wanderung mit einem kräftigen Anstieg zu Beginn, der bei der kürzeren Variante ab Höhenhäuser wegfällt; einige holprige Wegstücke erfordern etwas Trittsicherheit

Schwabenkreuz und Schwedenkreuz; Hansjakobweg mit vielen Aussichtspunkten und Infotafeln; Grabkapelle; Kloster und historische Altstadt von Haslach

Die recht lange, aber ungemein dankbare und abwechslungsreiche Wanderung verbindet das Schuttertal mit dem Kinzigtal, dabei lernen wir viele interessante Stationen des Hansjakobweges einschließlich der Grabkapelle von Heinrich Hansjakob kennen. Der Ausgangspunkt Schweighausen liegt immerhin schon in 420 Metern Höhe, sodass uns der Schuttertal-Bus einen Gutteil der Anstiegshöhenmeter abnimmt. Es bleibt aber immer noch ein teilweise kräftiger Anstieg bis zu den Höhenhäusern, aber auch dieser lässt sich mit Hilfe der Buslinie an der Station „Elzach Höhenhäuser" umgehen. In diesem Falle überspringt man den ersten Absatz der Wegbeschreibung. Im Zielort Haslach (siehe auch Tour 22*) sollte man genügend Zeit für einen Bummel durch die Klosteranlage und die schmucke Altstadt einplanen.*

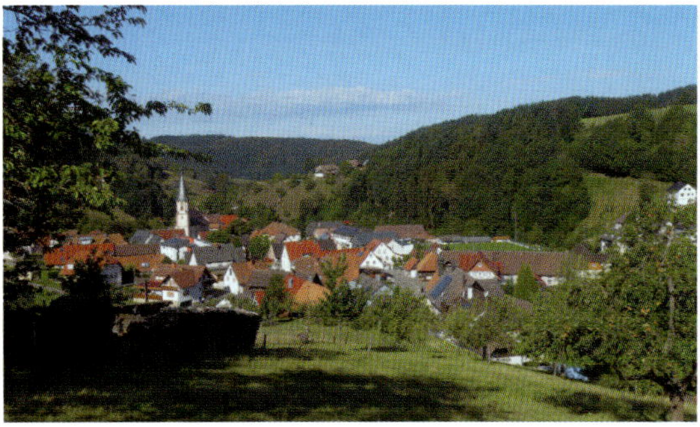

Blick auf Schweighausen

Von der Bushaltestelle ❶ marschieren wir auf der Straße in Fahrtrichtung, bleiben beim nächsten Wegweiser geradeaus und folgen nun immer der gelben Raute und den Schildern „Höhenhäuser": an der St.-Anna-Kapelle ❷ vorbei, kurz vor Ortsende rechts durch ein Bauernhofgelände steil bergan, bei der Infotafel „Schwabenberg" ❸ auf einem Teerweg geradeaus, ebenso beim nächsten Wegweiser. Bei

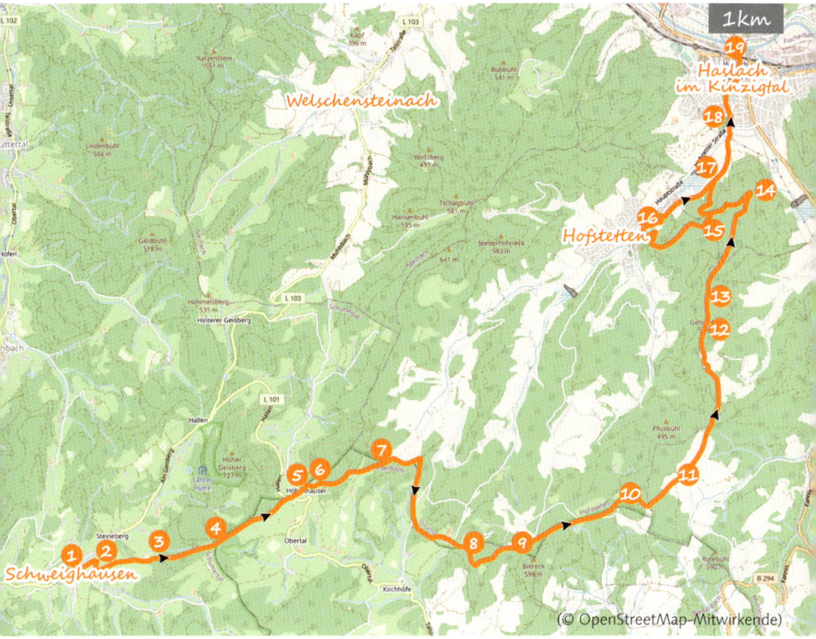

der folgenden Verzweigung fehlt die gelbe Raute, hier folgen wir der Markierung „Kreuz" geradeaus in den Wald und nun steiler auf holprigem Waldweg bergan zum nächsten Wegweiser beim **Schwedenkreuz** und **Schwabenkreuz** 4.

Damit ist der längste Anstieg geschafft! Hier biegen wir links ab und folgen den Zeichen des **Kandelweges** („Höhenhäuser 1,2 km") auf gemütlichem Forstweg und dann aussichtsreichem Panoramaweg zum nächsten Wegweiser

Höhengasthaus zum Kreuz und Schwarzwaldstüble (Mi–So) bei den Höhenhäusern; Biereck; Hofstetten; Haslach

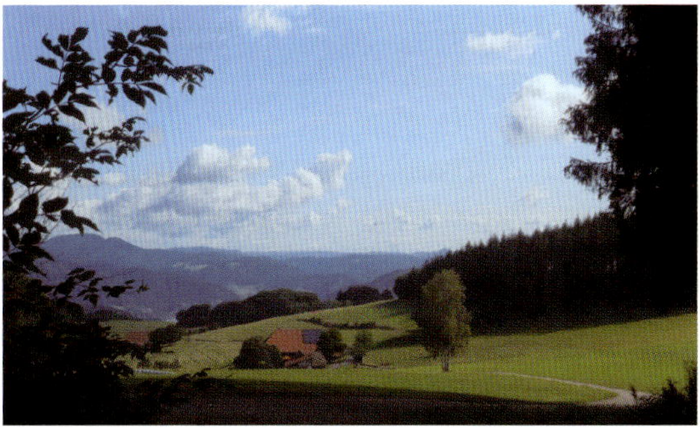

Fernblick auf den Brandenkopf

INFOS

Freizeitkarte 1:50 000 des LGL BW, Blatt F503; Wanderkarte 1:35 000 des LGL BW, Blatt „Schuttertal"; Wanderkarte 1:25 000 des LGL BW, Blatt „Lahr/Schwarzwald"

www.schuttertal.de; www.hoehengasthaus.de; www.cafe-schwarzwaldstueble.de; www.hofstetten.com; www.biereck-hofstetten.de; www.haslach.de

Anfahrt: mit dem Regionalzug nach Lahr und weiter mit Bus 106 bis Schweighausen Schule bzw. für die kürzere Variante mit dem Regionalzug nach Haslach, dann mit Bus 7236 bis Elzach und weiter mit Bus 7206 bis Höhenhäuser Rückfahrt: ab Haslach mit dem Regionalzug

48.21964, 7.96554

bei der Bushaltestelle **„Geisberg Höhenhäuser"** 5 (Einkehrmöglichkeit im Gasthaus „zum Kreuz").

Nun geht es immer den Schildern „Biereck" und der rotblauen Raute des Querwegs nach auf der Straße nach rechts und beim Café „Schwarzwaldstüble" 6 schwach links zum nächsten Wegweiser, wo wir auf das „Schlapphut"-Symbol des **Hansjakobweges** treffen, es wird uns bis zum Ziel den Weg weisen („Haslach 16 km"). Bis zum Flachenberg begleiten uns gleich drei Fernwanderwege des Schwarzwaldvereins: außer dem Hansjakobweg auch der Zweitälerweg sowie der Querweg Lahr-Rottweil. Immer in leichtem Auf und Ab geht es abwechslungsreich durch Wald und Feld. Bei der **Breitebene** 7 biegen wir rechts und gleich nochmals rechts ab, marschieren auf holprigem Weg steil bergab, ein Stück auf einem Sträßchen und auf Waldwegen vorbei an einem Rastplatz 8 bei Oberbiederbach zum **Biereck** 9 (Einkehrmöglichkeit in der gleichnamigen Gaststätte).

Weiter unseren Zeichen nach wandern wir auf schönen Wegen an der ehemaligen **Heidburg** 10 vorbei und zur aussichtsreichen Höhensiedlung **Flachenberg** 11. Wir bleiben weiterhin dem „Schlapphut" treu („Haslach 9,5 km", die anderen Fernwanderwege zweigen hier rechts ab) und marschieren immer in leichtem Auf und Ab auf Waldwegen und -pfaden über den **Gährenberg** 12 und am Bannstein 13 vorbei, biegen bei der **Willi-Kern-Hütte** 14 links ab („Haslach 5 km") und müssen uns beim nächsten Wegweiser 15 entscheiden: Wenn wir die Hansjakob-Grabka-

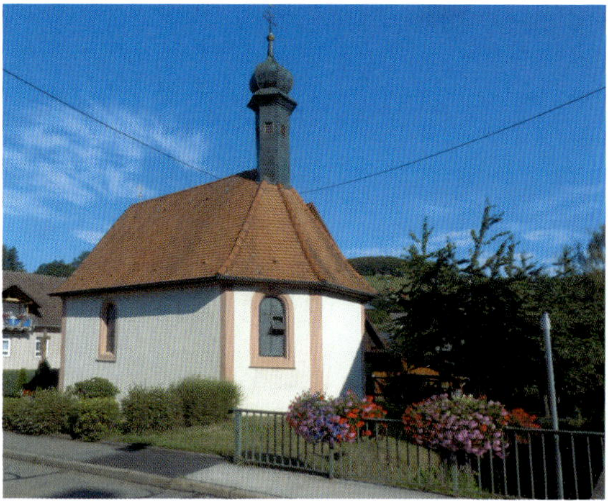

St.-Anna-Kapelle in Schweighausen

Schwedenkreuz

Das Schwedenkreuz steht auf der Oberbiederbacher Höhe gegenüber dem Schwabenkreuz. Um den Kreuzstein ranken sich einige Legenden: So sollen, als die Schweden im Dreißigjährigen Krieg Oberbiederbach brandschatzten, vier Männer umgebracht worden sein. Einer von ihnen wollte nach Schweighausen flüchten, wurde aber eingeholt und hier oben erschlagen. Der Kreuzstein ist eines der ältesten Zeugnisse der Geschichte Biederbachs.

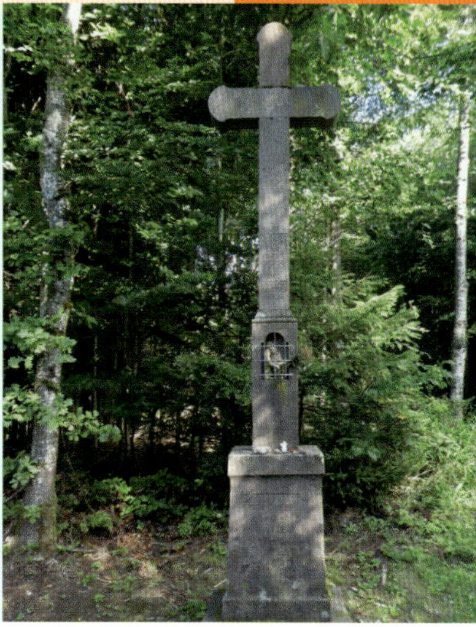

pelle besichtigen wollen, halten wir uns links und folgen weiter dem „Schlapphut" über die **Grabkapelle** 16 nach **Hofstetten** und nach rechts weiter Richtung Haslach. Wesentlich kürzer ist es, geradeaus zu bleiben und der gelben Raute („Haslach 2 km") auf holprigem Weg bergab zum nächsten Wegweiser 17 zu folgen, wo wir wieder auf den „Schlapphut" treffen, er weist uns den Weg nach **Haslach**. Beim **Kapuzinerkloster** 18 biegen wir rechts ab und folgen den Schildern durch die Altstadt zum Bahnhof 19.

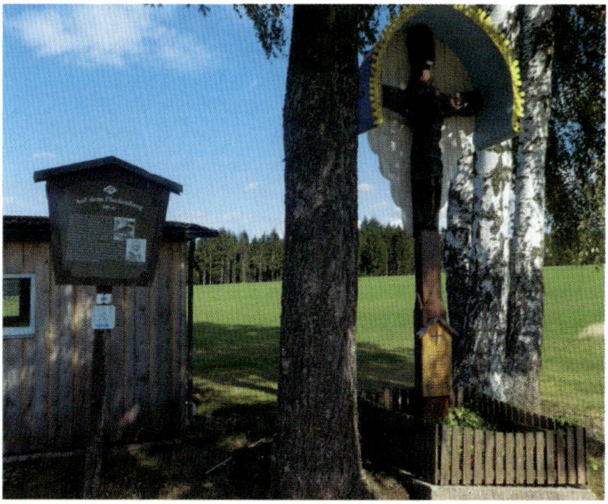

Wegekreuz mit Infotafel des Hansjakobweges auf dem Flachenberg

Von der Karfunkelstadt zum Brandenkopf

Von Steinach im Kinzigtal in 1 bis 2 Tagen über den Brandenkopf nach Hausach

31

5½ / 7 Std.

21 / 27 km

800 Hm

Steinach im Kinzigtal – Katzenstein – Nillhöfe – Brandenkopf – Hausach

sehr lange und durch den langen Anstieg auch teilweise anstrengende Wanderung

Katzenstein; Hansjakobweg mit Informationstafeln; Nillhof; Brandenkopf mit Aussichtsturm; Neuenbachtal bzw. Spitzfelsen

Wanderheim Brandenkopf; Gasthaus zum Hirsch in Einbach (Fr–Di) bzw. Käppelehof (Mi–So); Hausach

Die heutige Wanderung erfordert wegen ihrer Länge und Höhendifferenz einige Kondition, sie zählt aber zu den schönsten und abwechslungsreichsten im Mittleren Schwarzwald. Da sich auf dem Gipfel des Brandenkopfes ein Wanderheim befindet, kann man in diesem übernachten (telefonische Anmeldung unter 07831/6149) und die Tour auch auf 2 Tage verteilen. Teilweise gehen wir auf dem großen Hansjakobweg, er wurde im Andenken an den bekannten Pfarrer und Volksdichter Heinrich Hansjakob angelegt, der vor rund 100 Jahren die Landschaft um Haslach erwanderte und in seinen Erzählungen beschrieb (siehe auch Tour 30). Die Schwarzwald-Modellbahnanlage, die jahrelang in Hausach ein touristischer Anziehungspunkt war, wurde 2019 geschlossen. Sie ist inzwischen nach Gutach umgezogen und kann dort wieder besichtigt werden (siehe auch Tour 33).

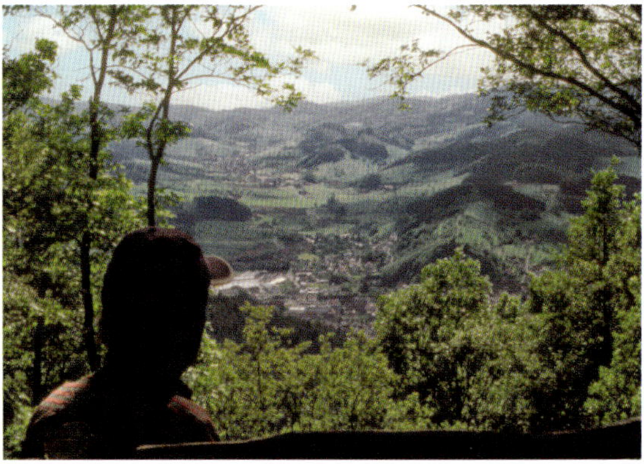

Ausblick ins Kinzigtal

Beim Bahnhof Steinach ❶ laufen wir auf dem Bahnsteig zurück, die Treppen hinunter und auf der Straße nach rechts zum nächsten Wegweiser. Hier ist bereits unser Ziel ausgeschildert: die Markierung des **Hansjakobweges**

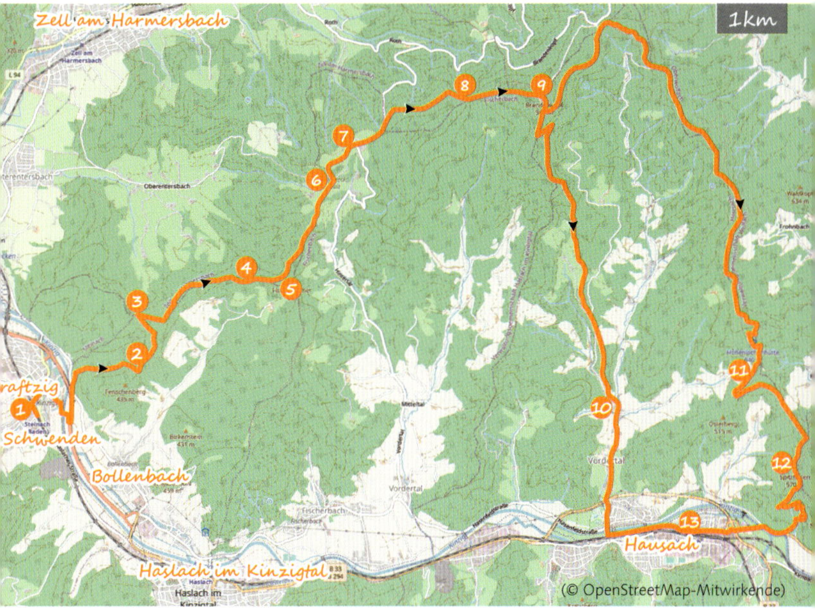

(schwarzer Schlapphut), „Brandenkopf 12,5 km". Wir laufen zum Adlerplatz, dann halbrechts durch das Fabriktor und, immer den Zeichen nach aus dem Ort hinaus, links über die Kinzigbrücke, dann nach rechts, links durch die Unterführung und nochmals links („Brandenkopf 11,5 km"). Wir überqueren eine Straße und wandern auf dem „Mittleren Fenchenbergweg" kräftig bergan auf Forst- und schmalem Fußweg und biegen bei einem Wegekreuz links ab. Beim nächsten Wegweiser „Oelwald" 2 verlassen wir zunächst den Hansjakobweg und bleiben geradeaus („Katzenstein 0,6 km", gelbe Raute). Bei einer Bank geht es scharf rechts weiter („Katzenstein 0,4 km") und hinauf zum **Katzenstein** 3, einem schönen Aussichtspunkt.

Immer den Zeichen und Schildern „Fischerbacher Höhe" folgend marschieren wir auf schönem, fast ebenem Weg über den Rücken des Welschbollenbacher Ecks 4, bis wir beim Fischerbacher Eck 5 wieder auf den Hansjakobweg treffen, der Schlapphut wird uns für die nächste halbe Stunde leiten („Brandenkopf 5,5 km"). Bald weitet sich der Blick und wir können uns auf den schönsten Abschnitt unseres Weges mit wunderbaren Aussichtspunkten freuen. Wir

INFOS

Freizeitkarte 1:50 000 des LGL BW, Blatt F503; Wanderkarte 1:35 000 des LGL BW, Blatt „Mittleres Kinzigtal"; Wanderkarte 1:25 000 des LGL BW, Blatt „Lahr/Schwarzwald"

www.hausach.de; www.steinach.de; www.brandenkopf.net; www.gasthaus-hirsch-einbach.de; www.kaeppelehof-hausach.de

Anfahrt: ab Offenburg Hbf. mit der S-Bahn nach Steinach (Baden);
mit dem Auto auf der B33 nach Hausach und weiter mit der S-Bahn nach Steinach
Rückfahrt: ab Hausach mit der Schwarzwaldbahn

48.2997, 8.05556

wandern über eine Wiese hoch über der „Karfunkelstadt" (so nannte man scherzhaft einige Häuser, in denen früher böhmischer Granat geschliffen wurde; Hansjakob benannte eine seiner Erzählungen nach ihr) und am Eckerhof 6 vorbei, nun auch ein Stück auf dem neu angelegten „**Sagenrundweg Karfunkelstadt" in Fischerbach**, zum Niller Eck und weiter, nun der gelben Raute und den Schildern „Brandenkopf" nach, zum herrlich gelegenen Höhenhotel **Nillhof** 7 (Übernachtungsmöglichkeit) und weiter auf Teer- und Schotterwegen zum **Schwarzenbachsattel** 8, ab hier wieder auf dem Hansjakobweg und etwas später auch **Westweg** (rote Raute). Nach 200 Metern in einer schwachen Linkskurve können trittsichere Wanderer in gerader Linie über viele Felsen steil hinaufklettern, bis zu einem Windrad, wo man wieder auf den Normalweg trifft und in 5 Minuten zum 945 Meter hohen **Brandenkopf** 9 gelangt.

Wir laufen, der roten Raute nach, auf steinigem Weg hinab zum nächsten Wegweiser. Wer im Wanderheim übernachtet hat, kann hier links abbiegen und auf dem **Westweg** über Hohenloch, **Käppelehof** 11 (kurzer Abstecher, Einkehrmöglichkeit) und **Spitzfelsen** 12 zum 14 Kilometer entfernten Hausach 13 wandern. Alle anderen werden es wohl vorziehen, geradeaus zu bleiben („Hausach 7 km") und der gelben Raute nach direkt nach Hausach abzusteigen: Der holprige Weg geht erst einmal steil bergab durch einen schönen, mit unzähligen Heidelbeersträuchern bewachsenen Wald, an einer Quelle vorbei und, immer dem Zeichen und den Schildern „Hausach" nach, auf schönen Waldwegen mit Aussicht auf das Neuenbachtal hinab zum

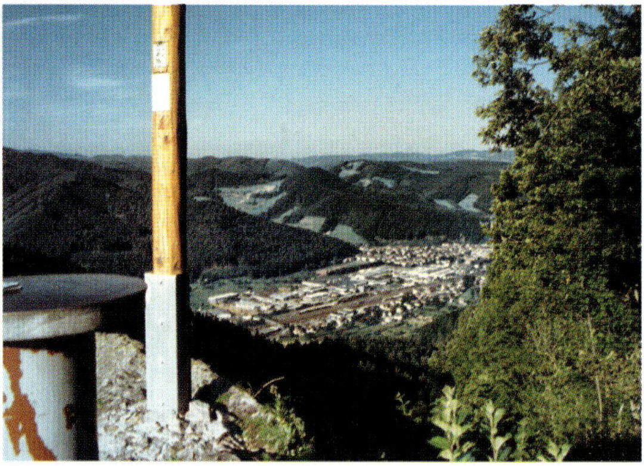

Ausblick vom Spitzfelsen auf Hausach im Kinzigtal

Ortsteil **Einbach** 10 (Einkehrmöglichkeit im „Gasthaus zum Hirsch"). Wir laufen die Dorfstraße hinab nach **Hausach**, dann über die Kinzigbrücke, biegen links ab („Bahnhof") und gehen auf der Uferpromenade und Hauptstraße zum Bahnhof 13.

Brandenkopf

Zwischen den Flüssen Kinzig, Harmersbach, Rench und Wolf befindet sich der rund 945 Meter hohe Brandenkopf. Hier wurde 1929 ein Aussichtsturm aus Sandstein errichtet, der seinen Besuchern einen beeindruckenden Panoramablick vom Feldberg bis zur Hornisgrinde bietet.
Wer auf dem Brandenkopf übernachten oder speisen möchte, kann im Wanderheim einkehren.

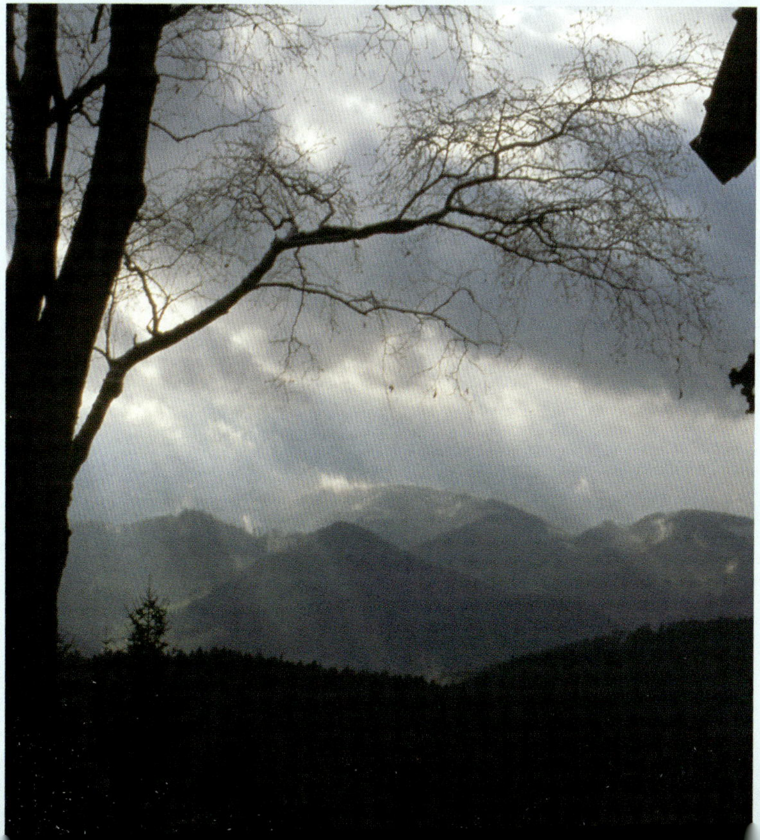

Zu urigen Felsen und Schanzen

Von Hornberg auf dem Westweg über den Farrenkopf nach Hausach

32

5½ Std.
19 km
800 Hm

Steinach im Kinzigtal – Katzenstein – Nillhöfe – Brandenkopf – Hausach

recht lange, anspruchsvolle Wanderung mit langem und teilweise steilem An- und Abstieg, festes Schuhwerk unbedingt erforderlich

Burg Hornberg; Uhufelsen; Huberfelsen; Prechtaler Schanze und weitere Befestigungsanlagen; Farrenkopf; Burg Husen

Restaurant beim Schlosshotel Hornberg, dann erst wieder in Hausach, deshalb genügend Proviant mitnehmen!

Unsere heutige Wanderung im Herzen des Mittleren Schwarzwaldes lässt nie Langeweile aufkommen: Abwechslungsreiche Wege, schöne Aussichten und viele interessante Sehenswürdigkeiten (wie die Prechtaler Schanze sowie die Burgen Hornberg und Husen) trösten über die Anstiegsmühen im ersten Abschnitt hinweg. Die Schwarzwald-Modellbahnanlage, die jahrelang in Hausach, dem Zielort der Wanderung, ein touristischer Anziehungspunkt war, wurde 2019 geschlossen. Sie ist inzwischen nach Gutach umgezogen und kann dort wieder besichtigt werden (siehe auch Tour 33*).*

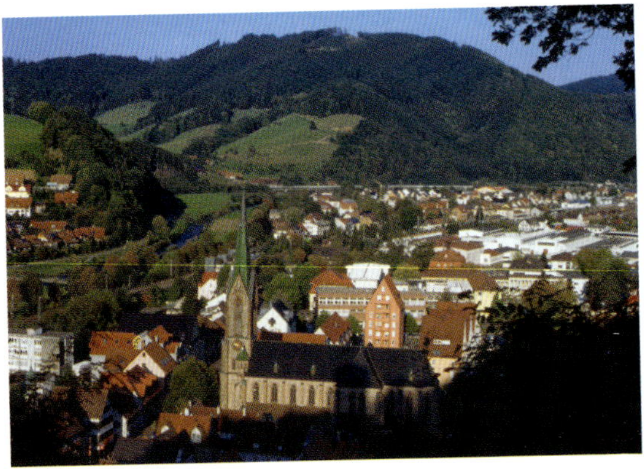

Vom Bahnhof Hornberg 1 führen zwei Treppenabstiege in den Ort hinab. Wir wählen den linken, gehen bis zur Straße, rechts über die Gutachbrücke bis zum Hotel „Adler“, biegen links in eine schmale Gasse ab, folgen nun der gelben Raute und steigen im Zickzack einen Treppenaufgang hinauf Richtung **Burg Hornberg**. Beim letzten Rechtsknick bleiben wir geradeaus und gelangen auf schmalem Weg durch einen Felsdurchbruch, uns immer rechts orientierend, zur Burgruine 2. Die sehenswerte und durch das „Hornberger Schie-

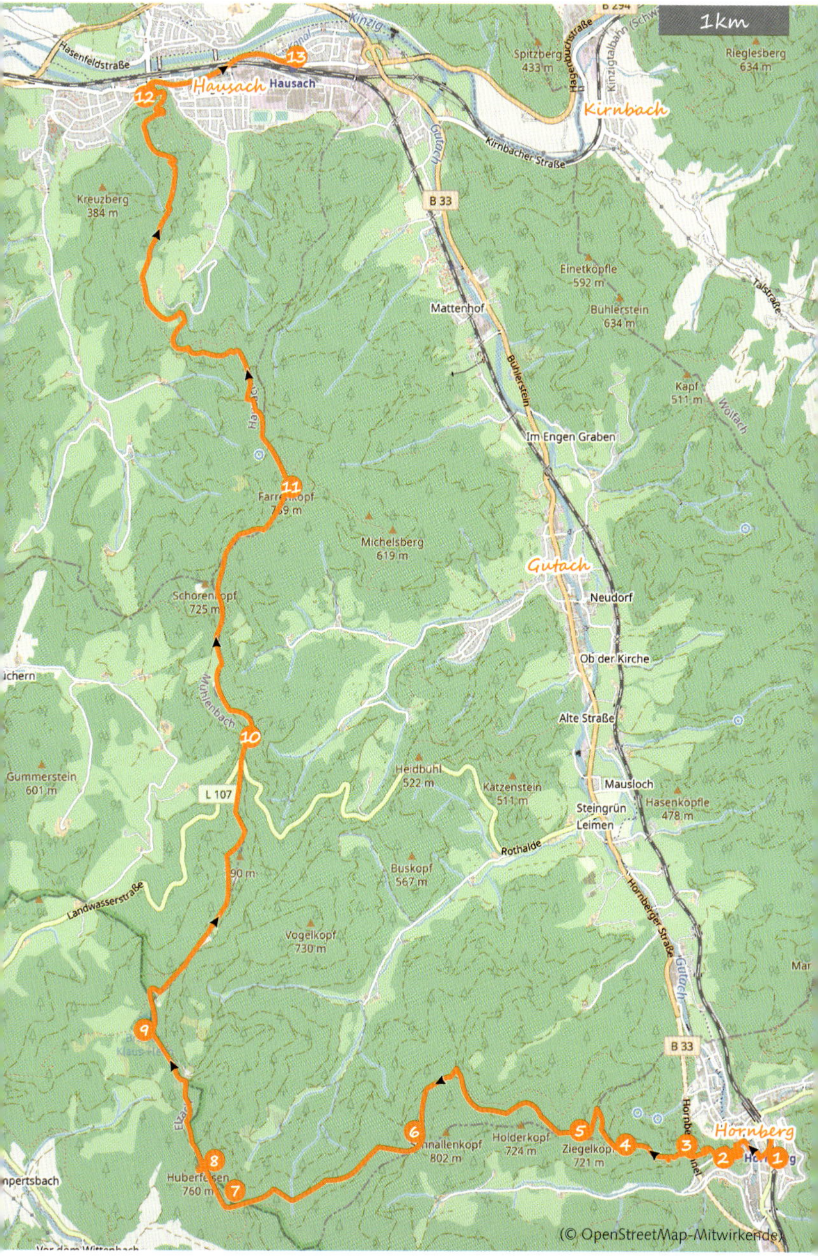
1km
Hausach
Kirnbach
Gutach
Hornberg
Spitzberg
433 m
Rieglesberg
634 m
Kreuzberg
384 m
Einetköpfle
592 m
Bühlerstein
634 m
Mattenhof
Kapf
511 m
Im Engen Graben
Farrenkopf
Michelsberg
619 m
Neudorf
Schorenkopf
725 m
Ob der Kirche
Alte Straße
Gummerstein
601 m
Heidbühl
522 m
Katzenstein
511 m
Mausloch
Steingrün
Leimen
Hasenköpfle
478 m
L 107
Rothalde
Buskopf
567 m
Landwasserstraße
Vogelkopf
730 m
B 33
Holderkopf
724 m
Ziegelkopf
721 m
Huberfelsen
760 m
Hasenfeldstraße
Kinzig
Kirnbacher Straße
Hagenbuchstraße
Talstraße
Bühlerstein
Mühlenbach
Hornberger Straße
Gutach
Wolfach
(© OpenStreetMap-Mitwirkende)

INFOS

Freizeitkarte 1:50 000 des LGL BW, Blatt F503; Wanderkarte 1:35 000 des LGL BW, Blatt „Mittleres Kinzigtal"; Wanderkarte 1:25 000 des LGL BW, Blätter „Furtwangen" und „Lahr/Schwarzwald"

www.hornberg.de; www.hausach.de

Anfahrt: mit der Schwarzwaldbahn bis Hornberg; mit dem Auto über die B33 zum Bhf. Hausach und mit der Bahn bis Hornberg Rückfahrt: ab Hausach mit der Schwarzwaldbahn

48.21198, 8.2328

ßen" berühmt gewordene Burg wurde im 12. Jahrhundert errichtet und besitzt einen mächtigen Bergfried.

Unmittelbar hinter der Burgschänke beginnt ein markierter Fußweg. Wir folgen der Querwegmarkierung (blau-rote Raute, „Offenbacher Eckle"), verlassen sie aber beim nächsten Wegweiser wieder und folgen nun den Schildern „Uhufelsen" nach links und 10 Meter weiter scharf rechts auf einen steil ansteigenden Pfad. Im Zickzack gelangen wir an der **Schlossschanze** 3 (sie wurde im 18. Jahrhundert gegen die einfallenden französischen Truppen errichtet) vorbei, bleiben geradeaus auf dem nun etwas breiteren Weg, biegen nach 200 Metern halblinks auf den Fußweg ab und folgen etwas später dem Schild hinauf zum urigen, im Wald versteckten **Uhufelsen** 4.

Weiter geht es dem Schild „Ziegelkopf" nach auf schönem Fußweg hinauf zur Schanzenanlage des 721 Meter hohen **Ziegelkopfes** 5 und, nun Richtung „Karlstein", steil bergab zu einem kleinen Sattel, wo wir einen grasigen Waldweg überqueren. 50 Meter weiter biegen wir rechts ab („Zugang zum Dreitälerweg"). Wir bleiben immer geradeaus, bis wir auf immer breiterem Weg auf das Querwegzeichen (blau-rote Raute) treffen. Ihm folgen wir nach links („Huberfelsen 3,0 km"), am **Offenbacher Eckle** 6 mit Schutzhütte vorbei, zum **Hirzeckle** beim **Fährlefelsen** 7, wo wir auf die **Westwegmarkierung** (rote Raute) treffen, unser Wegweiser bis zum Ziel. Wir folgen dem Wegweiser Richtung „Hausach" nach rechts und erreichen ein paar Minuten später den aussichtsreichen **Huberfelsen** 8. Ein schöner Höhenweg leitet uns zu einem 1565 errichteten

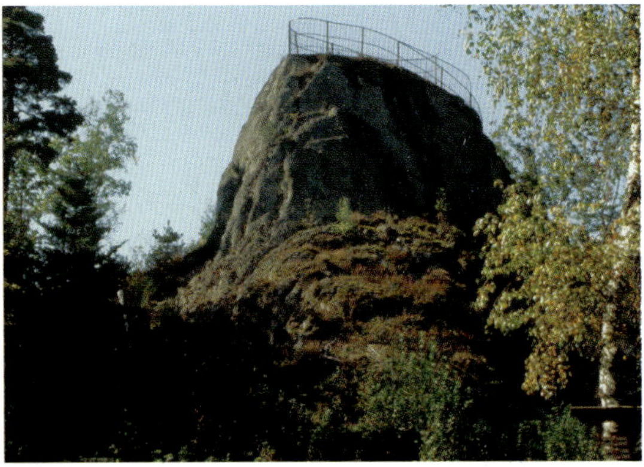

Naturdenkmal Huberfelsen

Bannstein und weiter auf steinigem Weg hinauf zur **Prechtaler Schanze** 9 (auch „Hirschlachschanze" genannt), mit 836 Metern der höchste Punkt unserer Wanderung.

Nach eingehender Besichtigung der gut erhaltenen, über 200 Jahre alten Befestigungsanlagen wandern wir weiter unserem Zeichen nach („Hausach 11,5 km"), vorbei an den Wallresten der ehemaligen „Linie", hinab zum **Büchereck** 10, wo wir die Straße überqueren. Weiter geht es auf wunderschönem Weg in stetigem Auf und Ab, zum Schluss ein paar Meter steil bergan, auf den 789 Meter hohen **Farrenkopf** 11. Ein Rastplatz mit Schutzhütte, in der sogar ein Gipfelbuch nach alpiner Manier ausliegt, lädt zum Verweilen ein.

Nun folgt noch der 5 Kilometer lange und teilweise steile Abstieg (der steilste Abschnitt des gesamten Westweges!) nach Hausach. Wir gelangen zunächst zur **Burgruine Husen** 12 mit schönem Blick auf das Kinzigtal, dann weiter hinab nach **Hausach** (siehe auch Tour 31) und laufen, immer der roten Raute nach, durch den Ort zum **Bahnhof Hausach** 13.

Burgruine Husen

In den Bergen bei Hausach liegt die Burgruine Husen. Von hier aus können Besucher einen herrlichen Blick über das Kinzig- und Einbachtal sowie auf den Brandenkopf werfen.

Die Burg wurde 1220 von den Zähringern erbaut und im Dreißigjährigen Krieg zerstört. Die erhaltenen Überreste wurden später saniert, etwa der Bergfried, Teile der Mauer und der Batterieturm.

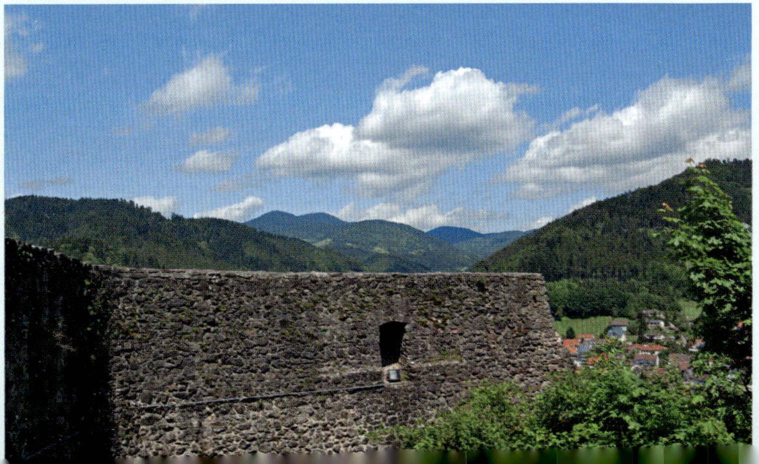

Die Schwarzwaldbahn im Miniformat

Von Hornberg über Hasenköpfle und Gutach zum Freilichtmuseum Vogtsbauernhof

33

2¾ / 3¼ Std.
10 / 13,5 km
270 Hm

Hornberg – Markgrafenschanze – Hasenköpfle – Gutach – Freilichtmuseum Vogtsbauernhof

nach einem kurzzeitig etwas steileren Anstieg zu Beginn leichte und bequeme Wanderung, meist auf Forst- und Wirtschaftswegen

Burg Hornberg; Markgrafenschanze; Schwarzwald-Modellbahn; Sommerrodelbahn; Freilichtmuseum Vogtsbauernhof

Sommerrodelbahn; Restaurant Hofengel beim Freilichtmuseum Vogtsbauernhof; Gutach

Gleich drei außergewöhnliche Attraktionen erwarten uns in Gutach, dem Zielort unserer Wanderung und der Heimat des Bollenhutes: Die Schwarzwald-Modellbahn, die Sommerrodelbahn und das Freilichtmuseum Vogtsbauernhof. Da die Tour mit 10 bis 13,5 Kilometern nicht allzu lang ist und sich auch bestens als Familienausflug mit älteren Kindern eignet, bleibt nach getaner Arbeit sicher noch genügend Zeit, um zumindest einer der Gutacher Attraktionen einen Besuch abzustatten. Der anfängliche Anstieg auf dem Weg zur Markgrafenschanze erfordert etwas Kondition, der weitere Weg ist dann ein gemütlicher Bummel zumeist auf Forst- und Wirtschaftswegen.

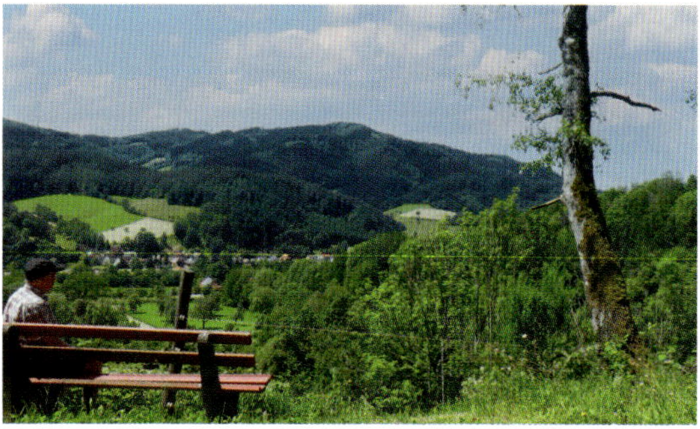

Blick auf Gutach und das Gutachtal

Vor dem **Bahnhof Hornberg** ❶ schwenken wir nach rechts (rot-blaue Raute), genießen die schöne Aussicht auf das Städtchen und die Burg Hornberg, biegen beim nächsten Wanderwegweiser nochmals rechts ab und folgen nun immer der blauen Raute sowie den Schildern „Markgrafenschanze“: 500 Meter auf der Reichenbacher Straße, dann links ab auf dem Mühlenpeterweg stetig bergan, beim nächsten Wegweiser ❷ scharf links an einem Wildgehege vorbei, wenig später scharf rechts und auf schönem Waldpfad am Aussichtspunkt **„Teufels-**

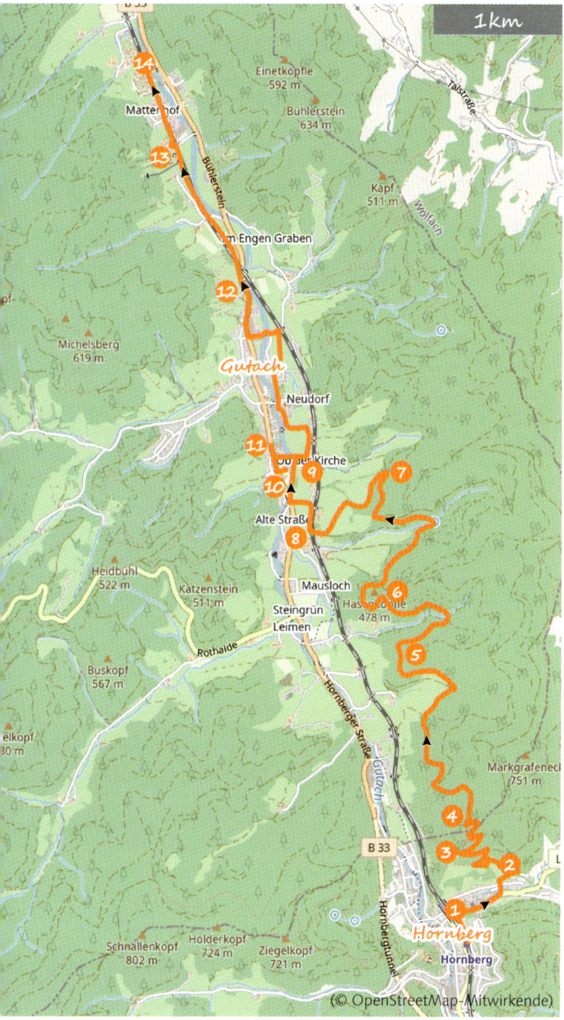

tritt“ 3 vorbei zu einem Forstweg. Wir biegen links und 50 Meter weiter rechts ab und gelangen zur gut erhaltenen **Markgrafenschanze** 4. Sie gehört zu einer Verteidigungslinie, die der Markgraf Ludwig Wilhelm I. von Baden (auch „Türkenlouis“ genannt) zu Beginn des Spanischen Erbfolgekriegs (1701–1714) gegen einfallende französische Truppen errichten ließ.

INFOS

Freizeitkarte 1:50 000 des LGL BW, Blatt F503; Wanderkarte 1:35 000 des LGL BW, Blatt „Mittleres Kinzigtal"; Wanderkarte 1:25 000 des LGL BW, Blätter „Furtwangen" und „Lahr/Schwarzwald"

www.hornberg.de; www.gutach-schwarzwald.de; www.schwarzwald-modellbahn-gutach.de; www.sommerrodelbahn-gutach.de; www.vogtsbauernhof.de

Anfahrt: mit der Schwarzwaldbahn bis Hornberg; mit dem Auto: über Hausach zum Freilichtmuseum Vogtsbauernhof und mit der Bahn nach Hornberg
Rückfahrt: ab Freilichtmuseum mit der Schwarzwaldbahn

48.21183, 8.23288

Wenig später gelangen wir zum nächsten Wegweiser. Hier verlassen wir den mit einer blauen Raute markierten Weg, biegen links ab und folgen nun immer der gelben Raute („Hasenköpfle 3,5 km") auf einem schmalen Waldpfad bergab zu einem Forstweg, auf ihm scharf links und gleich wieder scharf rechts (hier fehlen die Markierungen). Nun folgt ein gemütlicher Bummel, meist sanft bergab auf breitem Weg. Bei einer Verzweigung wählen wir den rechten, leicht ansteigenden Hasenköpfleweg und genießen die schöne Aussicht auf das Gutachtal. Beim Wegweiser „Hasenköpfle" 5 gesellt sich der **Gutacher Tälersteig** zu uns. Wir schwenken nach rechts („Gutach 4,5 km") und marschieren auf schönem Pfad über das **Hasenköpfle** 6. Wenig später geht es wieder auf Forstwegen weiter, immer der gelben Raute und den Schildern „Gutach" nach am Bühlerbächlebrunnen mit kleiner Sitzgruppe vorbei. Wir halten uns beim Wegweiser „Fleckstein" 7 scharf links und wandern auf aussichtsreichem Weg stetig bergab an einer Wolfsskulptur vorbei. Nach der Bahnbrücke 8 geht es rechts weiter, nun wieder der blauen Raute nach auf dem **Gutachtalweg** („Gutach 1,4 km") ein Stück an der rauschenden Gutach entlang zu einem Querweg. Die blaue Raute weist hier nach rechts 9. Wenn wir die Modelleisenbahnanlage besuchen wol-

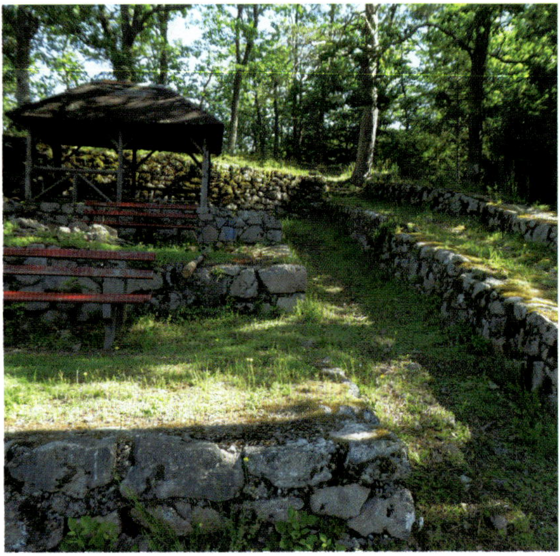

Die Markgrafenschanze

len, gehen wir links über die Gutachbrücke nach **Gutach** und nochmals links auf der Hauptstraße zum Supermarkt Norma. Rechts neben dem Gebäude hat die **Schwarzwälder Modelleisenbahn** 10 ihr neues Zuhause gefunden.

Wieder zurück auf der Hauptstraße gehen wir rechts zurück zur nächsten Verzweigung. Wenn wir die Wanderung abkürzen wollen, laufen wir noch ein paar Meter geradeaus zur nächsten Bushaltestelle 11. Hier besteht eine Verbindung mit der Linie 7150 nach Hornberg oder über die Rodelbahn und das Freilichtmuseum nach Hausach.

Wenn wir noch weiterwandern wollen, gehen wir rechts über die Gutachbrücke, bleiben dann geradeaus, folgen nun wieder der blauen Raute, biegen gleich nach dem Wegweiser „Ob der Kirche" links und gleich wieder rechts ab und laufen am Gasthaus „Linde" vorbei („Freilichtmuseum 3 km"). Bald schickt uns die blaue Raute rechts auf einen **Obstbaumpfad** 12. Ein grasiger Weg führt an vielen mit Infotafeln versehenen Obstbäumen vorbei. Weiter geht es, immer Richtung Freilichtmuseum, vorbei am Gasthaus „zum Löwen" und nun auf einem Rad- und Fußweg parallel zu den Gleisen an der **Sommerrodelbahn** 13 vorbei zum **Freilichtmuseum** 14. Direkt gegenüber vom Eingang liegt der Bahnhaltepunkt „Freilichtmuseum".

Sommerrodelbahn Gutach

Die Sommerrodelbahn in Gutach ist ein bei Familien sehr beliebtes Ausflugsziel – die rund 1150 Meter lange Bahn bietet ein rasantes Fahrvergnügen mit dem Schwarzwaldbob. Die Rodelbahn ist in der Saison (März bis November) täglich von 10 bis 18 Uhr geöffnet.

Singersbach 1a, 77793 Gutach
Tel. 07831/965580
https://www.sommerrodelbahn-gutach.de

Freilichtmuseum Vogtsbauernhof

Bei einem Besuch im Freilichtmuseum Vogtsbauernhof begeben sich Besucher auf eine Zeitreise in das Schwarzwälder Bauernleben vor mehreren Jahrhunderten. Das Museum ist in der Saison (März bis November) täglich von 9 bis 18 Uhr (im August bis 19 Uhr) geöffnet.

Wählerbrücke 1, 77793 Gutach
Tel. 07831/46793500
E-Mail: info@vogtsbauernhof.de
https://www.vogtsbauernhof.de

Ein Aussichtsturm mitten in der Gaststube

Von Fohrenbühl über den Mooswaldkopf nach Hornberg

34

3 Std.
11,5 km
220 Hm

Fohrenbühl – Mooswaldkopf – Waldhäuser – Schondelhöhe – Bärenfelsen – Hornberg

wenig anstrengende Wanderung mit einigen steilen und holprigen Passagen, die etwas Trittsicherheit erfordern

Mooswaldkopf mit Aussichtsturm; Planetenlehrpfad; Schanzen auf der Schondelhöhe; Naturdenkmäler Bären- und Teufelstrittfelsen; Burg Hornberg

Gedächtnishaus Fohrenbühl (Do–Di); Hornberg

Mit dem 879 Meter hohen Mooswaldkopf lernen wir einen der schönsten Aussichtsberge des Mittleren Schwarzwaldes kennen. Von der Plattform des Aussichtsturmes (Zugang über die Gaststube des Gedächtnishauses Fohrenbühl) hat man eine umfassende Rundumsicht auf beinahe den gesamten Schwarzwald. Die abwechslungsreiche und dabei wenig anstrengende Wanderung – das regelmäßig verkehrende Anruflinientaxi nimmt uns die meisten Anstiegshöhenmeter ab – hat aber noch viel mehr Sehenswürdigkeiten zu bieten: einige Stationen des Fohrenbühler Planetenlehrpfades, die Naturdenkmäler Bärenfelsen und Teufelstritt, die Markgrafenschanze oder im Zielort die sagenumwobene Burg Hornberg (siehe auch Tour 32*). Denken Sie bitte daran, für die Anfahrt rechtzeitig (mind. 1 Stunde vorher) das Anruflinientaxi zu bestellen! Wer sich mit der 11,5 Kilometer langen Tour nicht ausgelastet fühlt, kann ab der Markgrafenschanze statt Hornberg das Städtchen Gutach als Zielort ansteuern (siehe auch* Tour 33*).*

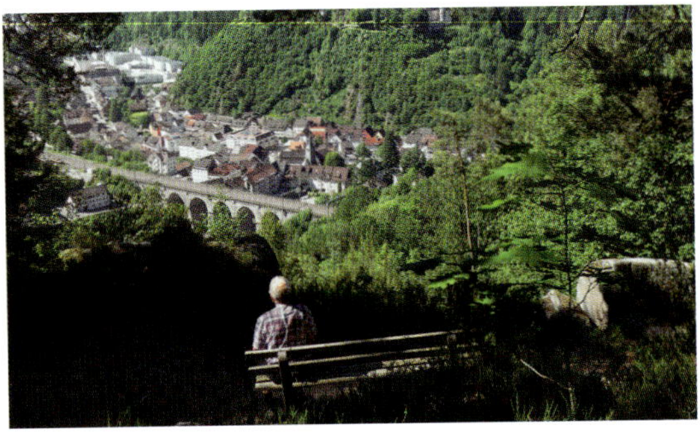

Blick vom Teufelstritt auf Hornberg

Wir laufen von der Bushaltestelle 1 ein paar Meter zurück, biegen beim Wanderwegweiser rechts ab und folgen nun für eine Weile den Zeichen des **Mittelweges** („Gedächtnishaus 0,8 km") ein Stückchen auf der

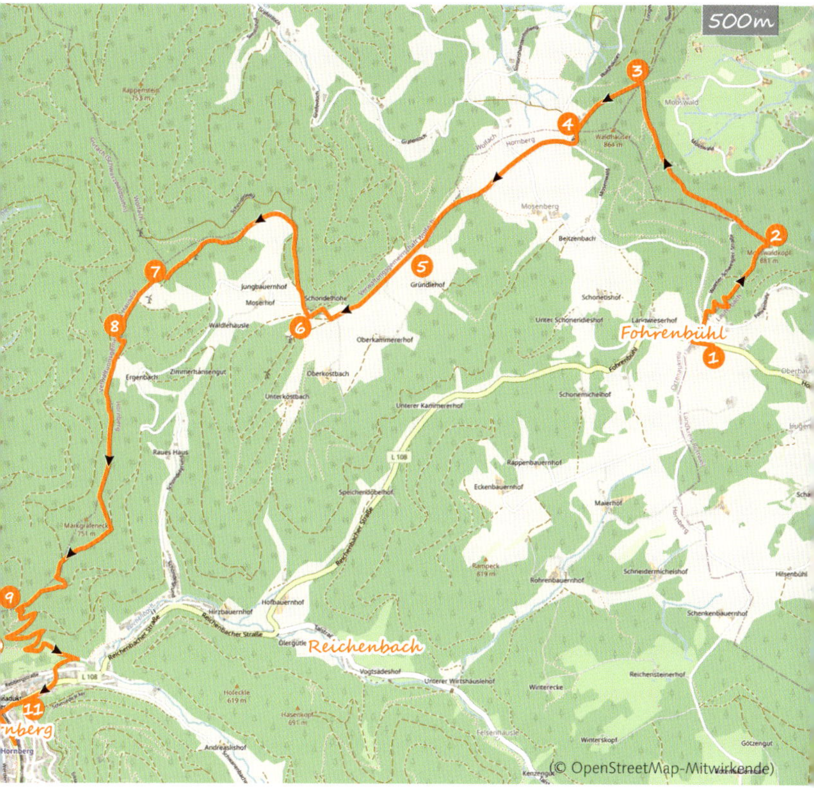

Straße, dann auf schönem Waldpfad (mit alten Grenzsteinen der alten Grenze Baden-Württembergs) und an den Stationen „Mars“ und „Merkur“ des Planetenweges vorbei zur „Sonne“ beim **Gedächtnishaus** 2 (Einkehrmöglichkeit) auf dem **Mooswaldkopf**. In der Gaststube liegt der Eingang zum Aussichtsturm, den man gegen Entrichtung eines kleinen Obolus besteigen kann. Wir folgen noch ein Stück dem Mittelweg („Kohlplatz 1,4 km“), gehen auf der Straße an der „Erde“ vorbei, dann rechts ab und auf gemütlichem Waldweg zum **Kohlplatz** 3. Hier verlassen wir den Mittelweg, biegen links ab und folgen nun bis zum Ziel der blauen Raute („Hornberg 8,5 km“).

Ein breiter Forstweg führt uns zu den **Waldhäusern** 4. Wir biegen rechts ab („Hornberg 9 km“) und marschieren über die Wiesenmatten des Mosenberges. Die schönen

INFOS

Freizeitkarte 1:50 000 des LGL BW, Blatt F503; Wanderkarte 1:35 000 des LGL BW, Blatt „Mittleres Kinzigtal"; Wanderkarte 1:25 000 des LGL BW, Blatt „Furtwangen"

www.fohrenbuehl-schwarzwald.de; www.der-turm-fohrenbühl.de; www.hornberg.de

Anfahrt: mit der Schwarzwaldbahn oder mit dem Auto bis Hornberg Bhf. und weiter mit dem Rufbus 7484 (telefonische Anmeldung mind. 1 Stunde vorher unter Tel. 07721/9927948) bzw. Anrufbus 9484 (telefonische Anmeldung mind. 1 Stunde vorher unter Tel. 01806/777272) bis Fohrenbühl

48.23525, 8.29526

Ausblicke entschädigen uns ein wenig für den etwas langatmigen Asphaltweg. Vorbei am **Gründlehof** 5 halten wir uns beim Wegweiser „Schondelhöhe" 6 rechts, wählen nach 50 Metern den Schotterweg geradeaus und nach weiteren 70 Metern den bergan führenden Waldweg, er ist schöner als der markierte Schotterweg, auf den wir wenig später wieder treffen. Nun erneut der blauen Raute nach geht es sanft bergan an einem Windrad vorbei über die Kuppe der **Schondelhöhe** 7. Beim Wegweiser „Schanzen" bleiben wir geradeaus, biegen wenig später rechts ab und folgen unserem Zeichen auf urigem Pfad durch die Reste der **Alten Schanze**, einer Befestigungsanlage aus dem 17. bzw. 18. Jahrhundert, an einem weiteren Windrad und am Naturdenkmal **Bärenfelsen** 8 vorbei und teilweise steil bergab auf holprigen Pfaden, einmal kurz unterbrochen durch ein Stück Forstweg und immer den Schildern „Markgrafenschanze" nach zum Wegweiser **Markgrafenschanze** 9. Wer Gutach als Ziel auserkoren hat, biegt hier rechts ab und liest bei Tour 33 weiter.

Im anderen Falle folgen wir weiter der blauen Raute und den Schildern „Hornberg" geradeaus auf schönen Waldpfaden an der Markgrafenschanze und der Felsenformation **Teufelstritt** 10 (schöner Aussichtspunkt) vorbei, dann auf breiten Wegen in mehreren Kehren bergab nach **Hornberg**, rechts neben der Reichenbacher Straße durch den Bahnviadukt und links der rot-blauen Raute nach zum Bahnhof 11.

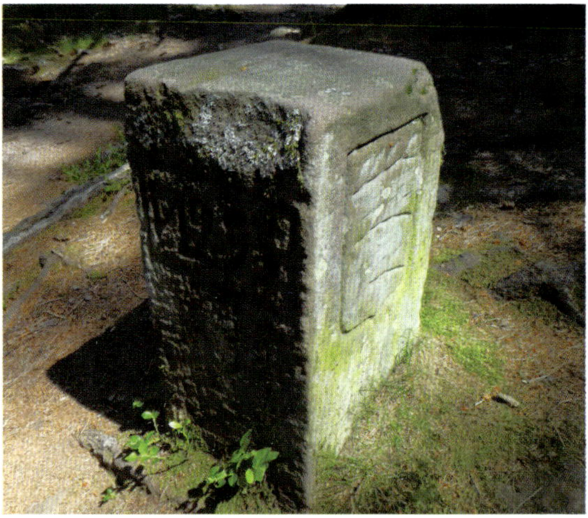

Grenzstein der alten Grenze zwischen Baden und Württemberg

Register

Die fettgedruckte Nummern weisen auf ausführliche Artikel hin.

Impressum / Bildnachweis

Titel:	WANDERN IM ORTENAUKREIS
Untertitel:	Die 34 schönsten Touren
Autor:	Michael Erle
Titelbild:	Michael Erle
Alle anderen Fotos:	Michael Erle Torsten Schöll (S. 34, 36)
Kartengrundlagen:	OpenStreetMap
Kartengestaltung:	Daniela Waßmer
Herstellung:	verlag regionalkultur
Satz:	Charmaine Wagenblaß, vr
Umschlaggestaltung:	Andrea Sitzler, vr
Korrektorat:	Daniela Waßmer

Bibliografische Information der Deutschen Nationalbibliothek:
Die Deutsche Nationalbibliothek verzeichnet diese Publikation in der Deutschen Nationalbibliografie; detaillierte Daten sind im Internet über http://dnb.dnb.de

Diese Publikation ist entsprechend den Frankfurter Forderungen auf alterungsbeständigem und säurefreiem Papier (TCF nach ISO 9706) gedruckt.

ISBN 978-3-95505-321-5

verlag regionalkultur
Ubstadt-Weiher · Heidelberg · Speyer · Stuttgart · Basel
Verlag Regionalkultur GmbH & Co. KG
Bahnhofstraße 2 · D-76698 Ubstadt-Weiher
Tel 07251 36703-0 · Fax 07251 36703-29
E-Mail kontakt@verlag-regionalkultur.de · www.verlag-regionalkultur.de